코치학원교육총서

EXAMINATION FOR JAPANESE UNIVERSITY ADMISSION
FOR INTERNATIONAL STUDENTS

일본유학시험대비
실전트레이닝 모의고사

문과편 vol.1

POINT

1. 일본어, 종합과목, 수학코스1
   세트 × **2회분**

2. 알기 쉬운 별책 해설로
   취약분야를 **극복**

3. 리얼한 **실전형식** 으로
   지금 자신의 실력을 알 수 있다!

**별책
정답과 해설**
알기 쉬운 해설

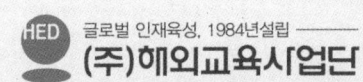

글로벌 인재육성, 1984년설립
(주)해외교육사업단

머 리 말

일본유학시험(EJU)은 일본의 대학 등에 입학을 희망하는 외국인 유학생을 대상으로 하는 공통 시험입니다. 대학 등에서 필요로 하는 일본어 능력 및 각 과목의 기초학력을 평가하는 것을 목적으로 하고 통상 1년에 2회 실시됩니다.

일본유학시험에서는 종합적인 고찰력과 사고력이 필요합니다. 또한 정해진 시간 안에 재빠르게 정답에 도달하기 위한 독해력과 판단력도 요구되는 데다가, 마크시트 형식이라고 하는 독특한 해답 형식에 익숙해질 필요도 있습니다. 이러한 시험에서 고득점을 받기 위해서는 일본유학시험과 동일한 경향·형식으로 출제된 양질의 문제를 많이 접하는 것이 효과적입니다.

외국인 유학생을 위한 진학 예비교인 코치학원은 그동안 형식·내용·레벨에 대해 실제 시험에 가까운 모의고사 문제를 작성하여 일본 국내분만 아니라, 중국이나 한국에서도 「코치학원 전국 모의고사」로서 실시해 왔습니다. 이 책은 그 「전국 모의고사」 중, 「일본어」 「종합과목」 「수학 코스 1」의 3과목을 【문과편】으로서 편찬하고, 알기 쉬운 해설을 붙였습니다. 문제를 풀어 자신의 서투른 분야나 부족한 지식을 파악하고, 별책 해설을 읽어 문제 푸는 방법과 올바른 지식을 몸에 익힙시다. 또한 이 책의 권말에 있는 절취식 마크시트를 이용하여 마크시트에 대한 기입에도 익숙해 둡시다.

실제 시험과 같은 형식으로 문제에 도전할 수 있는 이 책을 충분히 활용하여, 최대의 효과를 얻을 수 있기를 기대하고 있습니다.

2023년 1월

해외교육사업단

이 책에 대해서

이 책의 구조와 특징

1. 전국 모의고사「일본어」「종합과목」「수학 코스1」의 3과목 세트를 2회분 수록

일본유학시험과 같은 순서, 같은 제한 시간으로 풀어보고 적절한 시간 배분을 몸에 익힙시다.

2. 떼어낼 수 있는 해답 용지・마크시트 포함

절취선을 따라 떼어내면 실전과 같이 쓰거나 마크하는 연습을 할 수 있습니다.

※여러 번 연습하고 싶은 사람은 다음의 URL 또는 QR코드에서 해답용지・마크시트 PDF를 다운로드 받아 이용할 수 있습니다.

http://www.hedgroup.co.kr/03_publish.php

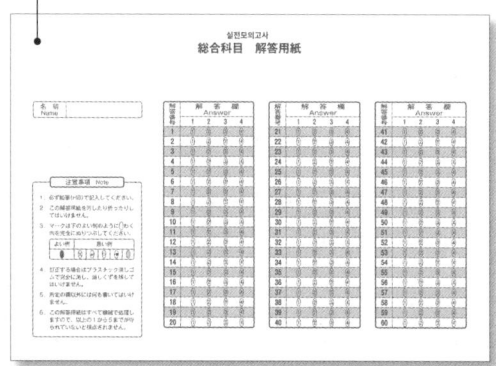

일본유학시험과 같은 제한 시간으로 실제 시험과 동일하게 풀어봅시다.

별책으로 된 해답해설이 깔끔하게 분리됩니다.

3. 분리 가능한 별책「정답과 해설」

일본어나 종합과목에서는 문제마다 오답의 선택지에 대해 그 선택지의 어디가 틀렸는지를 중심으로 알기 쉽게 해설하고 있습니다.

수학에서는 해답의 과정이나 적용하는 공식을 보여주고 있습니다.

또한 해설이 별책으로 되어 있어 문제와 대조하면서 확인하는데 매우 편리합니다.

「청해」「청독해」의 음성 다운로드에 대해서

「청해」「청독해」의 음성은 다음 URL 또는 QR코드에서 다운로드 받아 사용해 주시기 바랍니다.

http://www.hedgroup.co.kr/03_publish.php

마크시트 기입 상의 주의점

▶ 3과목 공통

1. 해답은 해답용지(마크시트)의 해당하는 해답란에 연필(HB)로 기입합니다.
   ※일본어는「기술」도 있습니다. 기술의 해답은 기술용 해답용지에 기입합니다.

2. 마크 방법이 흐리거나 바르게 마크되어 있지 않거나 하면 채점되지 않습니다.
   연필로 확실하게 칠하고 수정하고 싶을 때는 그 마크를 플라스틱 지우개로 깨끗이 지워 주세요.

よい例	悪い例				
●	⊗	✓	◯	◐	◌

3. 정해진 장소 이외에는 기입하지 마시고 시트를 더럽히지 않도록 합시다.

4. 실전과 마찬가지로 이름 칸에도 잊지 말고 기입합시다.

▶수학코스 1

1. 문제문 중의 **A**, **B**, **C**, …에는 각각 −(마이너스 부호), 또는 0부터 9까지의 수가 하나씩 들어갑니다. 적절한 것을 골라 해답용지(마크시트)의 해당하는 해답란에 마크해 주세요.

2. 동일 문제문 중에 **A**, **BC** 등이 반복해서 나타나는 경우, 2번째 이후는 **A**, **BC** 와 같이 나타내고 있습니다.

3. 해답에 관한 기입 상의 주의

   ① 근호 ($\sqrt{}$) 안에 나타나는 자연수가 최소가 되는 형태로 답해 주세요.

   (예시: $\sqrt{32}$ 일 때는 $2\sqrt{8}$ 이 아니라 $4\sqrt{2}$ 라고 답합니다.)

   ② 분수를 답할 때는 부호는 분수에 붙이고 기약분수 (reduced fraction)로 답해 주세요.

   (예시: $\frac{2}{8}$ 는 $\frac{1}{4}$, $-\frac{3}{\sqrt{6}}$ 는 $\frac{-\sqrt{6}}{2}$ 라고 답합니다.)

   ③ $\dfrac{\boxed{AB}\sqrt{\boxed{C}}}{\boxed{D}}$ 에 $\dfrac{-4\sqrt{2}}{3}$ 라고 답하는 경우에는 아래와 같이 마크해 주세요.

【해답용지】

A	●	⓪	①	②	③	④	⑤	⑥	⑦	⑧	⑨
B	⊖	⓪	①	②	③	●	⑤	⑥	⑦	⑧	⑨
C	⊖	⓪	①	●	③	④	⑤	⑥	⑦	⑧	⑨
D	⊖	⓪	①	②	●	④	⑤	⑥	⑦	⑧	⑨

일본유학시험의 출제과목 등

수험자는 수험을 희망하는 대학 등의 지정에 따라 다음 과목 중에서 선택하여 응시한다.

과 목	목 적	시 간	득점범위
일 본 어	일본의 대학에서 면학할 수 있는 일본어 능력(아카데믹・재패니즈)을 측정한다.	125분 [기술 30분 독해 40분 청해・청독해 55분]	독해 청해・청독해 0 ~ 400점 기술 0 ~ 50점
이 과	일본 대학의 이과계 학부에서 면학에 필요한 이과 (물리・화학・생물) 의 기초적인 학력을 측정한다.	80분	0 ~ 200점
종합과목	일본의 대학에서 면학에 필요한 문과계의 기초적인 학력 특히 사고력, 논리적 능력을 측정한다.	80분	0 ~ 200점
수 학	일본의 대학에서의 면학에 필요한 수학의 기초적인 학력을 측정한다.	80분	0 ~ 200점

【비고】

- 일본어과목은「기술」「독해」「청해・청독해」의 3영역으로 구성된다.
- 이과와 종합과목을 동시에 선택할 수 없다.
- 이과는「물리」「화학」「생물」의 3과목 중에서 2과목을 선택한다.
- 수학과목에 관해서는 수험을 희망하는 대학 등에서 지정하는 바에 따라 문과계 학부 및 수학을 필요로 하는 정도가 비교적 적은 이과계 학부의 수험자는「코스 1」을 선택한다.
- 상기의 득점 범위는 일본어의「기술」을 제외하고 배점방식이 아닌, 공통의 척도 상에서 표시한다. 또한「기술」에 대해서는 기준에 근거하여 채점한다.

목 차

머리말 ·· 3
이 책에 대해서 ·· 4
일본유학시험의 출제과목 등 ································ 6

실전모의고사 제1회

일본어 ·· 11
   기술문제 ·· 13
   독해문제 ·· 17
   청독해문제 ·· 45
   청해문제 ·· 59

종합과목 ·· 63
수학 코스 1 ·· 85

실전모의고사 제2회

일본어 ·· 103
   기술문제 ·· 105
   독해문제 ·· 109
   청독해문제 ·· 137
   청해문제 ·· 151

종합과목 ·· 155
수학 코스 1 ·· 177

■ 해답용지 ■

일본어 기술용 해답용지 ································ 193
일본어 마크시트 ·· 195
종합과목 마크시트 ·· 197
수학 코스1 마크시트 ······································ 199

실전모의고사
제1회

실전모의고사 제1회

日本語

1 2 5 分

(注意)
1．係員の許可なしに，部屋の外に出ることはできません。
2．試験開始の合図があるまで，この問題冊子の中を見ないでください。
3．試験開始の合図があったら，下の欄に，受験番号と名前を記入してください。
4．各部分の解答は，指示にしたがって始めてください。指示されていない部分を開いてはいけません。
5．足りないページがあったら，手をあげて知らせてください。
6．メモなどを書く場合は，問題冊子に書いてください。
7．記述の解答は，記述用解答用紙に日本語で書いてください。読解・聴読解・聴解の解答は，解答用紙（マークシート）の解答欄に鉛筆（HB）でマークし，訂正したいマークは消しゴムできれいに消してください。
8．読解・聴読解・聴解の問題は，問題文に 1 ， 2 ， 3 ，…がついています。その番号と同じ解答用紙（マークシート）の解答欄にマークしてください。

※試験開始の合図後に，必ず受験番号と名前を記入してください。

受験番号	名　前

記述問題
説明

　記述問題は，二つのテーマのうち，どちらか一つを選んで，記述用解答用紙に書いてください。

　解答用紙のテーマの番号を○で囲んでください。
　文章は横書きで書いてください。
　解答用紙の裏（何も印刷されていない面）には，何も書かないでください。

記述問題

以下の二つのテーマのうち，どちらか一つを選んで400〜500字程度で書いてください（句読点を含む）。

1　自然の価値が再発見されるにつれ，自然が美しいことで有名な場所を訪れる観光客が増えています。
　　自然が美しい場所が，有名な観光地になって，多くの人が訪れるようになると，どんなことが起こるでしょうか。良い点と悪い点の両方に触れながら，あなたの考えを述べなさい。

2　現在，社会では，学校に通わなくてもインターネットを使って勉強すればよいと考える人がいます。
　　社会の中で，インターネットを使って勉強する方法がさらに普及すると，どんなことが起こるでしょうか。良い点と悪い点の両方に触れながら，あなたの考えを述べなさい。

問題冊子の表紙など，記述問題以外のページを書き写していると認められる場合は，0点になります。

— このページに問題はありません —

読解問題
説 明

　読解問題は，問題冊子に書かれていることを読んで答えてください。

　選択肢1，2，3，4の中から答えを一つだけ選び，読解の解答欄にマークしてください。

I　筆者は「私ってハーブ大好き人間じゃないですか」のような言い方が，なぜ「腹立たしい」と非難されたと言っていますか。

|1|

　現在はもう以前ほどではないが，一時期，「ほら，私ってハーブ大好き人間じゃないですか」のような言い方が腹立たしいと＊槍玉にあげられたことがある。「じゃないですか」は「ではないか」という否定疑問の形式であり，否定疑問は肯定の返答を期待したり予想したりして発するのが普通である。英語でも，否定疑問文は肯定の返答を期待するから勧誘の表現に使えるわけである。

　肯定の表現が期待されているということは，否定の返答がしにくいということでもある。つまり，その分自由度が低下するから，うらの願望（負のメンツ）が脅かされることになりやすい。もちろん，肯定の答えが求められていたとしても，疑問文である以上，否定の返答をする権利は確保されている。しかし，否定疑問文であっても，否定の返答のしやすさはさまざまである。

（加藤重広『その言い方が人を怒らせる——ことばの危機管理術』筑摩書房）

　＊槍玉にあげる：非難や攻撃の対象とすること。

1．自分のことであるのに客観的な表現をしているから
2．暗に，相手に肯定の答えを要求しているから
3．疑問文にすることで相手に判断をゆだねているから
4．否定疑問文という，難しい言い方をしているから

Ⅱ 次のお知らせ内容と合っているものはどれですか。　　　　　　　　2

科学教室アルバイト募集

　〇〇市教育委員会主催で，小学5・6年生を対象とした科学教室を8月に実施します。これに伴い，大学生のアルバイトを募集します。

【勤務日程】
　8月4日（月）～8月8日（金）　午前10時～午後5時（休憩1時間）

【場所】
　市民ホール　2階　第2会議室

【応募要件】
　①大学生・大学院生（理系学科に所属する学生歓迎）
　②勤務日のうち，3日以上出勤できる方
　③募集人数は20名です。定員に達した場合，抽選とさせていただきます。

【申し込み】
　〇〇市市民課に，電話またはメールでお申し込みください（7月18日（金）16時締切）。メールの場合「名前・大学名・学部学科名」を記載のこと。
　アルバイトをお願いする方には，〇〇市市民課から案内を送付しますので，登録用紙に必要事項を記入し，学生証のコピーを添えて市民課までお送りください。

【給与】
　時給1000円。交通費は支給されませんのでご了承ください。

1．文系学部の学生は応募できない。
2．応募者全員に案内が送付される。
3．2日間だけ勤務することはできない。
4．開催日には学生証を持参する。

Ⅲ　次の文章で，筆者は，仕事の楽しみを見つけるために大切なことは何だと考えていますか。

　　　　　　　　　　　　　　　　　　　　　　　　　　　　　　　3

　　僕は小さいときはペンキ屋になりたかった。…（略）…
　　どうして，ペンキ塗りが好きなのか。それを考えなければならない。何が好きなのかを抽象化することが大切だ。ペンキの匂いとか，色とか，そういうものが好きなわけではない。こうして具体的なものを削ぎ落としていく。すると，ただ一人で黙々とする作業，その時間，その没頭が心地良い，とわかってくる。僕は最初に研究者になった。この仕事はまさに一人で黙々とする作業だった。ペンキ屋と非常に似ていた。おそらく「楽しさ」は同じものだっただろう。
　　このように，自分の願望を掘り下げて，何故それが良いのか，と考え，楽しさの具体性を排除し抽象化すれば，ほかの職種でも同様の楽しみを味わえることが予想できる。そのものずばりに，具体的に拘ることはいかがかと思う。何故なら，同じ職種でも，いろいろな作業があるわけで，絶対に面白くない部分があるだろう。好きだという色眼鏡で見ているとそういう部分が見えない。見ないようにしてしまうかもしれない。

（森博嗣『自分探しと楽しさについて』集英社）

1．自分が何を楽しいと感じるのかを見極めること
2．仕事の，面白くない部分を見ないようにすること
3．一つの職に拘らずいろんな職種を経験してみること
4．具体的な作業ではなく抽象的で知的な労働をすること

Ⅳ 下線部「そこに大きな欺瞞があると思う」と筆者が考える理由として，最も適切なものはどれですか。　　　　　　　　　　　　　　　　　　　　　　　　　　　　4

　環境といったときに，多くの人は何となくクリーンとかエコという言葉と，「自然に返れ」みたいな理想を直結させるところがある。でも，もし自然に返れというのであれば，人間の工業的な活動とか経済活動は一切なくさないといけない。ボクは，そこに大きな欺瞞があると思う。
　「自然に返る」ということなら，人間も原始的な生活に立ち返らないといけない。それも鉄砲とかは一切なし，ナイフもなし，鉄も使ってはいけない。つまり，一動物として野生の中で，ほかの動物たちと弱肉強食の世界で生きていくということになってしまう。もし，それをやろうという人がいたら，その人は逮捕して閉じ込めておかないとまずい。それこそ，環境という名のテロにほかならないからだ。

（竹内薫『なぜ「科学」はウソをつくのか――環境・エネルギー問題からDNA鑑定まで』祥伝社）

1．不可能ということを隠して理想を主張しているから
2．環境という名で社会を混乱させようとしているから
3．弱肉強食の世界の怖さを分かっていないから
4．理想が簡単に実現できると考えているから

Ⅴ　筆者は，情報についてどのように言っていますか。　　　　　　　　　5

　情報発信の主導権はマス・メディアが握っているように思えても，マス・メディアは情報を加工し流通させるシステムに過ぎない。情報自体はあくまでも個人が発するものだ。
　マス・メディアによって大量の情報が流布されるようになると，マス・メディアの扱わない情報や，流布される以前の情報が重要になる。たとえば，株式相場などを動かす情報でも，マス・メディアによって「表」に出る情報よりも，ひとの伝えるあやしげな「噂」であることの方が多い。「情報ネットワークよりもヒューマン・ネットワーク」ということばが，端的にその状況をいいあらわしている。
　情報を発信できるひとは，それだけの「権威」があるひとだ。そして，「権威」あるひとのところには，いろいろな「お伺い」をたてるために，さまざまな情報が入ってくる。

　　　　　　　　（江下雅之『ネットワーク社会――パソコン通信が築くコミュニティ』丸善）

1．情報は発信するものに集まるようになっている。
2．情報発信の主導権はマス・メディアから個人に移行した。
3．情報は社会の権威者によって操作される。
4．情報は噂に興味を持つ人間の心理を利用すると得やすい。

Ⅵ 下線部「阻む要因」とは，何を阻む要因ですか。その内容として適当なものを選びなさい。

6

　札幌市で先日，自転車によるひき逃げがあり，警察が捜査していると報じられた。歩道で小学生がはねられ，足の骨が折れたという。
　少し前には川崎市で，左手にスマホ，右手に飲み物を持ちながら電動自転車に乗っていた女性が，歩行者にぶつかり死なせる事故もあった。自動車に比べれば弱い存在でも歩く人には脅威となる。背景にあるのは「自転車は車道を走る」という原則を守ることの難しさだろう。自転車専用のレーンがない，路上駐車が多く走りにくい……。阻む要因を一つ一つ改善していくしかない。ヘルメットの義務化など，車道を走る際の安全策も足りなくはないか。

(朝日新聞　天声人語　2018年4月16日)

1．歩きながらスマホを見ること
2．自転車が歩く人の脅威になること
3．ヘルメットをつけるのを義務化すること
4．自転車は車道を走るというルールを守ること

Ⅶ 次の文章で，筆者は，気分と考えをどのような関係で捉えるのがよいと言っていますか。

　気分を自分の「主人」にしてしまうと，ひじょうに不自由なことになる。気分のいい時はいいが，調子が悪くなってうつ気味になると，それがもう主人になって，自分を支配してしまうからたいへんだ。
　そしてひとたび「気分には勝てない」という気持ちの回路をつくってしまうと，切り換えができなくなる。こうなると「前向きに」と思っても，「気分がうつだから無理」となってしまって，気分が前向きな生き方を否定してしまうことになる。
　しかも気分というのは，ダメなほうへ，ダメなほうへと流れて行きがちだから，始末が悪い。周囲の状況がちょっと悪いと，気分はそれを上回って悪くなる。特に今のように，時代の空気が閉塞していると，よけいに落ち込んでしまう。
　そこでどうしたらいいかだが，私は若いころから意識して，「気分」と「考え」を分けるようにしている。ここで大切なのは考えるという作業を，気分よりも上に置くことである。

（齋藤孝『脱力系！　前向き思考法』筑摩書房）

1．気分＝考え
2．気分＞考え
3．気分＜考え
4．気分＋考え

VIII 次の文章の内容と合っているものはどれですか。　　　8

　私の子供のころを思い返してみると，科学というものに対するイメージは圧倒的に明るく，*『鉄腕アトム』の主題歌にあるように，まさに「心やさしい科学の子」が，「十万馬力」のパワーをもって，私たちの人生を後押ししてくれるものだと思っていました。科学への信頼は，大人も子供も含めて，とてもあつかったのです。
　…（略）…
　ただ，科学は決して本来的に善なのではなく，そのなかから，たとえば，原子力の研究を通じて原爆が作られたり，遺伝子の研究を通じてクローンがつくられたりするわけです。それらが私たちの生命や倫理，信仰や死生観にまで影響を与える以上，科学やその用い方を生活世界や社会のなかにしっかりと「着床」させ，専門分野を越えて集まった人びとの検討を経て，反省的な考察の仕組みを作っておく必要があるのです。

（姜尚中『続・悩む力』集英社）

　*『鉄腕アトム』：科学の力を結集して作ったロボットが活躍するアニメ

1．本来の科学は，人類に危険な副産物を生み出してはならないものである。
2．科学は無条件に善ではなく，その利用法は社会で確認する必要がある。
3．かつての科学は，人類にとって明るい印象を与えるための努力をしてきた。
4．専門分野としての科学は，倫理や信仰とは分けて考えるべきである。

IX 下線部「これが実は雑然としていても重要な地盤になっています」と筆者が考えるのはなぜですか。　　　9

　教育は，一つの立派な組織をもって子供に知識をつぎ込みます。又，受け取る方に少しでも受け入れる気持があれば，そこから沢山の意見が生れて来ます。そのままでは意見としては役には立たないようなものもありますが，しかしともかくも一つの考え方ができ上がります。これが実は雑然としていても重要な地盤になっています。何故かと申しますと，そこから次の段階へと移って，人間の思考作用が本格的に始められる途上で，それらの雑然とした意見が再検討されることになるからです。その時に人は疑いを持つことになるのです。つまりそれまでは何の疑問もなく，自分の意見として持っていたものが少しあやしくなり，そのままにしておく訳には行かなくなったのですから，これを疑ってみることになります。疑ってみると，そこにそれまで気がつかずにいた様々な矛盾が分ったり，まちがいに気がついたりするようになります。それですから，もしこの疑いという作用が人間になくて，何でも正しい真実のものだと思い込んでいたら，ただ矛盾し合う意見がたまって行くばかりで，その人個人の発展もありませんし，社会全体の進歩もありません。

(串田孫一『ものの考え方』学術出版会)

1．再考する過程で思考は磨かれ，個人や社会の進歩や発展につながるから
2．思考は整理せず，その時々の考え方として保存することに価値があるから
3．多くの人の意見が併存していることは，社会の進歩に役立つから
4．役に立たないにしても，組織化された教育によって生じた考え方だから

Ⅹ 筆者の考えによれば，年寄りや長老の権威がなくなった結果，どのようなことが起こりますか。

10

＊その教育が今，崩壊の危機を迎えています。親のほうが昔のように何もかもを教えることができなくなってきているからなのです。たとえば今ではむしろ子供のほうが，最新の道具や電気機器の使い方を親に教えています。学校では先生が何かと生徒に聞き，会社では上司が新入社員に新しい情報を聞くようになっています。これでは年長者の権威が崩壊するのは当然でしょう。

…（略）…

これは結果的に人間という生物の秩序の崩壊につながります。

…（略）…

今，年寄りや長老に権威はほとんどありません。邪魔者扱いです。むしろそれを揶揄し馬鹿にすることも普通になってきました。その理由，原因はあまりにも広汎になり発展しすぎた経済活動にあるのです。しかも変化の速度が極端に速くなっているため年長者が知っていること，彼らの経験が必ずしも若者たちの役に立たないことが増えているからです。つまり人間が自分たちをもっと幸福にするために選びとった，本能の授受ではなく広義の社会教育によって世代を継続させるという形の生き方がうまく機能しなくなり出したということです。

（鈴木孝夫『しあわせ節電』文藝春秋）

＊その教育：筆者は直前の部分で「人間は教育によって生きる能力を身につけていく生き物である」と述べている。

1．経済活動が前代未聞のスピードで発展するようになる。
2．知識の伝承による世代の継続という秩序が崩れていく。
3．世代を超えて相互に知識を教え合う，本来あるべき教育が始まる。
4．人間が社会性を失い，本能のままに行動するようになる。

このページに問題はありません。
次のページに進んでください。

XI　次の文章を読んで後の問いに答えなさい。

　現代ほど情報が溢(あふ)れかえると，人々はいつの間にかその洪水の中で，息ができなくなっている。にもかかわらず自分では気がついていないという状況も同時に起こる。筆者は常々「情報をどう得るか」より，「情報をどう捨てるか」の方が，はるかに重要な時代になっていることをいろいろな媒体で書き，学生・生徒にも話をしてきた。まさに今はそんな時代なのである。

　「情報をどう捨てるか」というのは，少々奇をてらった物言いである。言いたいことは「本当に必要な情報はごく一部であり，それをいつでも取り出せるような，自分なりのシステムを構築すべき」だということにすぎない。かつて筆者がある著作で「世の中のデータの半分以上はゴミだ」と書いた時，心の中で「本当は90％はゴミだ」と考えていた。その90％という比率は，この10年で増えこそすれ，減ってはいない。そして情報の絶対量だけは何倍にもなっている。

　ゴミの仕分けができない人，捨てるべきものを捨てられない人の住環境はゴミだらけになる。かといってあとで必要になるものを捨ててしまってから後悔しても遅い。重要なことは自分に価値のあるものを見極める能力と，不要なものを切り捨てる勇気のみであるが，正直言ってこれが難しい。

　　　　　　　　　　　　　　　　　　　　　　　（谷岡一郎『40歳からの知的生産術』筑摩書房）

問1　下線部「情報をどう捨てるか」という表現を，筆者はどういう意図で用いていると考えられますか。　　　　　　　　　　　　　　　　　　　　　　　　　　　　　　11

1．わざと簡単な言い方をして，読者が理解しやすいようにしている。
2．わざとありふれた言い方をして，後の展開で読者を驚かせようとしている。
3．わざと本音と反対の言い方をして，読者の関心を引こうとしている。
4．わざと普通と異なる言い方をして，読者の興味を引き付けようとしている。

問2　筆者は，情報が溢れている現在，どうすることが必要だと言っていますか。　12

1．情報が増えすぎないように，社会全体で情報の絶対量を減らす。
2．いずれ必要になるときのために，情報は捨てずに保管する。
3．情報が自分に必要なものかを判断し，必要なものだけ保存する。
4．自分で判断して捨てた情報に関しては，後悔しない勇気を持つ。

XII 次の文章を読んで後の問いに答えなさい。

　会社で，上司や先輩が後輩を叱るのは，ちゃんとした意味がある。単に本人だけを叱っているわけではないのだ。

　全体がたるんでいるとか，カツを入れる目的で誰かを叱ることがある。また，新人たちに自社の電話対応のやり方を教えるために，誰かの応対のまずさをとらえて指摘することがある。一人を叱ったからといって，叱られた人間だけの問題ではない。

　…（略）…

　叱られたり，注意されるのは気持ちのよいものではない。人前でやられたら，屈辱感を感じるだろう。だが，組織とは，個人と個人の感情のやり取りの場ではない。叱る側は組織人としての立場から叱っている。

　したがって，組織の一員になったからには，叱られるのも仕事のうちと心得ておかなくてはならない。有能な上司は見込みのある人間を選んで叱る傾向がある。だから，叱られたら「<u>目をかけられている</u>」と思ってもいいのだ。

　もちろん，そんなデキた上司ばかりではないだろう。なかには個人的な感情で叱る上司や先輩もきっといるに違いない。しかし，叱るというのは，組織論的にはいま述べたような意味があるのだから，その線で受け止めなければいけない。

　　　　　　　　　　　　　　（川北義則『「20代」でやっておきたいこと』三笠書房）

問1　下線部「目をかけられている」とはどういうことですか。　　　13

1．また同じような失敗をしないかどうかについて，上司から心配されている。
2．能力の低さから叱られているのではなく，むしろ将来有望であると見なされている。
3．手がかかるからこそ上司に気に入られ，よく面倒を見てもらっている。
4．普段から上司に叱られていることに関して同僚から注目されている。

問2　筆者は，人前で上司や先輩に叱られることを，どのように捉え，受け止めるべきだと述べていますか。　　　14

1．叱られることはむしろ感情の交流の実現であると，自信を持てばよい。
2．自分が失敗をして組織に迷惑をかけたのだから，深く反省するべきだ。
3．叱られるのは屈辱だが，組織で生きていくにはその屈辱に甘んじるしかない。
4．組織全体のための行為であり，自分にとっても前向きな意味のあるものである。

XIII 次の文章を読んで後の問いに答えなさい。

　民俗学者の長野晃子氏は『日本人はなぜいつも「申し訳ない」と思うのか』（草思社，2003）の中で，すぐに「私が悪かった」と謝り，自分を責める日本人の民族性について詳細な分析を加えている。

　本書によると，西洋などキリスト教文化圏では，罪というのは悪魔によってもたらされるものであり，それを告白して許しを乞う対象は自分の外部に存在する神様に対してだ。

　ところが，日本人は自分の外部に神とか悪魔といった超越的な存在を持たなかったので，どうしても罪も自分の中から出てくるし，それを償うためには自分でなんとかしなければならない，ということになる，というのは長野氏の民俗学的な説明である。

　長野氏は，この西洋と日本の違いは，民話の「怖い話」にもよく現れているという。西洋の怖い話は，理由もなく外から襲いかかってくる敵の攻撃に庶民がおののき，逃げまどうといった話が多い。ところが日本では，幽霊はその人の生前に悪いことをした人のところにのみ現れ，それを見た人は自分の犯した罪におびえ，良心の呵責にさいなまれ，結局は自分で自分を裁く話になっていることが多い。つまり，日本の「怖い話」は怪物や化け物の恐ろしさを描いたものではなく，（　A　）を描いたものになっているというのだ。

　　　　　　　　　　　　　（香山リカ『悪いのは私じゃない症候群』KKベストセラーズ）

問1　（　A　）に入るものとして，最も適当なものはどれですか。　15

1．自分の犯した罪に自分で苦しむことの恐ろしさ
2．他人が犯した罪で自分が苦しむことの恐ろしさ
3．生前に犯した罪で死後に苦しむことの恐ろしさ
4．罪を神に裁かれ，自分が苦しむことの恐ろしさ

問2　筆者は，長野晃子氏の分析を紹介することによって，どういうことを説明しようとしていますか。　16

1．日本人はすぐ謝るが，相手に対して悪かったとは思っていないということ
2．日本人がすぐ謝るのは，超越的存在を持たないことに起因するということ
3．西洋人は，超越的存在を信じているため，すぐには謝らないということ
4．日本の「怖い話」には，怪物や化け物が描かれることは少ないということ

XIV 次の文章を読んで後の問いに答えなさい。

　学校などでも，実際の教育もさることながら，校風といったものによる＊薫陶（くんとう）がなかなか大きな意味をもっている。何年間かそういう雰囲気にひたっていたもの同士には，ある共通の特性が認められて学閥といったものが生まれることになる。われわれは空気からは自由になることは難しい。怖るべきはそういった環境である。
　空気の中でもっとも強力なのは家庭であろう。もし，家族の雰囲気にわれわれの心を縛る何かがあれば，眠って忘れても効果がない。翌日も同じ家風という風が吹いている。まわりがわれわれの豹変を許さない。
　そういうとき，ある日，感ずるところがあって，断然，新しい生き方をしようと意を決したとしよう。他人はそんなことに関係がないから＊＊風馬牛であるが，家族のものには影響が大きい。それは結構ですね，と笑ってばかりいないだろう。善意の干渉がおこる。家族だけでなく親しい友人や勤め先も同じようにわれわれの自由を拘束する。それが社会というものなのである。生きがいもそこから生まれてくるのだが，同時にそれがわれわれの生き方の制約にもなる。
　それで，本当に自由になるための最大の障害はもっとも親しい人たちだという悲しいパラドックスが成立する。真に自分の理想を追究するには，生存そのものの条件であるようなもろもろの絆をあえて断ち切らなくてはならなくなる。断ち切る。それが出家である。

　　　　　　　　　　　　　　　　　　　　　（外山滋比古『知的創造のヒント』筑摩書房）

＊薫陶：人の考え方や行動に影響を与えて教育すること
＊＊風馬牛：自分とは無関係な態度をとること

問1　この文章の中で筆者は,「風」や「空気」をどのような意味で用いていますか。　17

1．暗黙のうちに個人を規定する雰囲気
2．個人の生き方を方向付ける目標
3．社会の枠組みに縛られない自由の精神
4．共通の特性を持つ者から生まれる連帯感

問2　下線部「悲しいパラドックス」について,なぜ「悲しい」のですか。　18

1．親しい人々の善意を否定することでしか,生きがいを感じられないから
2．自分を束縛する人々の意見を,善意として受け取らねばならないから
3．親しい人々が,自分の追究する理想を理解しようとしてくれないから
4．親しい人々の善意が,自分にとっては否定すべきものになるから

XV 次の文章を読んで後の問いに答えなさい。

　発達的に見れば，甘えの心理的原型は母子関係における乳児の心理に存するということはあまりに明らかである。以下この点について若干考察を加えると，生れたての乳児については，甘えているといわないことにまず注意しよう。大ていは生後一年の後半に，乳児が漸（ようや）く物心がつき，母親を求めるようになった時，はじめて「この子は甘えている」というのである。

　すなわち甘えとは，乳児の精神がある程度発達して，母親が自分とは別の存在であることを知覚した後に，その母親を求めることを指していう言葉である。いいかえれば甘え始めるまでは，乳児の精神生活はいわば胎児の延長で，*母子未分化の状態にあると考えなければならない。しかし精神の発達とともに次第に自分と母親が別々の存在であることを知覚し，しかもその別の存在である母親が自分に欠くべからざるものであることを感じて母親に密着することを求めることが甘えであるということができるのである。

　ところでこの現象は洋の東西を問わず，原則としてすべての乳児に観察し得るはずのものである。なお人間の乳児に限らず，動物でも乳離れしない子は親につきまとうので，その意味で例えば「子犬が親犬に甘えている」といった表現を用いることも可能である。ただ人間の場合はこの種の行為の心理的内容が洞察され得ることが特徴的であるといわねばならぬが，殊に日本語で甘えという言葉が発明されたことは，この心理を大きくクローズ・アップすることに役立ったといえるであろう。すなわちこの概念を媒介として母親は乳児の心理を理解し，それにこたえることができるので，母子ともに**渾然（こんぜん）とした一体感を楽しむことが可能となったのである。

（土居健郎『「甘え」の構造』弘文堂）

＊母子未分化：生まれたばかりの乳児は，母親と自分が別個の存在であるという意識はもっていない。この状態は生後六ヵ月頃まで続き，母子未分化と呼ばれる。
＊＊渾然：別々のものがとけ合って区別がない様子

問1　下線部「生れたての乳児については，甘えているといわない」のはなぜですか。　19

1．乳児は，甘えが生じるほど精神が発達していないから
2．乳児が甘えるのは，本能的なもので当然だから
3．乳児には，母乳をもらうという別の目的があるから
4．母親が，乳児の甘えに気づいていないから

問2　本文の内容として適当なものはどれですか。　20

1．母子間に「甘え」があるのは日本において最も顕著である。
2．動物には「甘え」という概念や行動は存在しない。
3．「甘え」によって，母子は，母子分化後も一体感を楽しめる。
4．「甘え」は，母子密着という危険な状態をもたらしている。

XVI 次の文章を読んで後の問いに答えなさい。

　生を得てから，ひとは「喪失」の連続のなかを生きのび，そのたびに亡くしたものを補ってゆく。人生という「作品(アート)」の魅力は，死という決定的な喪失に出会うまでの失われゆく無垢と若さ，美貌，健康の「補完」のチャンスを縫い込んだタペストリーあるいは，パッチワークなのかもしれない。補完が単なる代用品ということになれば文字どおり継ぎはぎ細工であろうし，反対に失われたことから学んだ真実が織り込まれておれば，タペストリーなのであろう。後者の場合，失われたことそのものが，永遠の不条理としてみなされるのではなく，それをプラスに変える他者，そばに寄り添い伴走する人間との協働のなかで，ある創造に向かっているはずなのだ。

　ホスピスでは無条件に介護者を必要とする。そのため，ケアをする「他者」とのつながりの重要性はいうまでもなく，その中身が積極的に問われることになる。自己と他者との関係が，個の主張と自立を徹底した結果の後づけとしてうまれるのではなく，初めから両者がある「全体」のなかで共振し，あたらしい関係をつくり続けざるを得ないところなのである。コラボレーションによる作品の魅力は，個々のぶつかり合いの自然放置からくるのでも，お互いに気を遣った団体行動によるのでもない。自分と全体の接するところから，何かを創ってゆくという意味での「協働」なのである。

　　　　（横川善正『ホスピスが美術館になる日──ケアの時代とアートの未来──』ミネルヴァ書房）

問1　筆者が「タペストリー」と表現しているのは，どのような人生ですか。　21

1．無垢さや若さを失わずにいる人生
2．失われたものから積極的な意味を見出す人生
3．自然の摂理を大切にし，喪失を恐れない人生
4．失うことの不条理さに耐え続ける人生

問2　下線部「その中身が積極的に問われることになる」とありますが，筆者は何が最も大切だと考えていますか。　22

1．ケアによってどれだけ患者の失ったものを補完できるかということ
2．どんな医療技術を持った人が患者のケアにあたるかということ
3．患者とケアする人が協働関係の中で何を創り出せるかということ
4．患者とケアする人がどれだけ個性をぶつけあえるかということ

XVII 次の文章を読んで後の問いに答えなさい。

　ネットワーク社会は，個人が目的を持って活動することを保証する。これが，全体目的のために個々の構成員の役割分担を決める組織との違いだ。
　さらに，集合体としての威力を発揮させるためには，メンバーの性格なり価値観はある程度異質である方が好ましい。相互に補い，刺激しあえる部分が多くなるからだ。
　ネットワーク社会では，「個人個人は違うもの」「それぞれが異なる個人を尊重すること」が必要なのだ。
　ところが，同質性に慣れた日本人には，案外とこれをわずらわしく思うことが多いのではないだろうか。
　ことばだけでいえば，「異なる人格の尊重」は無条件に好ましいといえるだろう。しかし，実際の社会システム運営では，かなりの冗長性を要求することも事実だ。
　ネットワーク型の市民社会といわれるアメリカやフランスの例で考えてみよう。
　なにかにつけて詳細にして複雑な契約がかわされること，訴訟が頻出することは，なにより「異なる人格の尊重」からくることではないか。それぞれの存在が異質であると認めるからこそ，ものごとを進めるにあたっての明確なルールが求められるのだ。その解釈や利害の対立をめぐり，争いごとも当然増えるだろう。
　その点，同質性に支えられた日本的タテ社会では，善意の信頼関係――「同じ日本人なら……するはずがない」という認識――のおかげで，このような冗長性が不要になっている。ごく単純に考えれば，効率的な社会運営が可能だとさえいうことができる。
　「異なる人格の尊重」はかなりエネルギーのいる行為なのだ。それゆえに，社会の運営にあたっては強力な動機づけが必要だ。

　　　　　　　　　　　（江下雅之『ネットワーク社会――パソコン通信が築くコミュニティ』丸善）

問1　下線部「これ」とは何ですか。　　　　　　　　　　　　　　23

1．ネットワーク社会
2．個々の役割分担
3．日本人の持つ同質性
4．異質性の尊重

問2　「アメリカやフランスの例」は何を説明するためのものですか。　24

1．異質性を認めることで集合体は力を発揮できるということ
2．異質性を尊重すると，訴訟が増えて人々が対立するということ
3．異質性を大切にすると社会運営の効率が悪くなるということ
4．異質性を求めることは善意の信頼関係を捨てることだということ

問3　本文の内容と合っているものはどれですか。　　　　　　　　25

1．ネットワーク社会では，全体の目的のために個々人の役割が決まる。
2．効率化が求められるネットワーク社会では個々人の人格は尊重されない。
3．日本人は明確なルールによらず，同質性や信頼関係に基づく社会を理想とする。
4．社会において異質性を尊重するには冗長さやエネルギーを必要とする。

― このページに問題はありません ―

聴読解問題
説明

聴読解問題は，問題冊子に書かれていることを見ながら，音声を聴いて答える問題です。

<u>問題は一度しか聴けません。</u>

選択肢1，2，3，4の中から答えを一つだけ選び，聴読解の解答欄にマークしてください。

練習

留守番電話の録音メッセージを聞いてください。この電話をかけた人が学園祭で出るイベントはどれですか。

<学園祭スケジュール>
33rd Festival Time Schedule

	11/1 (Fri)		11/2 (Sat)		11/3 (Sun)	
	講義室A	講義室B	講義室A	講義室B	講義室A	講義室B
2:00	スィングスィング (ジャズ)	雑学クイズ大会	バタフライズ (オペラ)	柔道部実演	ノナカカルテット (クラシック)	ポップシング実演
3:00	卓球トーナメント	ガンガン (パンク)	空手部実演	スネイルズ (ロック)	バスケットボールトーナメント	コクシネルズ (ロック)
4:00		ホップステップ (ダンス)		コント青信号 (漫才)		笑う門には (落語)
5:00			コールタンクス (コーラス)			日本舞踊公演
6:00						

1 — ガンガン（パンク）
2 — コント青信号（漫才）
3 — ノナカカルテット（クラシック）
4 — 笑う門には（落語）

1番

先生が，消費者のニーズと技術的難易度の話をしています。この先生が最後に挙げる例は，図のどの部分にあてはまりますか。　1

		技術的難易度	
		難	易
ニーズの自覚の有無	有	1	2
	無	3	4

2番

先生が、自然公園について設計図を見ながら話しています。この先生が見ている設計図はどれですか。

☐ 人が立ち入りできるゾーン　■ 動物の生息区域

1.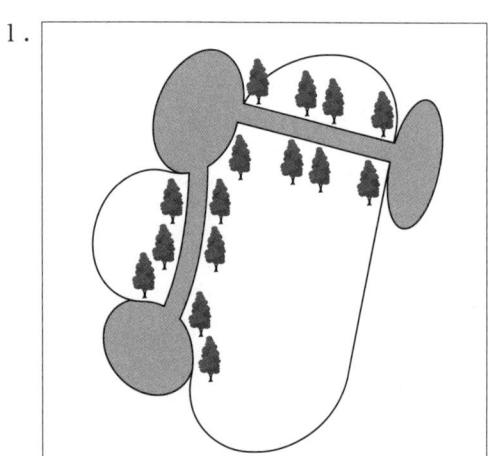

2.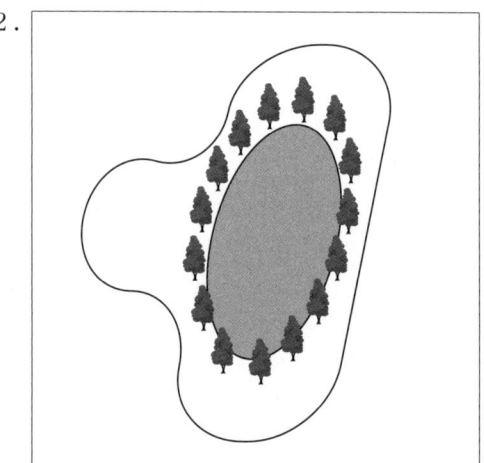

3.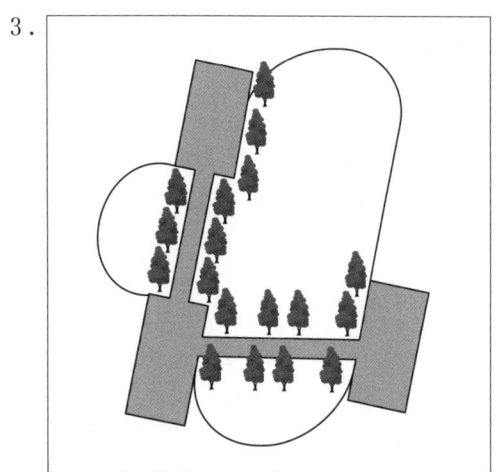

4.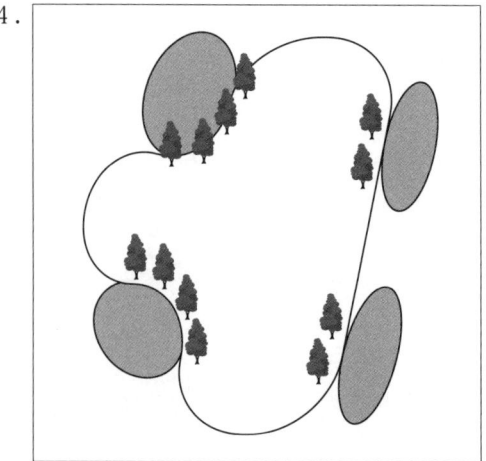

3番

先生が，生物学の授業で，根の成長について話しています。この先生が最後にする質問の答えはどれですか。

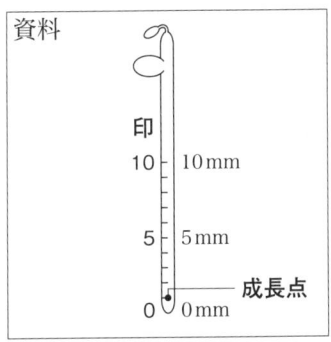

1.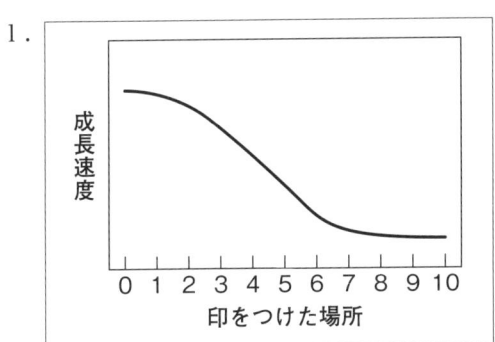

2.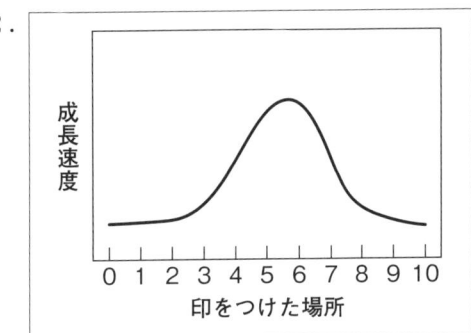

3.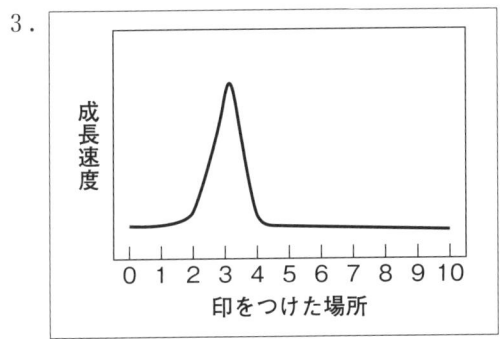

4.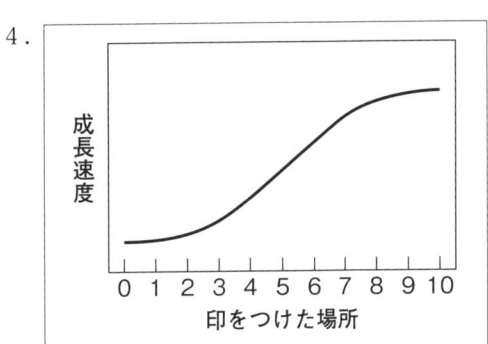

4番

男子学生と女子学生が，マンションの設計図を見ながら話しています。この女子学生は，子育て世代に人気のマンションはどれだと言っていますか。

4

1. 【階段室型】

2. 【片廊下型】

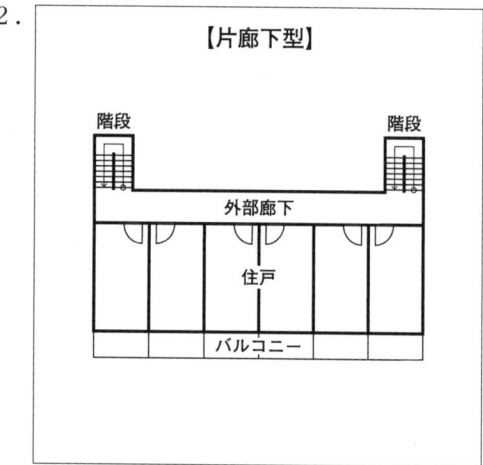

3. 【集中型】

4. 【中廊下型】

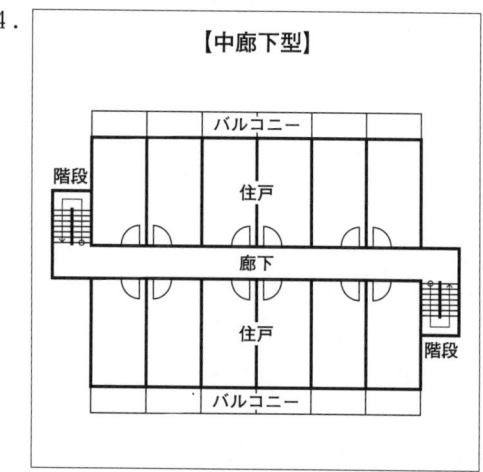

5番

先生が，娯楽施設と消費者の好みについて説明しています。この先生が話の最後に挙げる例は，図のどの部分にあてはまりますか。　　5

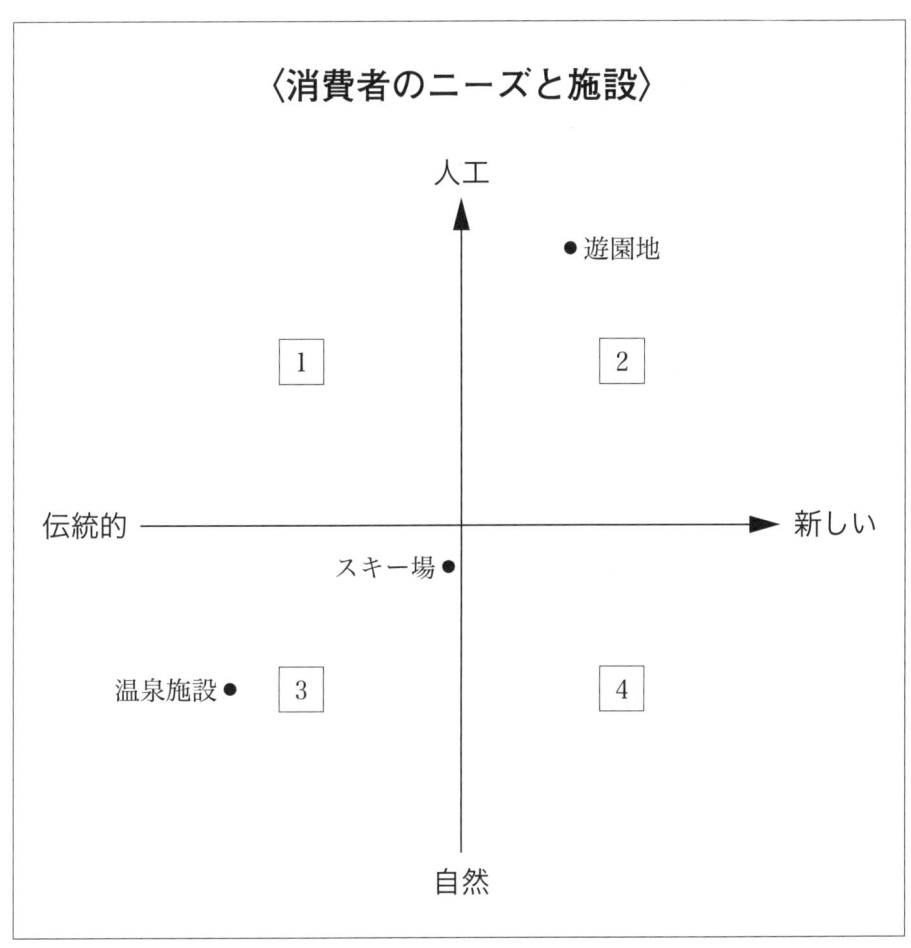

6番

先生が,ガという虫がコウモリから逃げられる仕組みについて話しています。この先生が最後にする質問の答えはどれですか。

6

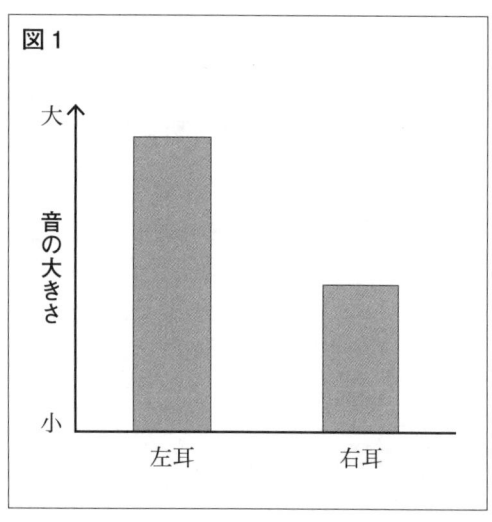

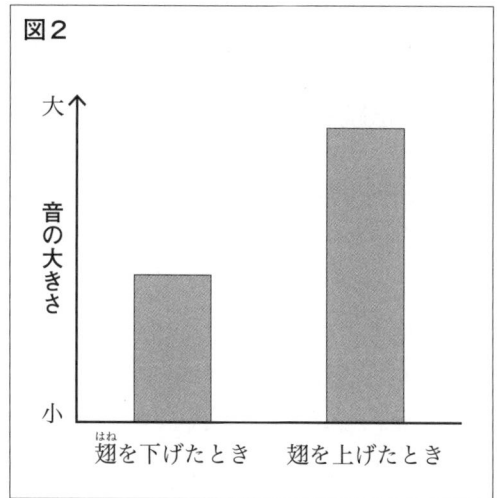

1. コウモリは,ガの左下にいて,近づいてきている。
2. コウモリは,ガの右上にいて,近づいてきている。
3. コウモリは,ガの左上にいて,近づいてきている。
4. コウモリは,ガの右上にいて,遠ざかっている。

7番

先生が，空間デザインについて説明しています。この先生がこのあと紹介する店では，どのような照明が用いられていますか。

7

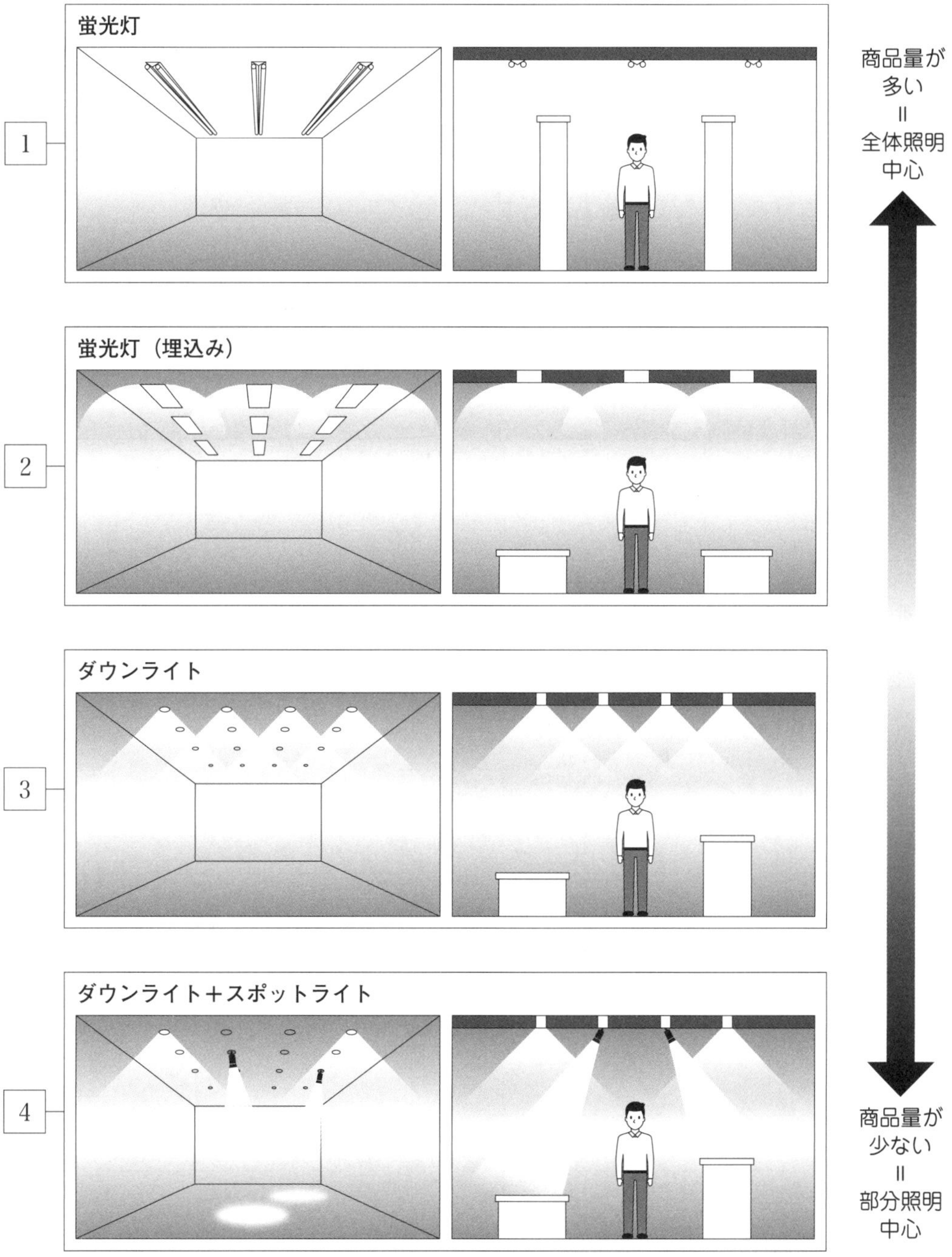

1　蛍光灯

2　蛍光灯（埋込み）

3　ダウンライト

4　ダウンライト＋スポットライト

商品量が多い ＝ 全体照明中心

商品量が少ない ＝ 部分照明中心

8番

先生が，生物の授業で，魚の繁殖について話しています。この先生がこれから書くグラフはどれですか。

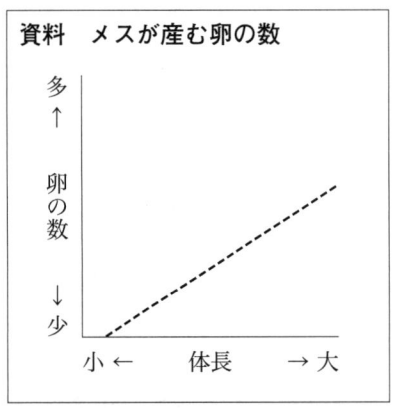

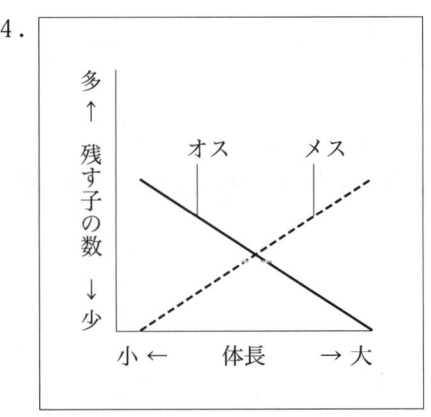

9番

男子留学生と女子留学生が，大学の予定表を見ながら，いつ帰国するかについて話しています。この女子留学生は，いつごろ帰国すると言っていますか。

```
大学予定表

7月26日(木)                    前期講義終了
7月30日(月)～8月 6日(月)       前期試験
8月 7日(火)～9月23日(祝)       夏期休暇
(9月10日(月)～9月14日(金)      追試験実施)
9月24日(月)                    後期授業開始
```

1．8月7日～9月23日ごろ
2．8月15日～9月23日ごろ
3．8月15日～8月30日ごろ
4．8月7日～9月9日ごろ

10番

先生が,社会学の授業で,グラフについて話しています。この先生の話によると,今回のデータではどのグラフを使うのがよいですか。

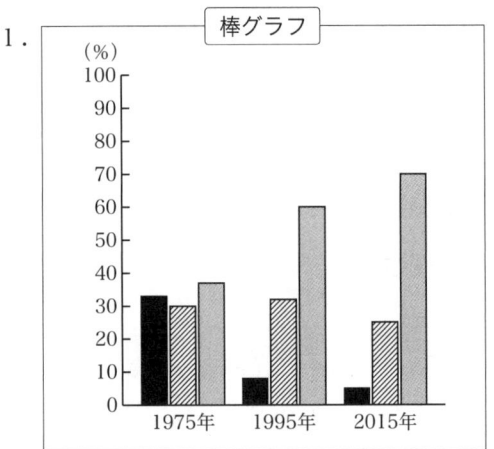

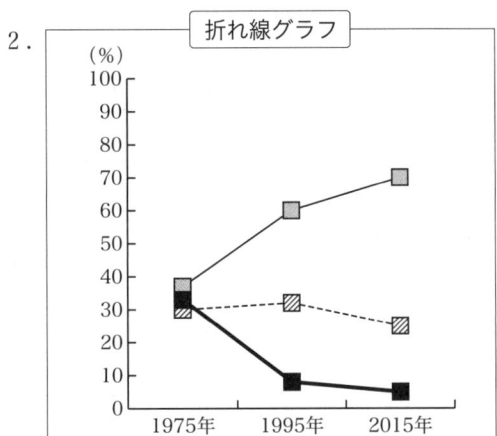

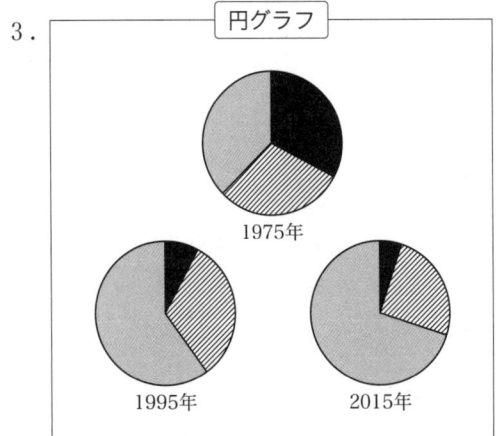

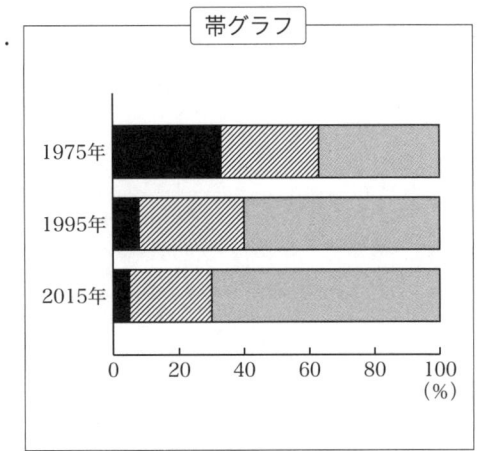

11番

先生が，鯉のぼりという風習について話しています。この先生の話によると，5月5日の正午に鯉のぼりが一番きれいに見えるのはどこですか。

11

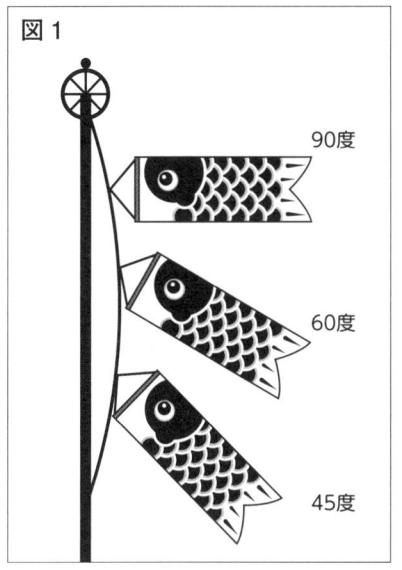

1. 札幌
2. 東京
3. 大阪
4. 福岡

12番

先生が，授業で「象徴的不死」という考えについて説明しています。この先生が最後に挙げる例はどれにあたりますか。　12

象徴的不死

a　生物学的モード　　（子孫繁栄など）

b　創造的モード　　　（業績や名誉を残す）

c　神学的モード　　　（魂は永遠である）

d　経験的超越モード　（神秘体験による生死の超越）

e　自然的モード　　　（自然と一体化する）

1．a と b
2．a と d
3．d と e
4．c と d

聴解問題
説明

　聴解問題は，音声を聴いて答える問題です。問題も選択肢もすべて音声で示されます。問題冊子には，何も書かれていません。

　問題は一度しか聴けません。

　このページのあとに，メモ用のページが2ページあります。音声を聴きながらメモをとるのに使ってもいいです。

　聴解の解答欄には，『正しい』という欄と『正しくない』という欄があります。選択肢1，2，3，4の一つ一つを聴くごとに，正しいか正しくないか，マークしてください。正しい答えは一つです。

― メ モ ―

― メ モ ―

2021年度・行知学園 合格実績

大学	人数	大学	人数
東京大学	38名	筑波大学	14名
京都大学	27名	横浜国立大学	21名
一橋大学	28名	東京理科大学	41名
東京工業大学	39名	上智大学	46名
慶應義塾大学	57名	同志社大学	25名
早稲田大学	158名	立教大学	32名
大阪大学	34名	明治大学	46名
東北大学	22名	中央大学	47名
名古屋大学	25名	青山学院大学	19名
九州大学	35名	法政大学	52名
神戸大学	21名	立命館大学	132名
		関西大学	54名
		関西学院大学	29名
東京芸術大学	3名	京都芸術大学	19名
多摩美術大学	24名	京都精華大学	31名
		東京工芸大学	17名
		女子美術大学	6名
武蔵野美術大学	10名	日本大学芸術学部	3名
		東京造形大学	2名

統計標准：行知学園統計的合格数据均以签有入学协议并在行知学園上课为准，仅咨询，参加公开讲座未签约入学者不记录在榜。本合格榜包含留学生入试，一般入试，AO入试，SGU入试等途径合格者。

行知学園 COACH ACADEMY
KOYO CORPORATION SINCE 2007

新大久保校　大阪校
高田馬場校　京都校
上海总部　长沙校　天津校
西安校　武汉校　沈阳校

扫码咨询

실전모의고사 제1회

総合科目

80分

(注意)
1. 係員の許可なしに，部屋の外に出ることはできません。
2. 試験開始の合図があるまで，この問題冊子の中を見ないでください。
3. 試験開始の合図があったら，下の欄に，受験番号と名前を記入してください。
4. 足りないページがあったら，手をあげて知らせてください。
5. メモなどを書く場合は，問題冊子に書いてください。
6. 解答は，解答用紙（マークシート）の解答欄に鉛筆（HB）でマークし，訂正したいマークは消しゴムできれいに消してください。

※試験開始の合図後に，必ず受験番号と名前を記入してください。

受験番号	名　前

問 1 次の会話を読み，下の問い(1)～(4)に答えなさい。

先　生：2018年2月，アメリカ（USA）のジェローム・パウエル（Jerome Powell）連邦準備制度理事会（FRB）議長が，就任後初の₁議会証言に臨みました。

よし子：FRBは，アメリカの中央銀行の中枢機関というイメージでよいでしょうか。

先　生：そうですね。アメリカがどのような₂金融政策をおこなうかを決めている機関です。

よし子：そうすると，FRBの議長は₃経済学者でないと務まらない気がします。

先　生：パウエル議長は経済学者ではなく，主に投資銀行で働いていました。今までのFRBの議長は経済学者が多かったので，今回の人事を新鮮に受け止めている人も多いようです。

よし子：経済情勢に応じて適切な金融政策をとるのは，難しいでしょうね。

先　生：そうですね。₄世界恐慌（Great Depression）の対策の不十分さが大不況を招いたという批判がされたこともあります。アメリカの経済の変動は世界的に影響を及ぼすので，持続的な経済成長の実現に努めてほしいですね。

(1) 下線部1に関して，次の文中の空欄　a　，　b　に当てはまる語の組み合わせとして最も適当なものを，下の①～④の中から一つ選びなさい。　1

　　アメリカの連邦議会は　a　で，立法権，予算議決権などを持つが，　b　は持っていない。

	a	b
①	一院制	大統領への不信任決議権
②	一院制	法案再可決権
③	二院制	大統領への不信任決議権
④	二院制	法案再可決権

(2) 下線部 2 に関して，日本銀行の金融政策に関する記述として最も適当なものを，次の①〜④の中から一つ選びなさい。　2

① 増税をおこない，政府の不況対策のための資金を増やす。
② 不況対策として買いオペレーションをおこない，通貨の総量を増加させる。
③ 景気の過熱を防ぐために預金準備率の引き下げをおこない，市場の通貨を回収する。
④ 景気の過熱を防ぐために減税をおこない，消費や投資の活発化を促す。

(3) 下線部 3 に関して，それぞれの国が比較優位の分野に特化して生産し，その生産物を貿易することで，両国がともに利益が得られると主張した経済学者と，その代表的著書の組み合わせとして最も適当なものを，次の①〜④の中から一つ選びなさい。　3

	経済学者	著書
①	ケインズ	雇用，利子および貨幣の一般理論
②	リカード	経済学および課税の原理
③	セン	不平等の経済学
④	マルクス	資本論

注) ケインズ（John Maynard Keynes），リカード（David Ricardo），
セン（Amartya Sen），マルクス（Karl Marx），
『雇用，利子および貨幣の一般理論』（The General Theory of Employment, Interest and Money），
『経済学および課税の原理』（On the Principles of Political Economy and Taxation），
『不平等の経済学』（On Economic Inequality），『資本論』（The Capital）

(4) 下線部 4 に関して，世界恐慌に関する記述として最も適当なものを，次の①〜④の中から一つ選びなさい。　4

① アメリカのニクソン（Richard Nixon）大統領が金とドルとの交換の停止を発表したことが，世界恐慌の発端である。
② 日本では，世界恐慌の発生後に成立した内閣が金輸出を禁止し，金本位制から離脱した。
③ フランス（France）でおこなわれた経済立て直し政策は，ニューディール（New Deal）政策と呼ばれる。
④ ドイツ（Germany）は，領土の拡大が景気回復に有効と考え，アルバニア（Albania）を併合した。

問2 次の文章を読み，下の問い(1)〜(4)に答えなさい。

　　$_1$ルーマニア（Romania）は，$_2$大統領を国家元首とする共和政の国家である。ルーマニアは第一次世界大戦には連合国側で参戦し，終戦後は$_3$ブルガリア（Bulgaria）やハンガリー（Hungary）の領土の一部を併合したが，第二次世界大戦後にはそれらの領土を失った。第二次世界大戦後は社会主義陣営に属したが，民主化後はNATO（北大西洋条約機構）や$_4$EU（欧州連合）に加盟するなど，旧西側諸国との結びつきを強めている。

(1) 下線部1に関して，ルーマニアの位置として最も適当なものを，次の地図中の①〜④の中から一つ選びなさい。 5

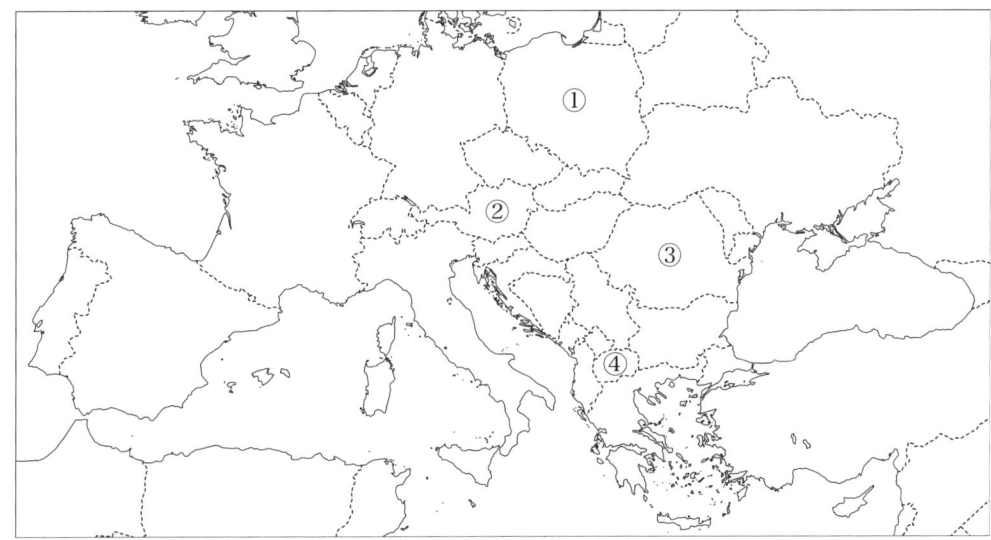

(2) 下線部2に関して，大統領を国家元首とする国として最も適当なものを，次の①〜④の中から一つ選びなさい。 6

① スウェーデン（Sweden）

② オランダ（Netherlands）

③ スペイン（Spain）

④ オーストリア（Austria）

(3) 下線部**3**に関して，ルーマニアとブルガリアの国境の大部分をなしているものとして最も適当なものを，次の①～④の中から一つ選びなさい。　7

① カルパティア山脈（Carpathian Mountains）
② カスピ海（Caspian Sea）
③ ライン川（the Rhine）
④ ドナウ川（the Danube）

(4) 下線部**4**に関して，次の表は，EU，ASEAN（東南アジア諸国連合），NAFTA（北米自由貿易協定），中国の2019年におけるそれぞれの面積，名目GDP（国内総生産），貿易額を示したものである。表中のA～Dに当てはまる経済地域または国の組み合わせとして最も適当なものを，下の①～④の中から一つ選びなさい。　8

	面積（千km²）	名目GDP（億ドル）	貿易額（億ドル） 輸出	輸入
A	21,783	244,312	25,479	34,602
B	9,600	143,429	24,985	20,690
C	4,132	156,303	57,800	54,987
D	4,487	31,554	14,185	13,990

矢野恒太記念会編『世界国勢図会　2021/22年版』より作成
注）EUはイギリスを除く27か国の数値。NAFTAは2020年にUSMCA（アメリカ・メキシコ・カナダ協定）に代わった。

	A	B	C	D
①	NAFTA	中国	EU	ASEAN
②	NAFTA	EU	中国	ASEAN
③	中国	NAFTA	ASEAN	EU
④	中国	ASEAN	EU	NAFTA

問3　次のグラフは,「健康志向食品」市場の需要曲線と供給曲線を示したものである。人々の健康志向が高まり,健康志向食品の購入量が増加したとすると,一般にどのような変化が起こるか。最も適当なものを,下の①～④の中から一つ選びなさい。　9

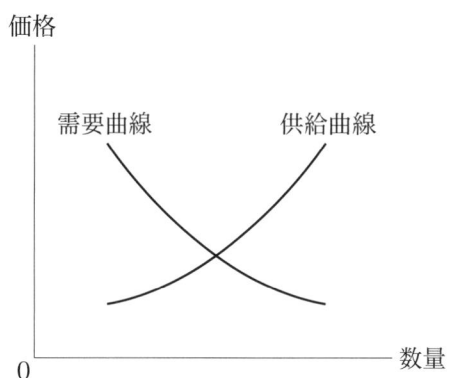

① 供給曲線が左上に移動し,健康志向食品の価格が上がる。
② 供給曲線が右下に移動し,健康志向食品の価格が下がる。
③ 需要曲線が右上に移動し,健康志向食品の価格が上がる。
④ 需要曲線が左下に移動し,健康志向食品の価格が下がる。

問4　株式会社に関する記述として最も適当なものを,次の①～④の中から一つ選びなさい。　10

① 株式会社の株式は,原則として自由に譲渡することができる。
② 複数の株式会社が分業をおこなうと生産性が向上することを,所有と経営の分離という。
③ 株式会社の株主には,無限責任を負う株主と,有限責任を負う株主がいる。
④ 株式会社は,取締役会を設置していれば,株主総会を設置する必要はない。

問5　景気変動や物価に関する記述として最も適当なものを，次の①～④の中から一つ選びなさい。　11

① 約10年を周期とする，在庫投資の変動を要因とする景気変動のことを，ジュグラー(Juglar)の波という。

② 財政のビルト・イン・スタビライザー (built-in stabilizer) やフィスカル・ポリシー (fiscal policy) には，景気の変動を緩和する機能がある。

③ 好況とインフレーションとが同時に進行する現象のことを，スタグフレーション (stagflation) という。

④ 基準年からその翌年にかけて，物価は下落したが名目GDPは変化しなかった場合，翌年の実質GDPは名目GDPよりも低くなる。

問6　日本の租税に関する記述として最も適当なものを，次の①～④の中から一つ選びなさい。　12

① 所得税には，所得が低くなるほど所得に占める税の負担率が高くなる逆進性がある。

② 法人税は，国税，直接税に分類される。

③ 消費税には，所得の多い人ほど税率が高くなる累進課税制度が適用されている。

④ 日本の直間比率を見ると，イギリス (UK) やフランスと同様に間接税の割合の方が高い。

問7　次のグラフは，日本，アメリカ，イギリス，フランスの2017年における法人実効税率（企業が実際に負担する税率）を示したものである。グラフ中のA〜Dに当てはまる国の組み合わせとして最も適当なものを，下の①〜④の中から一つ選びなさい。　13

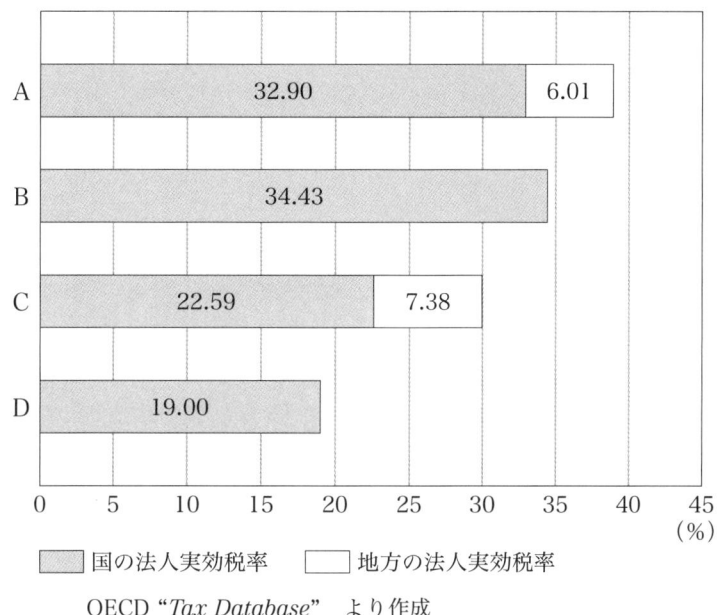

OECD "*Tax Database*" より作成

	A	B	C	D
①	日本	イギリス	フランス	アメリカ
②	フランス	アメリカ	イギリス	日本
③	イギリス	日本	アメリカ	フランス
④	アメリカ	フランス	日本	イギリス

問8　A国におけるある年の国の一般会計では，国債を除く歳入が50億ドル，国債からの収入が60億ドルであり，国債費を除く歳出が75億ドル，国債費が35億ドルであった。この年のA国のプライマリー・バランス（primary balance）として最も適当なものを，次の①〜④の中から一つ選びなさい。　14

① 10億ドルの赤字
② 均衡している
③ 25億ドルの黒字
④ 25億ドルの赤字

問9　第二次世界大戦後の日本経済に関する記述として最も適当なものを，次の①〜④の中から一つ選びなさい。　15

① ドッジ・ライン（Dodge Line）に基づき，日本銀行による国債の直接引き受けが開始された。
② 高度経済成長期に，太平洋ベルトにある都市の人口が増加した。
③ 第一次石油危機（Oil Crisis）により，バブル経済が崩壊した。
④ プラザ合意（Plaza Accord）の後，アメリカへの繊維の輸出が増加したため，日本とアメリカの貿易摩擦が激化した。

問10　円とドルの為替相場が円高傾向になる要因として最も適当なものを，次の①〜④の中から一つ選びなさい。　16

① アメリカの金利の方が日本の金利よりも高い。
② 日本においてアメリカ製品の輸入が増加している。
③ アメリカの企業の日本への直接投資が増加している。
④ 日本の投資家のアメリカへの証券投資が増加している。

問11 次の文章中の空欄 a , b に当てはまる語の組み合わせとして最も適当なものを，下の①〜④の中から一つ選びなさい。 17

IMF（国際通貨基金）は，1944年のブレトンウッズ（Bretton Woods）協定に基づき設立された。本部は a に置かれ， b を主な目的とする。また，通貨危機を防ぐため，条件つきの短期融資もおこなっている。

	a	b
①	ワシントンD.C.	為替相場の安定
②	ワシントンD.C.	南北問題の解決
③	ジュネーヴ	為替相場の安定
④	ジュネーヴ	南北問題の解決

注）ワシントンD.C.（Washington, D.C.），ジュネーヴ（Geneva）

問12 1971年に採択された，水鳥の生息地として国際的に重要な湿地の保護を目的とする条約として最も適当なものを，次の①〜④の中から一つ選びなさい。 18

① マーストリヒト条約（Maastricht Treaty）

② ラムサール条約（Ramsar Convention）

③ 京都議定書

④ 世界遺産条約（Convention concerning the Protection of the World Cultural and Natural Heritage）

問13 次の地図は，オーストラリア（Australia）大陸にグリーンランド（Greenland）を重ねたものである。双方の大きさを適切に示したものとして最も適当なものを，次の①〜④の中から一つ選びなさい。ただし，輪郭はおおまかに描いてある。 19

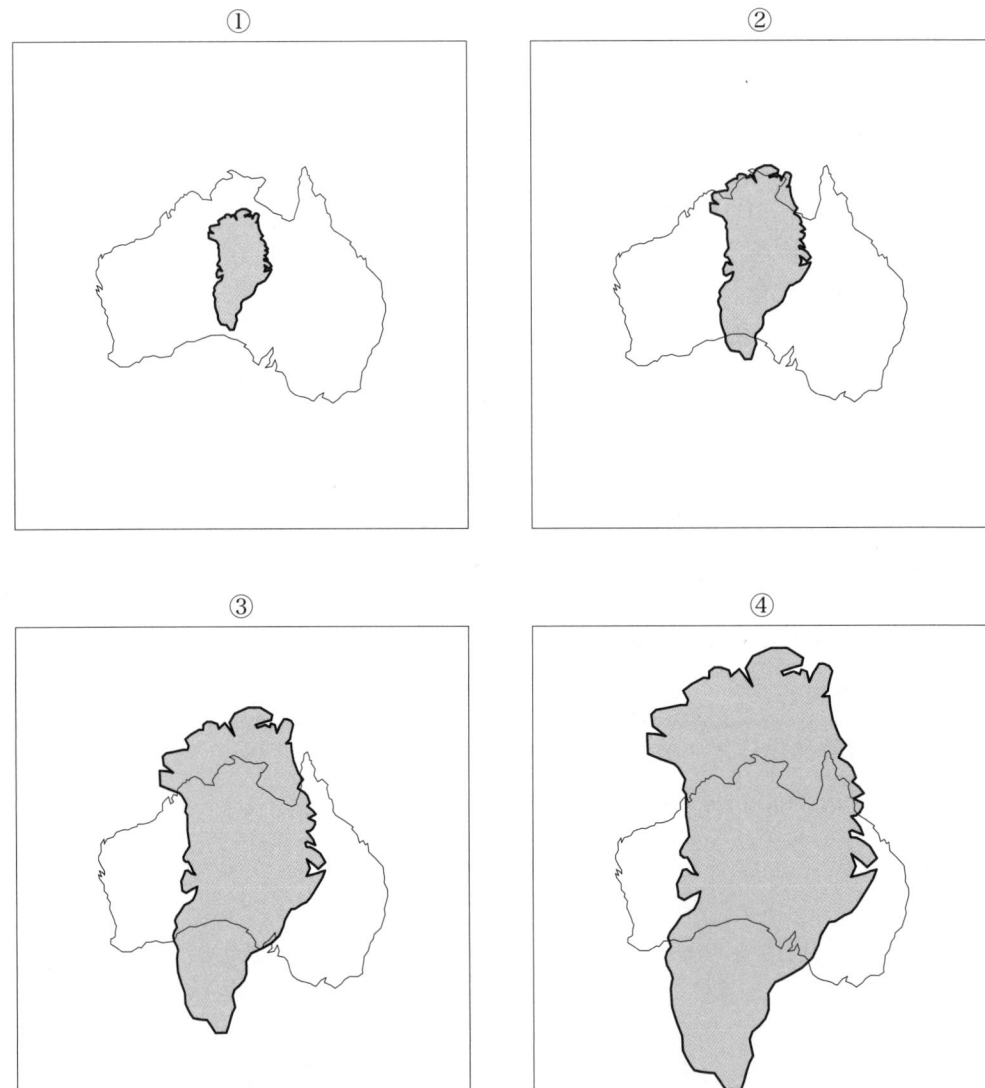

問14 東京は東経135度を標準時子午線としている。東京が2月17日午前9時のとき，ニューヨーク（New York）は前日の午後7時である。ニューヨークが標準時子午線としている経度として最も適当なものを，次の①〜④の中から一つ選びなさい。 20

① 東経45度
② 東経75度
③ 西経45度
④ 西経75度

問15 ポルトガル（Portugal）のリスボン（Lisbon）は，地中海性気候に属する。リスボンのハイサーグラフとして最も適当なものを，次の①〜④の中から一つ選びなさい。 21

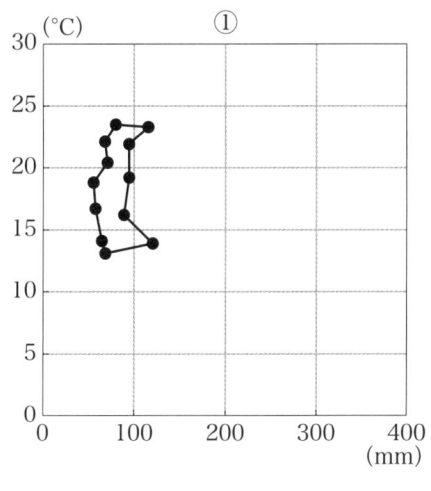

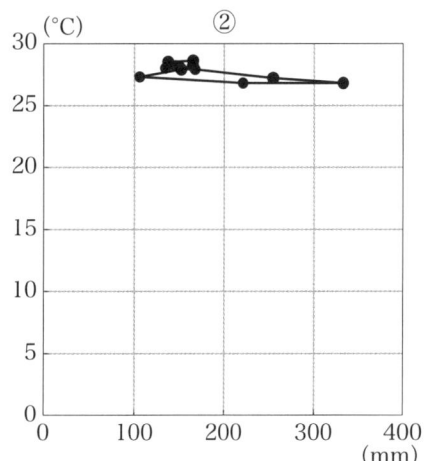

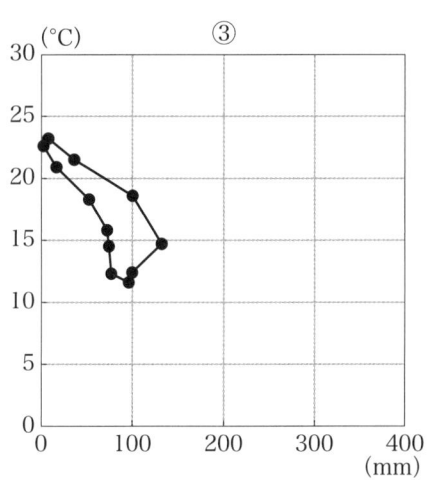

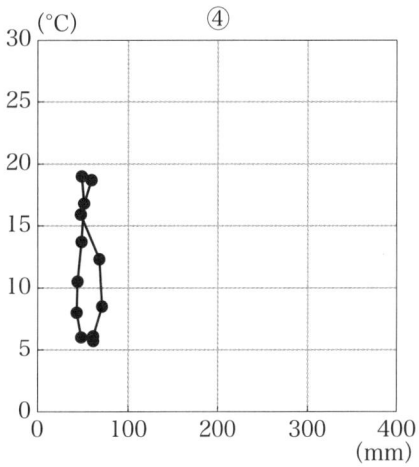

国立天文台『理科年表 2022』より作成

問16 次の表は，2018年におけるイギリス，フランス，オランダ，ノルウェー（Norway）の主な農水産物の自給率を示したものである。表中のA～Dに当てはまる国の組み合わせとして最も適当なものを，下の①～④の中から一つ選びなさい。 22

単位：%

	小麦	豆類	野菜類	肉類	魚介類
A	183.4	131.9	72.0	104.2	29.7
B	16.3	6.0	410.7	272.8	129.1
C	82.8	100.3	42.6	79.6	64.5
D	16.2	9.6	44.1	96.4	194.9

総務省統計局『世界の統計2021』より作成

	A	B	C	D
①	フランス	オランダ	イギリス	ノルウェー
②	フランス	ノルウェー	オランダ	イギリス
③	イギリス	オランダ	ノルウェー	フランス
④	イギリス	ノルウェー	オランダ	フランス

問17 アメリカのサンフランシスコ（San Francisco）の南方に，先端技術産業の集積地がある。この地域は何と呼ばれているか。最も適当なものを，次の①～④の中から一つ選びなさい。 23

① ドックランズ（Docklands）

② ブルーバナナ（Blue Banana）

③ リサーチトライアングルパーク（Research Triangle Park）

④ シリコンバレー（Silicon Valley）

問18 次の表は，ブラジル (Brazil)，チリ (Chile)，ベネズエラ (Venezuela)，メキシコ (Mexico) の4か国の輸出額の上位5品目を示したものである。ベネズエラに当てはまるものとして最も適当なものを，下の①〜④の中から一つ選びなさい。 24

	A	B	C	D
1位	原油	大豆	機械類	銅
2位	石油製品	原油	自動車	銅鉱
3位	有機化合物	鉄鉱石	原油	野菜・果実
4位	鉄鋼	肉類	精密機械	魚介類
5位	鉄鉱石	機械類	野菜・果実	パルプ・古紙

注）ブラジル，チリ，メキシコは2019年，ベネズエラは2013年のデータ。
矢野恒太記念会編『世界国勢図会　2021/22年版』より作成

① A
② B
③ C
④ D

問19 タイ (Thailand) に関する記述として最も適当なものを，次の①〜④の中から一つ選びなさい。 25

① 2020年時点で，人口は1億人を超えている。
② タイから日本への主な輸出品は，液化天然ガスや石炭である。
③ 近年の米の生産量・輸出量は，いずれも世界3位以内に入っている。
④ 国民の信仰する宗教として，仏教の比率が最も高い。

問20 りんご，みかん，甜菜(てんさい)，サトウキビについて，2019年で収穫量が最も多い都道府県を示したものとして最も適当なものを，次の①〜④の中から一つ選びなさい。 26

		収穫量が最も多い都道府県
①	りんご	広島県
②	みかん	北海道
③	甜菜	鹿児島県
④	サトウキビ	沖縄県

問21 次の文中の空欄 a に当てはまる語として最も適当なものを，下の①〜④の中から一つ選びなさい。 27

　リンカーン（Abraham Lincoln）が1863年にゲティスバーグ（Gettysburg）でおこなった演説の中の「 a 」という言葉は，民主政治・国民主権の精神を端的に示したものとされている。

① 人間は自由の刑に処せられている
② 政党なしに代議政治が運営可能であることを示した者は一人もいない
③ 王は何人の下にも立つことはないが，神と法の下には立たなければならない
④ 人民の，人民による，人民のための政治

問22 次の文章を読み，下の問い(1), (2)に答えなさい。

次の図は，世界の所得がどのように存在しているかを示したものであり，形状がシャンパングラスに似ているのが特徴的である。図の横の幅は所得の多さを表し，縦は世界の人口を所得の多い順に上から5等分して示している。この図は，UNDP（国連開発計画）による1992年版の『人間開発報告書』で示された1989年時点のものであるが，2016年版の同書では2008年のデータと比較がされ，2008年の方が状況は悪化していると述べられている。

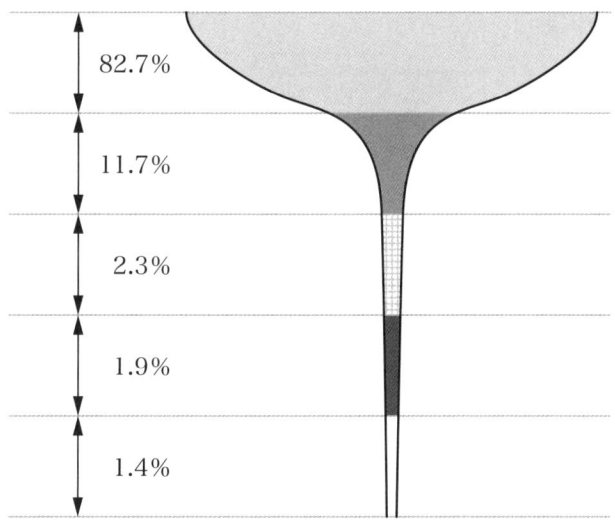

UNDP "HUMAN DEVELOPMENT REPORT 1992" より作成

(1) 上の図の説明として最も適当なものを，次の①〜④の中から一つ選びなさい。　28

① 所得の多い上位20％の人々が，世界の全所得の82.7％を所有している。
② 所得の多い上位21〜40％の人々が，世界の全所得の94.4％を所有している。
③ 中間層の人々が全世界の人口に占める割合は，5.6％である。
④ 最も貧しい層の人々が全世界の人口に占める割合は，1.4％である。

(2) 下線部に関して，UNDPは国際連合（UN）の総会によって設立された機関の一つである。国際連合の総会によって設立された機関は他にもいくつかあるが，その例として最も適当なものを，次の①～④の中から一つ選びなさい。　29

① ILO（国際労働機関）
② IAEA（国際原子力機関）
③ UNEP（国連環境計画）
④ PCIJ（常設国際司法裁判所）

問23 日本国憲法が政教分離の原則を定めている理由として最も適当なものを，次の①～④の中から一つ選びなさい。　30

① 財産権を保障するため
② 信教の自由の保障のため
③ 政府が特定の宗教を優遇するため
④ 大日本帝国憲法で保障されていないことを諸外国から批判されたため

問24 日本の司法制度に関する記述として最も適当なものを，次の①～④の中から一つ選びなさい。　31

① 特別裁判所の設置は憲法で禁止されていないので，国会の議決があれば設置することができる。
② 司法権の独立が確保されるように，憲法では裁判官の独立や裁判官の身分保障が定められている。
③ 違憲審査権を行使することができるのは最高裁判所のみであり，下級裁判所が行使することはできない。
④ 憲法では，裁判は原則として非公開でおこなわれ，裁判所が許可した場合にのみ公開でおこなわれると定められている。

問25 日本の地方公共団体における直接請求制度に関する記述として最も適当なものを，次の①〜④の中から一つ選びなさい。　32

① 一定数以上の署名を集めたうえで，首長に対して，地方議会の議員の解職を請求することができる。
② 一定数以上の署名を集めたうえで，監査委員に対して，条例の制定を請求することができる。
③ 一定数以上の署名を集めたうえで，選挙管理委員会に対して，市長選挙において誰がどの候補者に投票したかを公開することを請求することができる。
④ 一定数以上の署名を集めたうえで，選挙管理委員会に対して，議会の解散を請求することができる。

問26 国際連盟（League of Nations）に関する記述として最も適当なものを，次の①〜④の中から一つ選びなさい。　33

① アメリカのウィルソン（Woodrow Wilson）大統領の構想をもとにして設立された。
② 本部はアメリカのニューヨークに置かれた。
③ 国家間の安全保障の体制として，勢力均衡方式を採用した。
④ 総会の議決は，重要事項については3分の2以上，その他の事項は過半数の賛成が必要とされた。

問27 イギリスの産業革命に関する記述として**適当でないもの**を，次の①〜④の中から一つ選びなさい。　34

① イギリスでは，資本の蓄積，広大な海外市場，豊富な労働力などを背景として産業革命が始まった。

② 大量生産を可能にするための技術革新は鉄鋼業などの重化学工業で始まり，後に綿工業などの軽工業に波及していった。

③ 蒸気機関が改良されて安定した動力が得られるようになると，交通機関の動力にも利用され，交通が急速に発達した。

④ 世界で初めて産業革命を達成したイギリスは，群を抜いた工業力を誇り，「世界の工場」と呼ばれた。

問28 革命直前のフランスの情勢に関する記述として最も適当なものを，次の①〜④の中から一つ選びなさい。　35

① 旧制度（アンシャン・レジーム）の下では，国王が第一身分，貴族が第二身分，平民が第三身分というように，三つの身分に区分がなされていた。

② 中東（Middle East）地域から流入したイスラム教徒と，以前から居住していたキリスト教徒との対立が深刻化していた。

③ 絶対王政を支持し自由貿易の利点を説くルソー（Jean-Jacques Rousseau）の啓蒙思想が，人々に大きな影響を与えていた。

④ フランスの国家財政は，宮廷の浪費やアメリカ独立戦争（American War of Independence）への参戦などによって危機的状態にあった。

問29 ドイツ帝国（German Empire）の宰相ビスマルク（Otto von Bismarck）に関する記述として最も適当なものを，次の①〜④の中から一つ選びなさい。　36

① メッテルニヒ（Klemens von Metternich）が三月革命（March Revolution）で失脚した後，宰相に就任した。
② 労働者が社会主義運動を支持することを防ぐため，社会保険制度を整備した。
③ 大陸封鎖令を発して，ドイツの産業資本の拡張を図った。
④ 積極的な対外膨張政策である「世界政策」を掲げた。

問30 日清戦争（First Sino-Japanese War）の終戦から日露戦争（Russo-Japanese War）の勃発にかけての日本の状況に関する記述として最も適当なものを，次の①〜④の中から一つ選びなさい。　37

① 日清戦争の賠償金をもとにして，鉄道の敷設や官営模範工場の設立など殖産興業が進められた。
② 国会の開設や憲法の制定を求める自由民権運動が，国内各地で盛んになった。
③ ロシア（Russia）の東方拡大を防ぐため，日英同盟（Anglo-Japanese Alliance）が締結された。
④ 衆議院議員選挙制度の改正がおこなわれ，25歳以上のすべての男子に選挙権が認められた。

問31 次の冷戦期の出来事A～Dを年代順に並べたものとして正しいものを，下の①～④の中から一つ選びなさい。 | 38 |

A　キューバ危機（Cuban Missile Crisis）の勃発

B　朝鮮戦争（Korean War）の休戦協定の成立

C　アメリカによる戦略防衛構想（SDI）の表明

D　ソ連（USSR）によるアフガニスタン（Afghanistan）侵攻

① A→C→B→D

② B→A→D→C

③ C→D→A→B

④ D→B→C→A

総合科目の問題はこれで終わりです。解答欄の | 39 | ～ | 60 | はマークしないでください。

실전모의고사 제1회

数 学   80分

【コース1（基本）】

(注意)
1. 係員の許可なしに，部屋の外に出ることはできません。
2. 試験開始の合図があるまで，この問題冊子の中を見ないでください。
3. 試験開始の合図があったら，下の欄に，受験番号と名前を記入してください。
4. 足りないページがあったら，手をあげて知らせてください。
5. メモや計算などを書く場合は，問題冊子に書いてください。
6. 解答は，解答用紙に鉛筆（HB）で記入してください。
7. 問題文中の**A**，**B**，**C**，…には，それぞれ－（マイナスの符号），または，0から9までの数が一つずつ入ります。適するものを選び，解答用紙（マークシート）の対応する解答欄にマークしてください。
8. 同一の問題文中に A ， BC などが繰り返し現れる場合，2度目以降は， A ， BC のように表しています。
9. 解答に関する記入上の注意
   ① 根号（$\sqrt{\ }$）の中に現れる自然数が最小となる形で答えてください。
      （例：$\sqrt{32}$ のときは，$2\sqrt{8}$ ではなく $4\sqrt{2}$ と答えます。）
   ② 分数を答えるときは，符号は分子につけ，既約分数（reduced fraction）にして答えてください。
      （例：$\frac{2}{8}$ は $\frac{1}{4}$，$-\frac{3}{\sqrt{6}}$ は $\frac{-\sqrt{6}}{2}$ と答えます。）
   ③ $\dfrac{\boxed{AB}\sqrt{\boxed{C}}}{\boxed{D}}$ に $\dfrac{-4\sqrt{2}}{3}$ と答える場合は，下のようにマークしてください。

   【解答用紙】

※試験開始の合図後に，必ず受験番号と名前を記入してください。

受験番号	名　前

数学 コース1
（基本コース）

「解答コース」記入方法

解答コースには「コース1」と「コース2」がありますので，どちらかのコースを一つだけ選んで解答してください。

「コース1」を解答する場合は，右のように，解答用紙の「解答コース」の「コース1」を○で囲み，さらにその下のマーク欄をマークしてください。

選択したコースを正しくマークしないと，採点されません。

（解答用紙記入例）

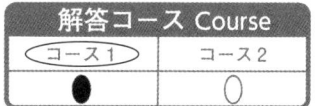

I

問 1 a を定数とし，2次関数

$$f(x) = \frac{1}{2}x^2 + (-2a+2)x + 2a^2$$

の $-2 \leqq x \leqq 2$ における最小値を $m(a)$ とする。

(1) $f(x)$ のグラフの頂点の座標は

$$(\boxed{A}\,a - \boxed{B},\ \boxed{C}\,a - \boxed{D})$$

であり，$m(a) = \boxed{C}\,a - \boxed{D}$ となる a の値の範囲は $\boxed{E} \leqq a \leqq \boxed{F}$ である。

(2) $m(-2) = \boxed{GH}$, $m(4) = \boxed{IJ}$ である。

(3) $m(a)$ の最小値は $\boxed{KL}$ である。また，$m(a)$ が最小となるときの a の値において，$-2 \leqq x \leqq 2$ における $f(x)$ の最大値は $\boxed{MN}$ である。

― 計算欄 (memo) ―

問2　箱の中にA，B，Cの文字が書かれたカードがそれぞれ1枚ずつ，計3枚入っている。箱の中からカードを1枚取り出し，書かれていた文字を記録して元に戻す。これを4回繰り返し，記録した文字を順に左から並べ，4文字の文字列をつくる。この文字列について，Aの文字の数をXとし，Yを次のように定める。

・文字列にAが1つもないときは$Y = 0$とする。
・文字列にAが含まれるが，Aが1つだけのときや2つ以上のAが隣り合わないときは$Y = 1$とする。
・文字列にAが含まれ，2つ以上のAが隣り合うとき，隣り合うAの数をYとする。

例えば，「AAAB」のときは$X = 3$，$Y = 3$であり，「ABAC」のときは$X = 2$，$Y = 1$であり，「AABA」のときは$X = 3$，$Y = 2$である。

(1)　$Y = 4$となる確率は $\dfrac{1}{81}$ である。

(2)　$Y = 2$となる確率は $\dfrac{16}{81}$ である。また，$Y = 2$であったときに，$X = 2$である条件付き確率は $\dfrac{3}{4}$ である。

(3)　$Y = 1$となる確率は $\dfrac{44}{81}$ である。

― 計算欄（memo）―

I の問題はこれで終わりです。

II

問1 $x = \dfrac{\sqrt{5}-1}{\sqrt{5}-2}$ とする。

(1) xの分母を有理化すると $x = \boxed{A} + \sqrt{\boxed{B}}$ である。xの整数部分をaとすると $a = \boxed{C}$ であり、xの小数部分をbとすると $b = \sqrt{\boxed{D}} - \boxed{E}$ である。

(2) yを $\sqrt{2} < y < \sqrt{3}$ を満たす実数とする。y^2の小数部分は $y^2 - \boxed{F}$ と表され、y^2の小数部分とyの小数部分が等しくなるとき、$y = \dfrac{\boxed{G} + \sqrt{\boxed{H}}}{\boxed{I}}$ である。

(3) yを(2)で求めた $y = \dfrac{\boxed{G} + \sqrt{\boxed{H}}}{\boxed{I}}$ とする。このとき

$$\dfrac{x}{y} + \dfrac{y}{x} = \dfrac{\boxed{J} + \boxed{K}\sqrt{\boxed{L}}}{\boxed{M}}$$

である。

― 計算欄 (memo) ―

問2 k を実数とする。x についての方程式

$$|x^2 - 6x - 7| - 2x^2 - k = 0 \quad \cdots\cdots ①$$

の解について考えよう。

(1) x についての不等式 $x^2 - 6x - 7 \leqq 0$ を解くと

$$\boxed{\text{NO}} \leqq x \leqq \boxed{\text{P}}$$

であり，$\boxed{\text{NO}} \leqq x \leqq \boxed{\text{P}}$ のとき，①の左辺は

$$|x^2 - 6x - 7| - 2x^2 - k = \boxed{\text{QR}}\, x^2 + \boxed{\text{S}}\, x + \boxed{\text{T}} - k$$

である。

(2) 方程式①の異なる実数解が3個のとき $k = \boxed{\text{UV}}$ または $k = \boxed{\text{W}}$ である。

$k = \boxed{\text{UV}}$ のとき，①の3個の実数解のうち，最も小さいものは $x = \boxed{\text{XY}}$ である。

― 計算欄（memo）―

Ⅱ の問題はこれで終わりです。 Ⅱ の解答欄 **Z** はマークしないでください。

III

自然数 n について，$f(n)$ を n の正の約数の個数とする。

(1) 40 を素因数分解すると $40 = \boxed{A}^{\boxed{B}} \times \boxed{C}$ であるので，$f(40) = \boxed{D}$ である。また，$f(360) = \boxed{EF}$ である。

(2) n が 30 以下の自然数のとき，$f(n) = 2$ を満たす n は $\boxed{GH}$ 個ある。また，n が 300 以下の自然数のとき，$f(n) = 3$ を満たす n は $\boxed{I}$ 個ある。

(3) $f(n) = 6$ を満たす自然数 n について考えよう。このとき，n は互いに異なる素数 p, q を用いて

$$n = p^{\boxed{J}} \quad \text{または} \quad n = p \times q^{\boxed{K}}$$

と表すことができる。よって，$f(n) = 6$ を満たす最小の自然数 n は $\boxed{LM}$ である。

また，$f(n) = 6$ を満たす自然数 n のうち，正の約数の総和が 78 であるものは $n = \boxed{NO}$ である。

— 計算欄（memo）—

Ⅲ の問題はこれで終わりです。Ⅲ の解答欄 **P** ～ **Z** はマークしないでください。

IV

三角形 ABC の 3 辺の長さを AB = 5, BC = 8, CA = 7 とし, 三角形 ABC の内接円の中心を I とする。

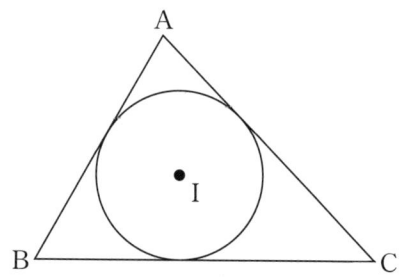

(1) ∠ABC = **AB**° であり, 三角形 ABC の面積は **CD**√**E**, 三角形 ABC の内接円の半径は √**F** である。

(2) 直線 AI と辺 BC との交点を D とする。このとき, BD = **GH**/**I** であり

$$AD = \frac{\boxed{J}\sqrt{\boxed{K}}}{\boxed{L}}, \quad AI = \sqrt{\boxed{M}}$$

である。

(3) 辺 AB 上に点 P を, 辺 AC 上に点 Q を, AP = AQ かつ 3 点 A, P, Q を通る円 C が三角形 ABC の内接円と外接するようにとる。このとき, 円 C の半径は $\dfrac{\sqrt{\boxed{N}} - \sqrt{\boxed{O}}}{\boxed{P}}$ であり

$$PQ = \frac{\boxed{Q}\sqrt{\boxed{RS}} - \boxed{TU}}{\boxed{V}}$$

である。

― 計算欄（memo）―

IV の問題はこれで終わりです。IV の解答欄 **W** ～ **Z** はマークしないでください。

コース1の問題はこれですべて終わりです。解答用紙の V はマークしないでください。

解答用紙の解答コース欄に「コース1」が正しくマークしてあるか，もう一度確かめてください。

실전모의고사

제 2 회

실전모의고사 제2회

日本語

1 2 5 分

(注意)
1. 係員の許可なしに，部屋の外に出ることはできません。
2. 試験開始の合図があるまで，この問題冊子の中を見ないでください。
3. 試験開始の合図があったら，下の欄に，受験番号と名前を記入してください。
4. 各部分の解答は，指示にしたがって始めてください。指示されていない部分を開いてはいけません。
5. 足りないページがあったら，手をあげて知らせてください。
6. メモなどを書く場合は，問題冊子に書いてください。
7. 記述の解答は，記述用解答用紙に日本語で書いてください。読解・聴読解・聴解の解答は，解答用紙（マークシート）の解答欄に鉛筆（HB）でマークし，訂正したいマークは消しゴムできれいに消してください。
8. 読解・聴読解・聴解の問題は，問題文に 1 , 2 , 3 , …がついています。その番号と同じ解答用紙（マークシート）の解答欄にマークしてください。

※試験開始の合図後に，必ず受験番号と名前を記入してください。

受験番号	名　前

記述問題
説明

　記述問題は，二つのテーマのうち，どちらか一つを選んで，記述用解答用紙に書いてください。

　解答用紙のテーマの番号を○で囲んでください。
　文章は横書きで書いてください。
　解答用紙の裏（何も印刷されていない面）には，何も書かないでください。

記述問題

以下の二つのテーマのうち，どちらか一つを選んで400〜500字程度で書いてください（句読点を含む）。

1 近年，大学は社会利益に直結する研究を優先させるべきだ，という考えが強くなってきているようです。
　この意見について，あなたはどのように考えますか。「社会利益に直結する研究」以外に大学が行うべき研究を一つ挙げた上で，あなたの考えを述べなさい。

2 進展する国際化社会で生きていく上で大切なことは外国語の習得である，という考えがあります。
　この意見について，あなたはどのように考えますか。「外国語の習得」以外に大切なことを一つ挙げた上で，あなたの考えを述べなさい。

問題冊子の表紙など，記述問題以外のページを書き写していると認められる場合は，0点になります。

― このページに問題はありません ―

読解問題
説明

　読解問題は，問題冊子に書かれていることを読んで答えてください。

　選択肢1，2，3，4の中から答えを一つだけ選び，読解の解答欄にマークしてください。

Ⅰ 次の文章で，筆者は，勉強のできる子とはどのような子だと言っていますか。　1

勉強というのは，決して楽なものではありません。むしろ，苦しいことのほうが多いでしょう。これは，どんなに勉強ができる人にとっても，同じだと思います。

では，勉強ができる子とできない子の差とは何でしょうか？

それは，勉強から逃げない「心の強さの差」だと言えるのではないでしょうか。子どもが将来，自分で稼いで幸せに生きていくためには，絶対に「学力」が必要です。ですから，子どものころから，しっかりと勉強をする必要があるわけです。

いくら勉強が嫌いであっても，いずれは必要になるときがきます。であるならば，「勉強は嫌いだ，苦しいから嫌だ」などと逃げているのは損です。

どうせやらなければならないのならば，勉強から逃げるのではなく，むしろ，「苦にならないような工夫」をしたほうが絶対に得なわけです。

そう考えられるのが，苦しさから逃げない「心の強い子」であり，勉強が「できる子」と言えるのではないかと思います。

（和田秀樹『「心が強い子」は母親で決まる！』三笠書房　を参考に作成）

1．将来のためという明確な目的意識を持って勉強できる子
2．勉強の苦しさから逃げない心の強さを持っている子
3．効率的に学力を上げる方法を知っている子
4．勉強は誰にも負けないという強い競争心を持っている子

Ⅱ 次のお知らせの内容と合っているものはどれですか。　　　2

学生用掲示板利用について

　本学では，サークル活動やゼミ活動に関するポスター等を掲示する学生用掲示板が設置されています。掲示する際は，以下の事項を守るようにしてください。

【掲示板の場所】1号館入口前，正門付近，緑門付近
【申請について】
・掲示板に掲出するには，学生サポートセンターに，申請書と掲示物を提出する必要があります。申請書には，学生証のコピー・連絡先・掲示理由・希望掲示時期・団体名を明記してください。
　※掲示物のサイズは，A3サイズ以下とします。また，掲示物には必ず団体名を明記してください。
　※申請書は，掲示希望日の7日前までに提出してください。
　※申請書は，学生サポートセンターに置いています。また，学生サポートセンターWebサイトからダウンロードすることも可能です。
・審査の上，掲示可能と認められたものは，学生サポートセンターが掲示します。

【注意事項】
・掲示期間は，原則1ヵ月とします。特別な申請がない限り，1ヵ月経過した時点で，順次撤去します。
・掲示物は，1団体につき1枚限りとします。ただし，文化祭の時期はその限りではありません。

　　　　　　　　　　　　　　　　　　　　　　　　　　　　　学生サポートセンター

1．掲示物の大きさや表記に関して，特別な決まりはない。
2．掲示期間が過ぎたら，自分で掲示物を撤去しなければならない。
3．申請の段階では，掲示物を申請書とともに提出する必要はない。
4．文化祭の時期は，1団体につき2枚以上掲示することも可能である。

Ⅲ 次の文章で述べられている，男女の賃金格差に関する内容として，正しいものはどれですか。

3

　わが国は学歴社会であると国民の多くが理解しているが，学歴差による所得格差は他の先進国と比較して実は小さい。例えば，大卒・高卒間の賃金格差は欧米諸国より小さい。この事実から見れば，わが国は学歴社会ではない。わが国でいう学歴社会というのは，卒業大学名の違いや大卒と高卒の間で，その後の人生経路において違いが大きいという意味で理解されており，学歴差による賃金差や所得差の意味は小さく，その意味に限って学歴社会ではないと理解した方がよい。

　したがって，男女の賃金格差に関して言えば，男女の学歴差が直接の影響力として賃金格差に反映されているとは言えない。すなわち，男性と女性では卒業学校レベルの差というのは過去に歴然としてあったわけであるが，そのこと自体が直接に男女間の賃金格差として現れたのではない。むしろ，男女の学歴差が従事する職業による差，課長，部長といった階級（地位）の差として現れたのであり，職業や地位による差が賃金差に反映されたと理解すべきである。これは男女間の学歴差が間接的に職業・階級差を通じて，賃金格差を生んだものといってよい。

（橘木俊詔『いま，働くということ』ミネルヴァ書房　を参考に作成）

1．男女の学歴差と男女の賃金格差との間には，何の関係も認められない。
2．男女の賃金格差は，日本よりも欧米諸国の方が大きい。
3．男女の賃金格差は，男女の職業や階級の違いによるところが大きい。
4．男女の学歴差が小さくなるにつれて，男女の賃金格差も小さくなった。

Ⅳ 次の文章で，筆者が最も言いたいことはどれですか。　　　　　　　　　4

　いまの医学では，「健康」とは何か，ということがわかりません。わかっていることは次のようなことです。なんとなく具合が悪いようなので，とりあえず病院に行ってみる。すると，では検査をしましょうということになります。

　この検査というのは，「こういう数値だと病気ですよ」という指標を調べるものなのです。そのため，採血や採尿をして数値を計って，「いま，あなたの肝臓はちょっと悪いですよ」とか，「あなたは貧血気味ですよ」とか，また，「だいぶ胃が弱っていますよ」ということを示したにすぎないわけです。しかも，その判断基準となる数値が，西洋医学においては，統計的な平均値によるものなのです。

　その種の検査を全部おこなって，何も基準値を超えないときに，「いま，あなたは病気ではありません」といわれただけの話で，しかもその検査方法が病気を100パーセントチェックするまでには至りませんから，「いまの検査ではあなたは病気ではない」というだけで，完全な「健康」を保証したとはいえないのです。

　ですから，いまの医学では，完全な「健康」というのがわからないのです。医者なり受診者本人なりが，「ああ，何も数値的にひっかからなかったから健康だ」と思っているだけなのです。

（渥美和彦『自分を守る患者学』PHP研究所　を参考に作成）

1．検査は，部分よりも全体の健康判断に適している。
2．西洋医学は，健康の定義を明確に定める必要がある。
3．検査の結果が悪くとも，病気になるとは限らない。
4．検査だけでは，本当に健康かどうかは判断できない。

Ⅴ 次の文章の内容と合っているものはどれですか。 5

　時代が進むにつれて，生活スタイルも変わる。実際には，今日と明日の差をはっきり意識しにくいほど，なだらかな変化である。だがしかし，過去をふり返ってみるとたしかに変化している。だとすれば，どこかの節々でわずかばかりの変化が起きているわけだ。その変化の核となるのは，価値観や姿勢など意識の問題が大きい。

　あまり変わり映えのしない生活のなかでも，新鮮さや刺激を求めることがある。見馴れたモノやコトを異質化，つまり新たにしたいという気持ちが起きるものだ。逆に大きく生活変化を起こす刺激に対しては，すこしでも現実とのバランスをとろうという*馴質(じゅんしつ)的な感覚が，ブレーキとして働く。だから新たな生活を創造しようという提案は，かなり"異質"な刺激ある提案となる。

　新たな生活創造を提案したとしても，本当にそれで豊かな生活がもてるのかどうか，未来の生活の質的向上を目指すに値するかどうかは，社会の支持，つまりコンセンサスがいる。

（田中央『商品企画のシナリオ発想術』岩波書店）

＊馴質的：これまでと同じでありたいということ

1．大きな変化を伴う生活創造の提案は，人々の抵抗を受けがちである。
2．生活スタイルは，価値観がひっくり返るほどの大きな刺激がなければ変化しない。
3．社会的な支持がなくとも，生活スタイルを急激に変えることは可能である。
4．生活スタイルに変化をもたらすのは，価値観の変化ではなく経済構造の変化である。

Ⅵ 次の文章で，筆者は，近年の科学はどのようなものになっていると言っていますか。　6

　自然の観察から始まった科学であったけれど，近年になって（だいたい20世紀くらいから），理論が先行するようになった。それまでは，現象の観察から法則性を見出した。まず実験をして，そこから道理を導いた。しかし，観察や実験ができる範囲のことがだんだん確かめられ，知見が蓄積してくると，既存の理論に立脚した理論が組み立てられるようになる。これまでみんなで協力して築いた理屈を駆使して，どんどん未知の領域へ想像を向ける。

　そういった先進の理論は，大まかにいえば，「こう考えたらどうだろう？　こう考えれば辻褄(つじつま)が合うのでは？」という仮説である。その考え方が正しいかどうかは，すぐにはわからない。ただ，そう考えることによって矛盾が大幅に少なくなる，という意味で，「確からしい」という感覚をみんなに与える。そして，その後，技術的な問題を克服して，それが実験で確かめられるようになる。

　この頃では，「確かそうな仮説」を確かめるために実験を行うのである。こうして，最先端科学では，さきに理屈があり，そのあと（何十年もあとだったりする）実験で確認される，という事例が増えてきた。

　　　　　　　　　　　　　　　　　　　（森博嗣『科学的とはどういう意味か』幻冬舎）

1．観察や実験は行われず，理論の構築だけで成り立っている。
2．理論が単なる仮説となり，理論の確からしさが低下している。
3．仮説としての理論が先行し，その確認のために実験や観察が行われる。
4．技術の発達により，理論よりも観察や実験の方が重視されている。

Ⅶ 次の文章で，筆者は，語ることにはどのような機能があると言っていますか。 7

　私たちは日々さまざまな経験を重ねていますが，経験そのものは言語構造をもっていないため語ることはできません。経験そのものと語られた経験との間には，経験をすくいとる道具としての言葉を用いて意味を紡ぎ出すという行為，すなわち語るという行為が介在します。
　誰でも，まだ言葉にならないモヤモヤした感情や衝動を自分の中に感じることがあります。そうした感情や衝動について語るためには，その形の定まらないものに形を与える必要があります。言葉によって明確な形を与えることで，そうした経験について語ることができるようになるのです。すなわち，語るということは，まだ意味をもたない解釈以前の経験に対して，語ることのできる意味を与えていくことであるということができます。私たちは，自分の経験を語るとき，語りながら自分の経験にまつわる意味を生み出し，自分の経験を整理しているのです。ここに語ることのもつ重要な機能があります。

(榎本博明・安藤寿康・堀毛一也『パーソナリティ心理学』有斐閣)

1．自分の経験を忘れがたいものにする機能
2．自分の経験を他者と共有可能なものにする機能
3．自分の経験を抽象化する機能
4．自分の経験を意味づけ明確化する機能

Ⅷ 次の文章で，筆者はどのようなアドバイスをしていますか。　　8

＊意思決定フレームワークを使っても，使い方を誤っている人を多く見かけます。よくあるのが，選択肢を絞り込むのに，複数の基準をリストアップするのはよいのですが，全部を同列に扱っている，という失敗です。

たとえば，結婚相手を決めるのに，ルックス，スタイル，性格，年収，身長，学歴などの基準で候補者を評価して，総合点で判断するというケースです。これだと，いずれの候補者もそれなりの点を獲得して，優劣の差がつかなくなってしまいます。ちょっとした評価のさじ加減で結果が大きく変わってしまい，直観で決めるのと変わらなくなります。

こういった基準には優先順位があるはずです。重要な基準とそうでないものが混じっており，重みづけをした上で評価しないと正しい判断になりません。思い切って大胆に重みに差をつけることで，個性的な判断が下せます。平均的な選択では意味をなさないのです。

（堀公俊『フレームワークの失敗学』PHP研究所）

＊意思決定のフレームワーク：複数の選択肢の中から合理的に1つを決定するための方法・枠組みのこと

1．主観を挟まず基準の総合点で決めること
2．最終的には直観で決めること
3．基準をあまり多くしすぎないこと
4．基準同士の間に重要度の差を設けること

IX 下線部「野生で暮らしている動物はみな美しい」という意見について，筆者はどのように考えていますか。　9

　「野生で暮らしている動物はみな美しい」と人はいう。そして「動物園で暮らす動物にはくたびれているのが多い」という。確かに，そのとおりだ。だが，それは「動物園の暮らしが悲惨だから」では決してない。野生の世界には，年老いたものや体の不自由なものがいないからだ。若くて元気で美しいものしかいないからである。

　なぜ野生には，年老いたものがいないのか。"老い始めたとき"に死んでしまうからである。自力でエサをとれなければ死ぬしかない。敵から逃げる体力がなければ死ぬしかない。誰が見ても「年寄り」とわかる年令まで，野生の世界で生きのびることなど不可能なのだ。ケガで動けないものや不自由な体になってしまったものも同じだ。幼いもの同様，弱いものから順に捕食者の犠牲になり，残るのは若くて元気なものばかりということなのだ。

(加藤由子『みんなが知りたい動物園の疑問50』SBクリエイティブ)

1．野生では老いた動物は死ぬしかない以上，それは当然のことである。
2．人間の価値観で，その動物が美しいか否かを決めるのは間違っている。
3．美しい野生動物はごく一部に過ぎず，それが見られるのはきわめて稀である。
4．動物園の動物は確かに美しくはないが，命の危険がないので幸せである。

X 次の文章で,筆者は,学生のレポートがつまらなかったのはなぜだと考えていますか。 10

　ものを考えるということは,一見,モノローグのように見えるが,実は対話である。無意識のうちに相手の反応に触発されている部分が大きいのである。
　大学で教えていたときにこんなことがあった。よく質問してくる学生がいて,それがいつもたいへんおもしろい質問なのだ。だんだん「この学生はなかなか可能性がある」と思うようになって,その学生が期末にどんなレポートを書いてくるか楽しみにしていたら,レポートがすごくつまらなかったのである。なぜか。おそらくはこうだ。その学生は,質問しているときには具体的な他者,すなわち私に向かってしゃべっている。そのときの方が思考が刺激されておもしろい論点に自分で気がつくのだが,いざレポートを書く際には一般論みたいに書かなければいけないという構えになり,そうなったとたんに,急に頭が固くなってしまったのだろう。
　本や論文は,最終的には誰に向かって語っているかわからないようなスタイルで書かれることが普通だけれども,そこには対話がないといけない。要するに,人に話したくなるようなことじゃないと書いても意味がないと思うのだ。「どうしても聞いてほしいんだよ,このことは」というものがないと。

（大澤真幸『思考術』河出書房新社）

1．レポートを書くにあたって,適当な対話相手がいなかったから
2．対話を意識してレポートを書くことができなかったから
3．独創的なことを考えるのは得意だが,一般論を書くのは苦手だから
4．筆者と対話をしたことのない内容が,レポートで問われていたから

このページに問題はありません。
次のページに進んでください。

XI 次の文章を読んで後の問いに答えなさい。

　自分はどんな仕事に向いているのか。この問いは、自分は本当は何をしたいんだろうという問いと同じく、若い人が進路を決めたり、仕事を選んだりする際に大きな壁となって立ちはだかることがあります。いや、近年は若い人だけではないでしょう。人生が長くなり、仕事も職場も第二、第三と変わっていくなかでは誰もが自問することかもしれません。

　「本当は、料理人に向いているのではないだろうか」、「意外と経理の仕事があっているのか」などと多少なりとも自分に向いている仕事について考えるはずです。しかし、実際には、やってみないと向き不向きはわかりません。とはいえ、結婚と同じように、一般的にはそうたくさんは経験できないので、試してみてこれがよかったという結論に達することは難しいのです。

　そうであれば、やりたいことを第一に考え、やりたいことがすぐに見つからなければ、何かをやりながら模索してもいいのではないでしょうか。最初から向いていること、やりたいことにこだわりすぎると、前には進みません。

　解剖(かいぼう)学者で社会批評などの多くの著作がある養老孟司(ようろうたけし)さんは、仕事を「社会に空いた穴」にたとえています。道に穴が空いているとみんなが転んで困るからそこを埋める。それが「仕事」というものであって、社会の役に立つことで成り立っているのだと言います。それを反対に自分に合った穴があるかどうかなどと考えるのは、社会が必要としているかどうかという視点がないと批判しています。仕事というのはいいこともあれば悪いこともあり、合うか合わないかということより、いったん引き受けたら半端な仕事をしてはいけないとも言います。

(川井龍介『フリーランスで生きるということ』筑摩書房)

問1　最後の段落はこの文章において，どのような働きをしていますか。　11

1．筆者の疑問に対する答えになっている。
2．筆者の意見を引用によって補強している。
3．筆者の主張の具体例になっている。
4．筆者の意見とは別の考えを紹介している。

問2　筆者が最も言いたいことはどれですか。　12

1．自分に向いている仕事に就ける人は，ほんの一握りである。
2．仕事は，どれだけ社会の役に立っているかという観点で選ぶべきだ。
3．今の仕事が自分に向いていないと思えば，すぐに辞めるべきだ。
4．仕事の適性にあれこれ悩む前に，とにかく始めてみることが大切だ。

XII 次の文章を読んで後の問いに答えなさい。

　日本では，都市開発で森林を切り開いて来ました。それを，人間による生態系破壊と呼ぶ人がいます。しかし，この言葉の使い方は正しくありません。

　まず，森林を切り開くとどうなりますか。多くの樹木は死んでしまいますね。すると今まで鬱蒼とした木々に覆われて暗かった地面に，明るい太陽光が差し込むようになります。その太陽の光は，それまで地面の中で眠っていた丈の低い草（一年生草本）の種子を目覚めさせます。また，よそから風や動物によって運ばれてきた種子も，そこで芽吹きます。すると，そこに，草原がつくられることになります。しばらくすると，そこには草を餌とする蝶の幼虫やバッタなどが暮らすようになり，さらに，その昆虫を食べる小鳥が姿を見せるようになります。するとどうでしょう。そこには，植物→昆虫→鳥という食物連鎖が生まれました。また，昆虫や鳥の糞，それにそれらの生物の死体は土壌中のバクテリアに分解されて無機物に戻り，土壌中の水に溶け込んだ物質（窒素やリンなど）が，再び根を通して草に取り込まれることになります。（　A　），物質が循環するようになるのです。

　このことは，森林を切り開いても，そこには「生態系」がつくられることを示しています。（　B　），森林の生態系と草地の生態系では，それを構成する生物種が大きく異なり，それに応じて異なった物質循環経路やエネルギーの流れが生じることになります。したがって，この場合，森林を切り開いた人間は，「生態系を壊した」のではなく，「生態系を変えた」のです。

（花里孝幸『生態系は誰のため？』筑摩書房）

問1　下線部「この言葉の使い方は正しくありません」とありますが，なぜそのように言えるのですか。　13

1．森林を切り開くくらいでは，生態系は何の影響も受けないから
2．破壊というのは，あくまで人間の側からなされた評価に過ぎないから
3．森林を切り開くことによって，別の新たな生態系が形成されるから
4．生態系は人間によって破壊されても元の姿に戻る力を持っているから

問2　（　A　）（　B　）に入るものの組み合わせとして，正しいものはどれですか。　14

1．Aすなわち　　Bただし
2．Aですから　　Bなぜなら
3．Aさらに　　　Bところが
4．Aたとえば　　Bその結果

XIII 次の文章を読んで後の問いに答えなさい。

　紙の新聞がネットのニュースよりもすぐれている点には,「ニュースの配置」を一覧できる点が挙げられる。新聞では長いキャリアを持った「ニュースの目利き」が,各ニュースをランク付けし,段数(記事の量)や位置を決めている。

　私は新聞を読むとき,その新聞が何を１面トップにもってきているのか,自分がすでによく知っているニュースを各社がどう位置づけているか,逆に自分の知らないニュースをどう位置づけているのかに注目するようにしている。

　社会,政治,芸能,スポーツなど,いろいろなジャンルにおけるランク付けも面白いし,自分のランク付けと比べる楽しさもある。新聞が何種類かあるときには,各紙を比べて配置を比較する。中味を読む前に,その配置を楽しむのだ。

　ニュースの重要度に関する判断には違和感を持つものも確かにある。しかし,それはあくまで私個人の見方だ。数百万単位の発行部数を持ち,多くの読者を抱える「大マスコミ」の見方というものを,ひと目で視覚的に直感的に知ることができるという意味で,新聞の紙面に示される「配置」は非常に興味深いのだ。

　一方で,ネットではニュースの出し方のほとんどが,「時間」に依存している。新しいニュースが常に上に表示され,古いニュースはどんどん押し出されていく。ニュースの内容ではなく,「新しさ」こそに価値が置かれている。

　一つ一つのニュースには,配信された日付だけでなく,時刻が付記されている。時刻によって,そのニュースの評価や読まれ方は大きく左右される。配信時刻のないニュースは,情報としての価値を持たない。午前と午後,12時間毎に更新される紙の新聞とは,そもそも情報の価値の質が異なるのだ。

(伊藤洋一『情報の強者』新潮社)

問1　筆者が述べている紙の新聞の特徴として，正しいものはどれですか。　15

1．ニュースの中身よりも配置を重要視している。
2．ニュースの配置は新聞社によってさほど変わるものではない。
3．ニュースの配置にその新聞社の考えがあらわれている。
4．ニュースの重要度に関する判断は誤っていることが多い。

問2　紙の新聞とネットのニュースは，それぞれ何に価値を置いているのですか。　16

1．紙の新聞＝情報の正確さ　　　ネットのニュース＝情報の配信時間
2．紙の新聞＝情報の重要度　　　ネットのニュース＝情報の新しさ
3．紙の新聞＝情報の信頼度　　　ネットのニュース＝情報の多様性
4．紙の新聞＝情報の配置　　　　ネットのニュース＝情報の客観性

XIV 次の文章を読んで後の問いに答えなさい。

　都市を建設するのは権力である。しかし権力が実際に都市を建設するかどうかは，あくまで権力機構内部の「意思決定」の問題である。権力は都市を建設するだけの能力をもっていたからといって，必ずしも都市を建設するわけではないのだ。

　都市は巨大な権力が目的を遂行していくうえで，拠点となる大規模な施設が必要だと判断したときに建設されるのである。そのとき，都市は「都市」として，はじめから"村落"とは異なるものとして建設される。

　日本の古代国家の都市建設を考えてみよう。*律令国家はその拠点として**平城京や***平安京の建設を決定したのである。また，日本の都市には城下町に起源をもつ都市が多い。その城下町の核をなす城は領主の軍事的，政治的，経済的都合によって建設されたのであって，（　A　）。

　この点で，都市の建設はしばしば誤解されてきた。都市は人びとが長年にわたって作りあげてきたという考え方が，それである。それぞれの都市の街並や都市の気風といったものは，人びとの生活からにじみ出てくるものである。その意味では，なるほど都市は長い年月をかけて形成されたものである。これを否定しようとするものではない。

　しかしこの議論には，なぜ，都市が建設されるのかという，都市形成に関する核心の議論が抜け落ちている。都市の中核をなす統合機関の施設は，権力が目的を達成するうえで行ってきた数々の「意思決定」で生み出されるものだからである。街並や気風はあくまで，その結果として形成されるものである。

(藤田弘夫『都市の論理』中央公論社　を参考に作成)

*律令国家：刑罰に関する法である律と一般行政に関する法である令を基本とした古代の国家体制
**平城京：8世紀に現在の奈良県に作られた都市
***平安京：8世紀に現在の京都府に作られた都市

問1　（　A　）に入るものとして，最も適当なものはどれですか。　17

1．地元民の意向とは無関係であった
2．そこに宗教的な意味合いはなかった
3．村落よりも生活の利便性が高かった
4．その点で他国とは異なっていた

問2　この文章の内容と合っているものはどれですか。　18

1．都市は人々の生活の中から自然発生的に形成される。
2．都市の気風は，都市形成の段階である程度決定されてしまう。
3．権力の意図的な決定がなければ，都市は形成されえない。
4．都市形成において，統合機関の建設が最も重要である。

XV 次の文章を読んで後の問いに答えなさい。

　住まいを建てようとするとき、建築家に相談する人はまだ少ないようである。たしかに建築家に設計を頼まなくても家を建てることはできる。日本の住まいの大部分は建築家抜きで建てられてきた。昔から大工さんに相談すれば簡単な図面を引いて建ててくれるし、今では*プレファブも**建売もあり、注文住宅を設計して工事してくれる業者もある。それなら設計料という余分なお金を費やしてまで建築家に頼む必要はないだろう……多くの方々はこう考えて建築家を敬遠しているのではなかろうか。

　しかしそれならなぜ、少数とはいえ、建築家に住まいの設計を依頼する人々がいるのだろうか？　それは「本当に自分にシックリと合う家」を望むからだろう。「自分にシックリと合う家」を得ることは昔よりずっと難しくなった。

　それは生活様式、ライフ・スタイルが多様化したからである。第二次大戦前の日本の住まいはよく似ていた。昔だってサラリーマンの家と商人の家は違うというように職業や経済的階層による差はもちろんあったし、関東と関西では造り方が違い、京都の町屋など独特の造りの住まいもあり、また東京のなかでも山の手と下町というような地域差もあった。しかし伝統的な畳(たたみ)中心の日本家屋は、同じ地域で似たような職業についていれば、住まいの造りはだいたい似ていたので、自分の生活体験のなかから親や友人や上司の家を思い出してアレンジすれば、ほぼ思いどおりの家ができたものだった。それなら大工さんに相談するだけで足りる。

　しかし現在では、たとえ隣に住む人や会社で机を並べている同僚との間ですら、食事の仕方、来客の多少、子供の育て方、ホビーの種類などによって、理想とする生活様式やライフ・スタイルが異なる。その点にこだわる人には建築家が必要なのである。

(渡辺武信『住まいのつくり方』中央公論新社)

＊プレファブ：建築の部材を工場でつくり、それを建築現場で組み立てる方法
＊＊建売：土地と建物をセットで販売すること

問1　第二次大戦前の日本の住宅状況の説明として，合っているものはどれですか。　19

1．家づくりにこだわりを持っている人が多かった。
2．同じ職業，階層内での住宅の差異は小さかった。
3．家づくりの手本がまわりにほとんどなかった。
4．建築家に設計を依頼する人が数多くいた。

問2　下線部「建築家に相談する人」とは，どのような人だと筆者は考えていますか。　20

1．ほかの人々とは違う，個性的な家を建てたいと思っている人
2．お金が余分にかかっても，造りがしっかりした家を望んでいる人
3．自分のライフ・スタイルに合った家にしたいと思っている人
4．専門的なことは専門家に任せた方がよいと考えている人

XVI 次の文章を読んで後の問いに答えなさい。

　人間の運動は，一般に「歩く」・「走る」のように先天的に獲得される系統発生的な運動と，「投げる」・「泳ぐ」のように学習があって初めて成り立つ，つまり後天的に獲得される個体発生的な運動に大別できる。しかしながら，この両者は明確に区別されるものではなく，多くの運動は先天的および後天的要因が複雑に関わりあって成り立っている。先天的要因は究極的には遺伝子に帰するので，遠くは人類数百万年の歴史を受け継ぎ，近くは両親から各個人が受け継いでいる。そして，先天的要因が強く働くものは体格であり，動きをともなうようになると，次第に育ちの違い，つまり後天的影響をより強く受けると推定されている。

　先天的あるいは後天的影響を知るには，双生児研究が最も有効な手段の1つである。これまでの双生児研究では，体格・運動能力・持久力・筋線維組成といった量的因子は先天的影響が強いが，一方の動作自体すなわち遺伝の質的因子は先天的影響がそれほど強くないとされている。しかし，筆者の一卵性双生児を対象にした走幅跳びの研究では，動きをともなう質的要因でも，特別に違う生活環境におかない限り，やはり（　A　）ことが示されている。

　以上より，動作の巧みさは体格や運動能力といった量的因子ほどには遺伝的影響は強くはないが，「走る」や「跳ぶ」の動作でも遺伝的影響が存在する。その一方，「投げる」のように環境的影響を受けやすい動作もあるといえる。これらの結果は，指導による動作改善の可能性を示すもので，「先天的要因の支配から抜け出し，いかに後天的要因の影響力をもたせるか」，そこに教育と指導の意義があるといえる。

（深代千之・内海良子『身体と動きで学ぶスポーツ科学』東京大学出版会　を参考に作成）

問1　（　A　）に入るものとして，最も適当なものはどれですか。　21

1．遺伝の影響を受けている
2．2人の間に能力の差が現れる
3．後天的な指導の影響が強く現れる
4．先天的な影響はほとんどない

問2　下線部「指導による動作改善の可能性」が大きいものを順に並べたものとして，正しいものはどれですか。　22

1．「投げる」＞体格＞「跳ぶ」
2．運動能力＞「歩く」＞「泳ぐ」
3．体格＞「投げる」＞「歩く」
4．「泳ぐ」＞「走る」＞運動能力

XVII 次の文章を読んで後の問いに答えなさい。

　ある環境においてどの植物が生き残るかということは，どのようにして決まるのでしょうか。
　まず，簡単な例で考えてみましょう。砂漠を考えてみます。砂漠に生きる植物にとって重要なのは，どれだけ乾燥に耐えられるかという乾燥耐性です。もちろん，乾燥耐性が同じなら，「強い光を有効に利用できる」「高温に強い」「夜昼の温度差が大きくても平気」といった別の要因で優劣が決まることもあるかもしれません。しかし，砂漠においては，乾燥耐性に少しでも差があれば，それによって生き残れるかどうかがほぼ決まってしまいますから，おそらくは植物の性質で評価されるのは乾燥耐性に絞られるでしょう。その場合，学校の成績を数学のテストだけで決めるようなものですから，おそらく特定の専門家タイプの植物が他の植物を大きく引き離して有利になるでしょう。砂漠の植生が単調であって，少数の種類の植物によって占められている理由は(1)このあたりにありそうです。
　一方で，(2)より極端ではない環境ではどうでしょうか。その場合には，光や温度，水などさまざまな要因が絡み合いますから，ひとつの特別な要因によって生存が決まるということはないでしょう。つまり，先ほどの学校の例でいえば，すべての教科の試験の総合点で評価される場合に相当します。ただ，試験の総合点といっても，全科目の平均をとるのか，それとも主要教科に重みをつけるのか，さらには日ごろの平常点を考慮するのか，一筋縄ではいきません。同様に，どの環境要因が重視されるかは一概にはわかりませんし，さらにそれらの要因は季節とともに変化していくことも考えられますから，単にひとつの時点で，その環境の要因を一回評価すればよいというものでもありません。時とともに，どの植物が一番有利になるかは移り変わっていくでしょう。
　しかも，サボテンのように乾燥耐性というひとつの環境要因にぴったり合うように自分の体を変えた場合，それによって光を受ける効率など，別の環境要因に対しては，むしろマイナスの作用をもたらしかねません。言葉を変えれば，別の環境要因にも対応しようとすると，サボテンのように乾燥耐性に特化するのは難しくなるわけです。結果として，多くの植物は（　A　）。すると，乾燥耐性などのそれぞれの要因に対して完全に対応することはできなくなりますから，砂漠におけるサボテンのように，他を引き離して圧倒的に有利になる植物は存在しなくなります。温和な環境が，多様な生命に満ちあふれている理由はこのようなところにあるのでしょう。

　　　　　　　（園池公毅『植物の形には意味がある』ベレ出版　を参考に作成）

問1 下線部(1)「このあたり」とは具体的にどういうことですか。　23

1．生き残るために必要な要因を，より多く有している植物が有利になる。
2．単調な生育環境下では，単純な体の作りをしている植物が有利になる。
3．生き残りに必要な要因が限定されており，それを有している植物だけが有利になる。
4．特定の要因だけに特化した植物は，環境の変化についていけず不利になる。

問2 下線部(2)「より極端ではない環境」の説明として，正しいものはどれですか。　24

1．多様性があるが，それが行き過ぎると植物にとって厳しい環境に変わる。
2．何が重要な環境要因なのかを，一義的に決めることはできない。
3．一回優位性を獲得した植物は，それを永続的に保持することができる。
4．生き残るために必要な要因も，生き残ることができる植物も固定的である。

問3 （　A　）に入るものとして，最も適当なものはどれですか。　25

1．専門家タイプになるしかありません
2．他の種に対して攻撃的になります
3．別の耐性に特化するようになります
4．万能型にならざるを得ません

聴読解問題
説明

　聴読解問題は，問題冊子に書かれていることを見ながら，音声を聴いて答える問題です。

　<u>問題は一度しか聴けません。</u>

　選択肢1，2，3，4の中から答えを一つだけ選び，聴読解の解答欄にマークしてください。

練習

留守番電話の録音メッセージを聞いてください。この電話をかけた人が学園祭で出るイベントはどれですか。

	11/1 (Fri)		11/2 (Sat)		11/3 (Sun)	
	講義室A	講義室B	講義室A	講義室B	講義室A	講義室B
2:00	スィングスィング（ジャズ）	雑学クイズ大会	バタフライズ（オペラ）	柔道部実演	ノナカカルテット（クラシック）	ポップシング実演
3:00	卓球トーナメント	ガンガン（パンク）	空手部実演	スネイルズ（ロック）	バスケットボールトーナメント	コクシネルズ（ロック）
4:00		ホップステップ（ダンス）		コント青信号（漫才）		笑う門には（落語）
5:00			コールタンクス（コーラス）			日本舞踊公演
6:00						

1 — 11/1 講義室B ガンガン（パンク）
2 — 11/2 講義室B コント青信号（漫才）
3 — 11/3 講義室A ノナカカルテット（クラシック）
4 — 11/3 講義室B 笑う門には（落語）

1番

講師が、オフィスのレイアウトについて話しています。この講師の話によると、現在最も多く採用されているのはどれですか。

1.
島型対向式1

2.
島型対向式2
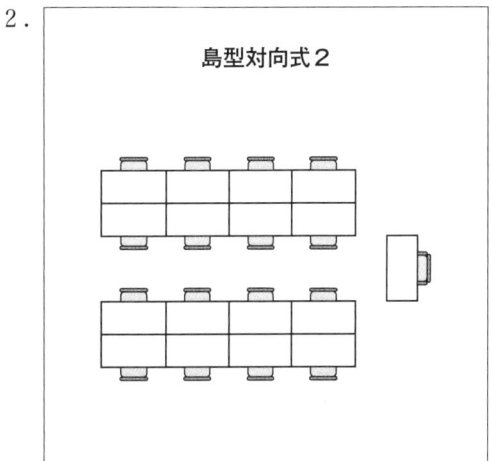

3.
トライブ型

4.
背面型
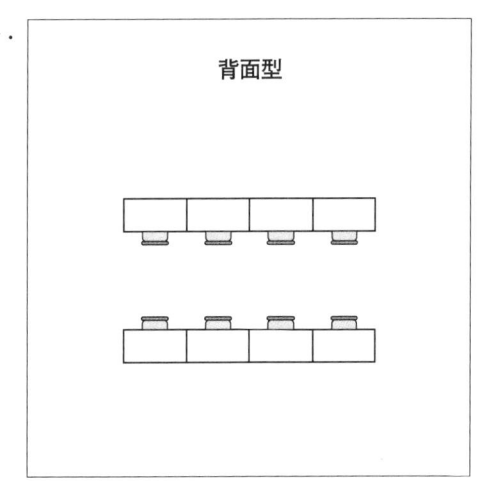

2番

先生が，経営学の授業でビジネスの潜在的な収益規模について話しています。先生が最後に挙げるビジネスの例の説明として，正しいものはどれですか。

2

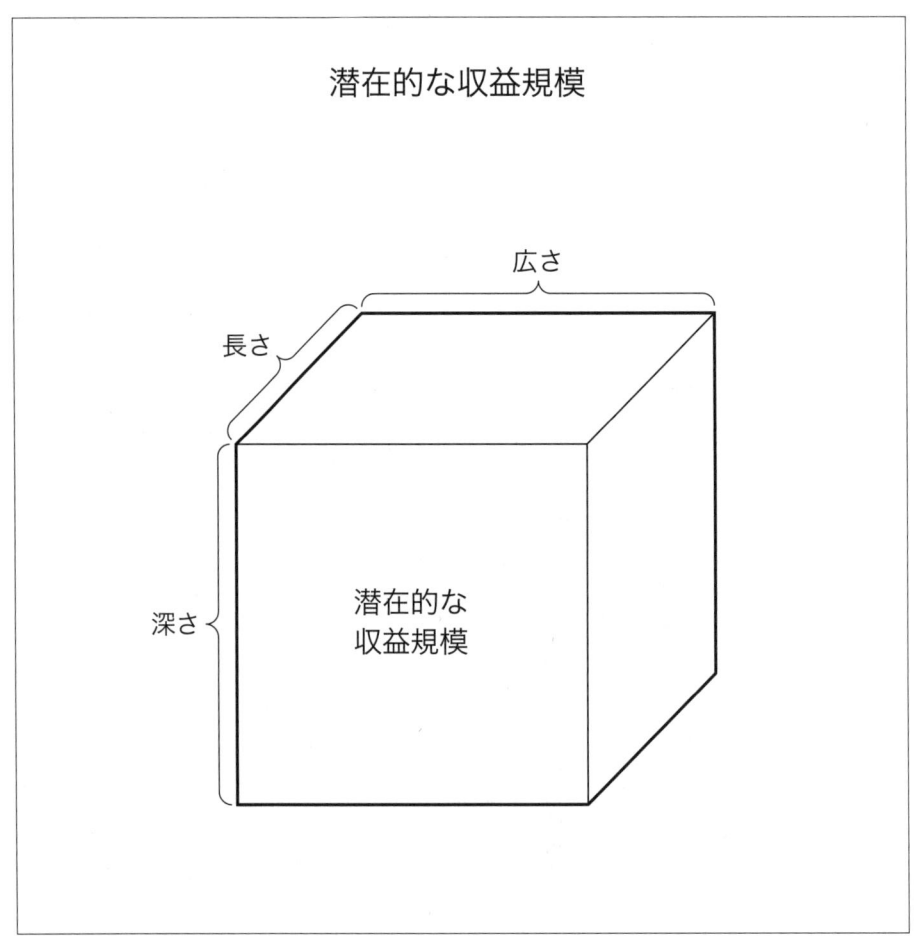

1．「広さ」は十分だが，「深さ」に問題がある。
2．「深さ」は十分だが，「長さ」に注意する必要がある。
3．「広さ」は十分だが，「長さ」に注意する必要がある。
4．「深さ」は十分だが，「長さ」に問題がある。

3番

先生が，心理学の授業でパーソナルスペースについて話しています。この先生が最後にする質問の答えとして適当なのは図のどこですか。

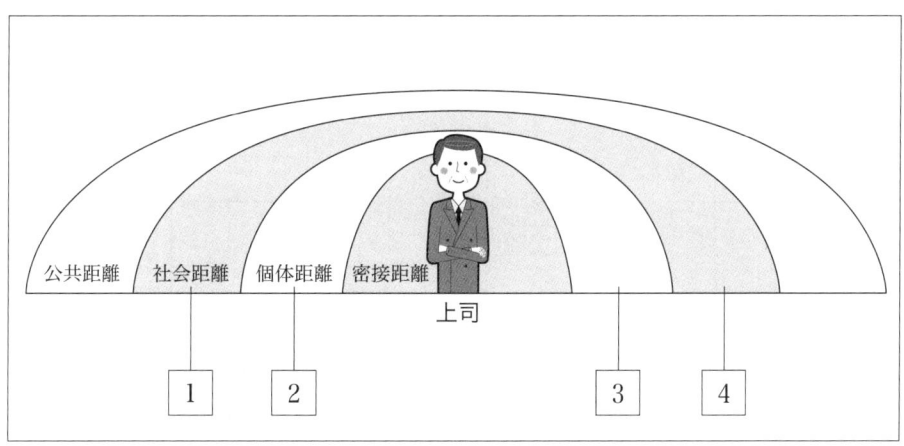

4番

先生が，座標を使って考える方法について話しています。この先生が話している例を座標に表すと，どのようになりますか。

1.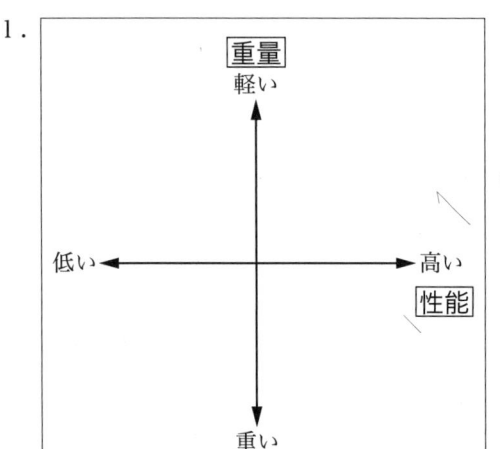

2.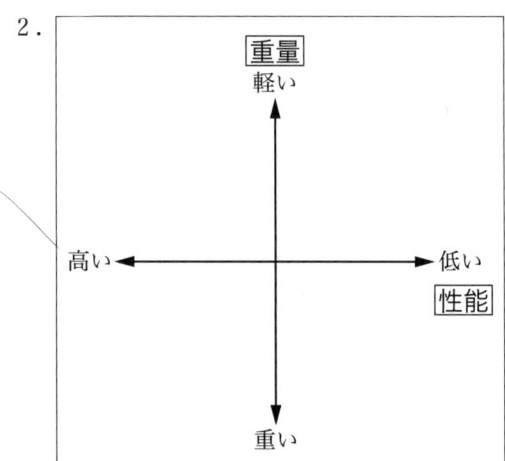

3.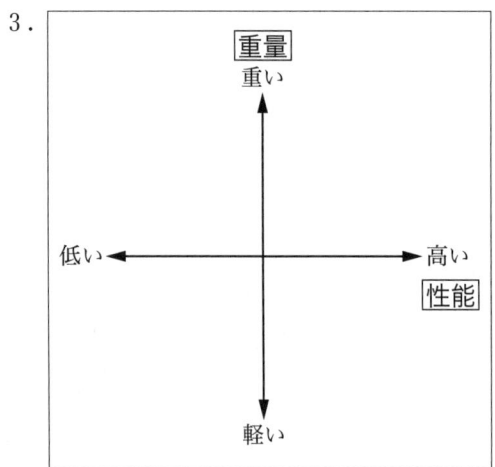

4.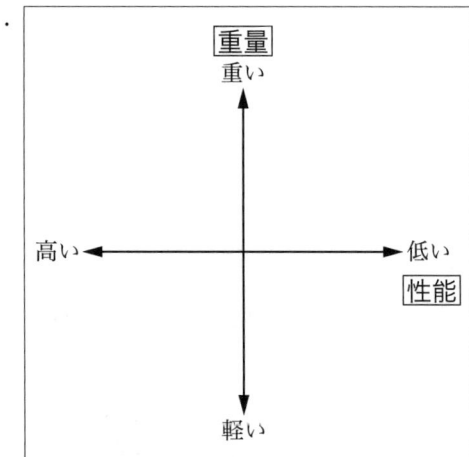

5番

女子学生と男子学生が，調査の結果について話しています。この女子学生がはじめに書いてきたグラフと，書き直したグラフの組み合わせとして，正しいものはどれですか。

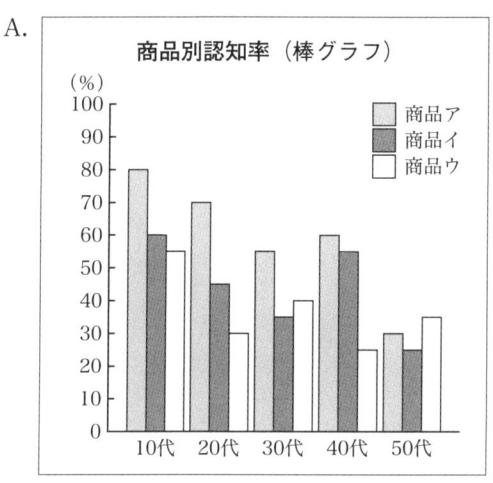

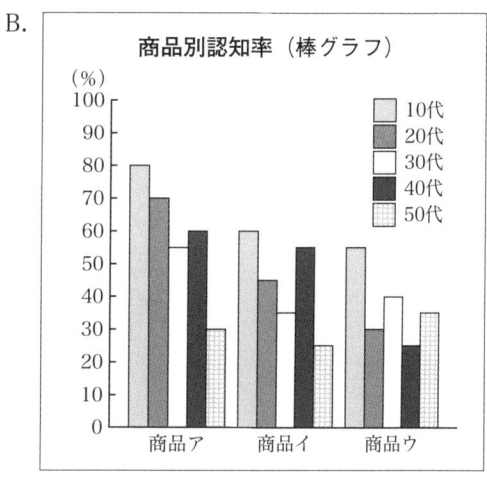

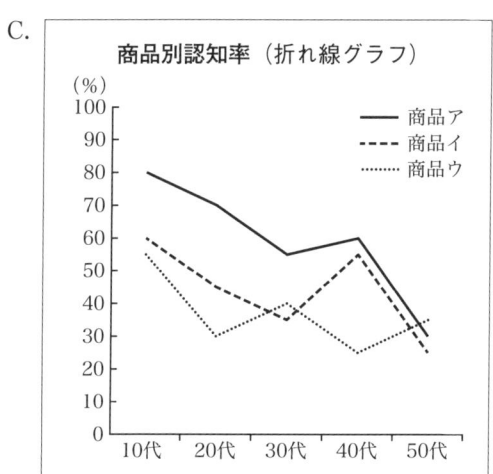

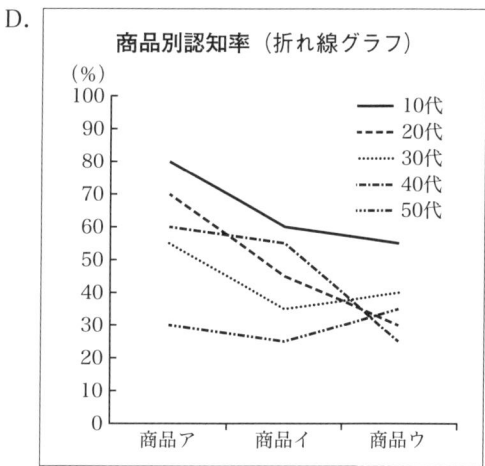

1．はじめ＝B　　あと＝A
2．はじめ＝B　　あと＝D
3．はじめ＝D　　あと＝C
4．はじめ＝A　　あと＝C

6番

先生が環境の授業で、4Rについて話しています。この先生が、今後特に重視しなければいけないと言っているのはどれとどれですか。

6

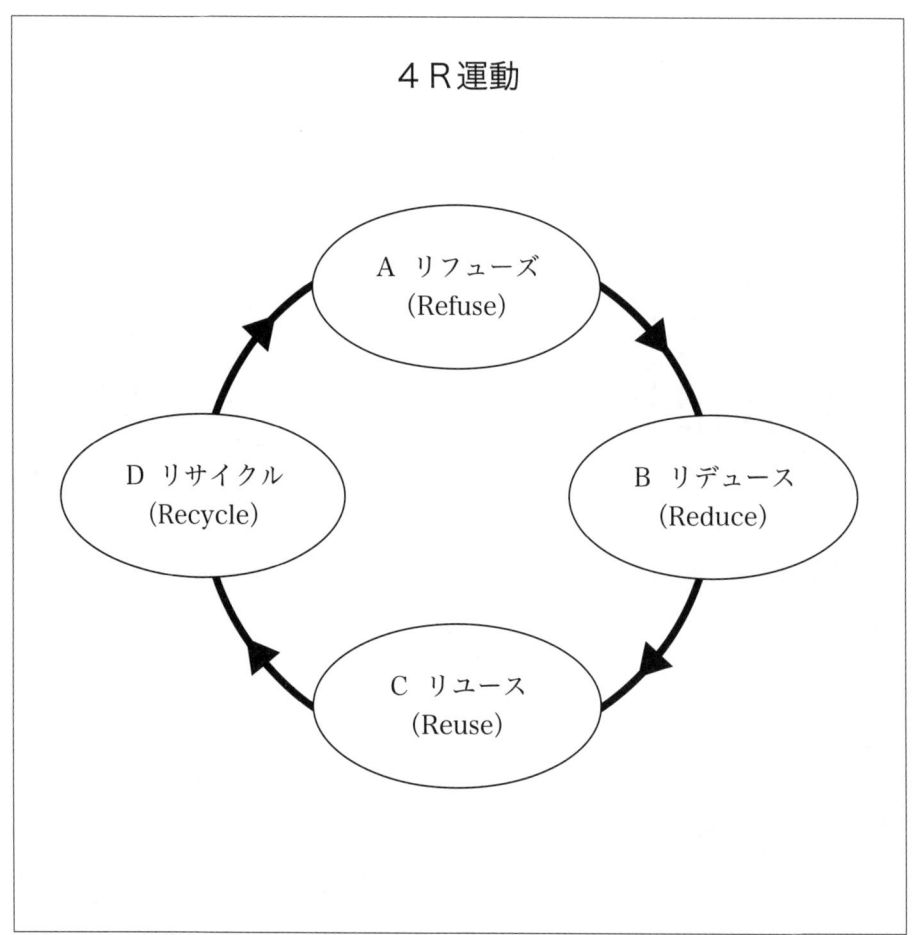

1. AとB
2. AとC
3. BとD
4. CとD

7番

先生がスポーツの授業で,ランニングについて話しています。この先生の話によると,プロネーションが起こりやすいのは,図のどこから着地するランナーですか。

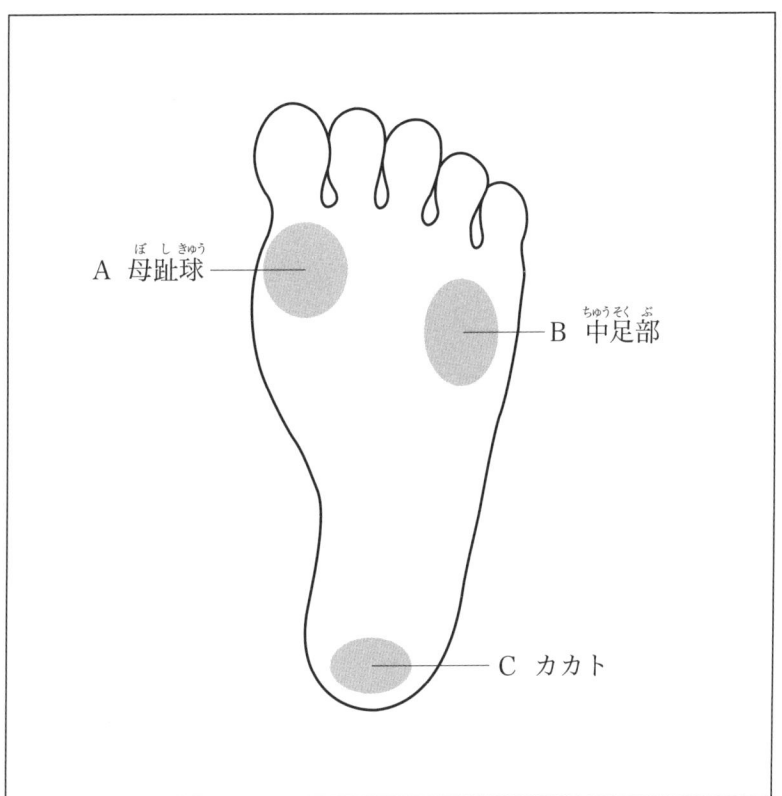

1. A
2. AとBを同時
3. B
4. C

8番

先生が道を覚えるための方法について説明しています。この先生が最後にする質問の答えはどれですか。

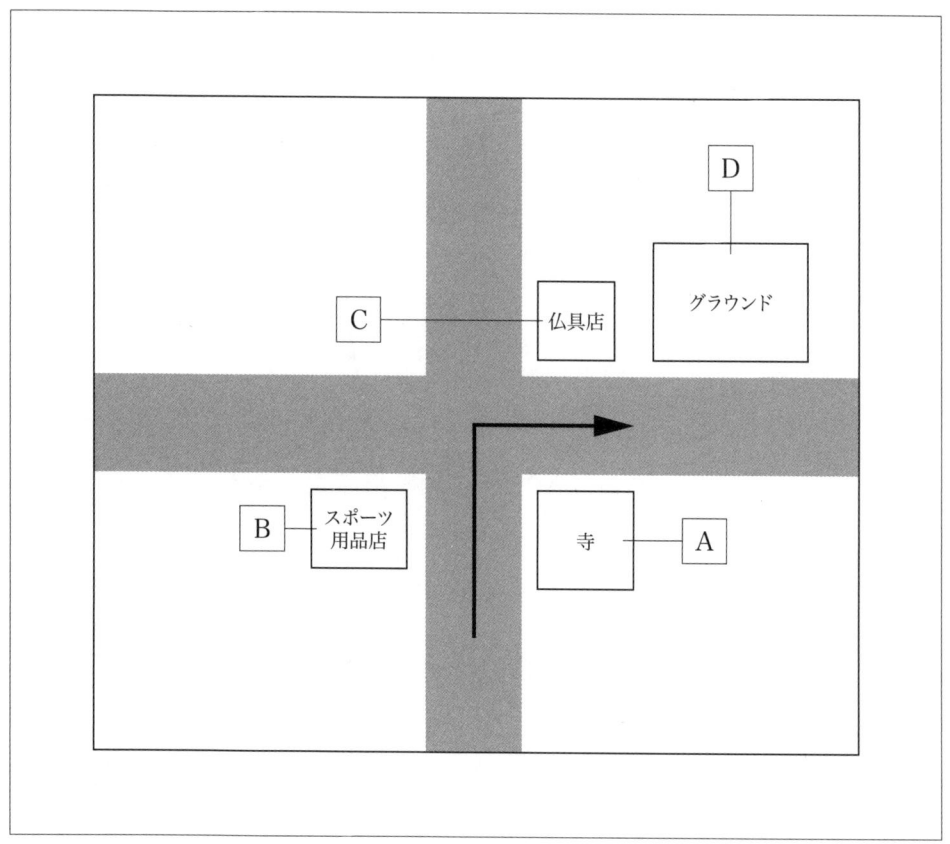

1．A
2．AとC
3．B
4．BとD

9番

女子学生と男子学生が，大学に関する調査の結果について話しています。この女子学生が注目しているのは表のどこですか。

階層意識別・大学に対する考え方（子どものいる40代以上の男性）

	子どものいる40代以上の男性合計	上	中	下	
本来大学に進む能力がない人まで大学に進学している	55.5%	60.0%	56.5%	53.7%	1
学生が精神的に幼稚すぎる	42.7%	50.0%	37.1%	46.3%	
大学を出ても専門的知識が身についていない	46.3%	40.0%	46.8%	50.7%	2
もっと学費を下げるべきだ	26.8%	20.0%	25.8%	29.9%	
親の収入が低いなら、学費を減らすケースをもっと増やすべきだ	36.0%	16.7%	33.9%	47.8%	3
大学ではもっと役に立つ資格が取れるようにするべきだ	17.1%	20.0%	9.7%	22.4%	4

10番

先生がスポーツの授業で，運動時のエネルギー消費について話しています。この先生が最後に挙げている例を表している図はどれですか。

10

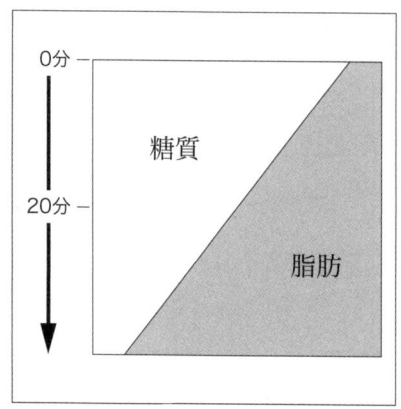

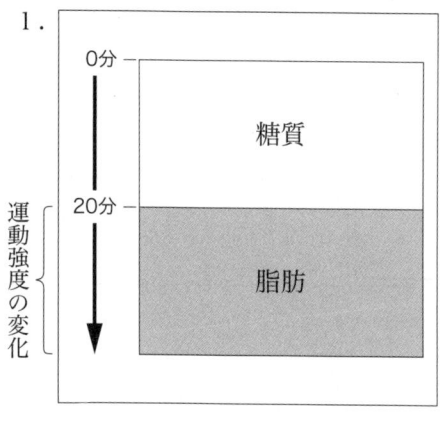

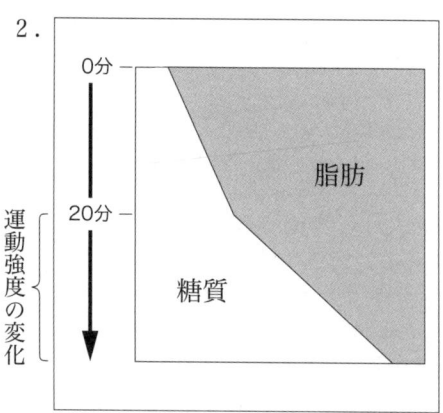

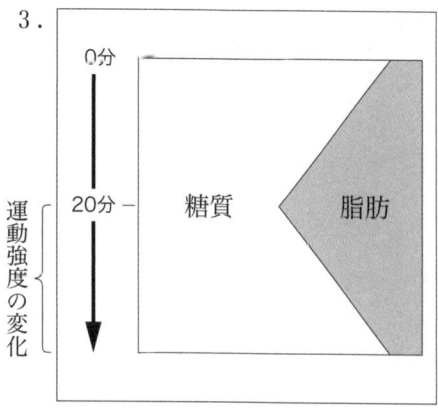

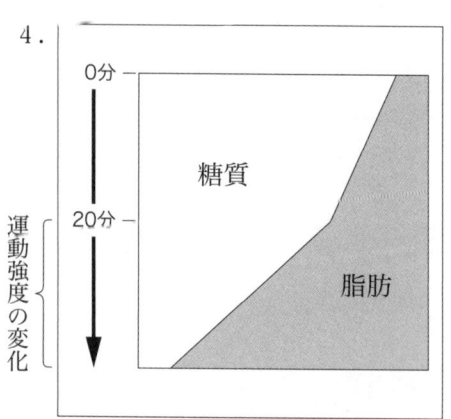

11番

先生が生物学の授業で，人体の反応について話しています。この先生が後半で挙げている例において，刺激から反応までにかかる時間を表しているのはどれですか。

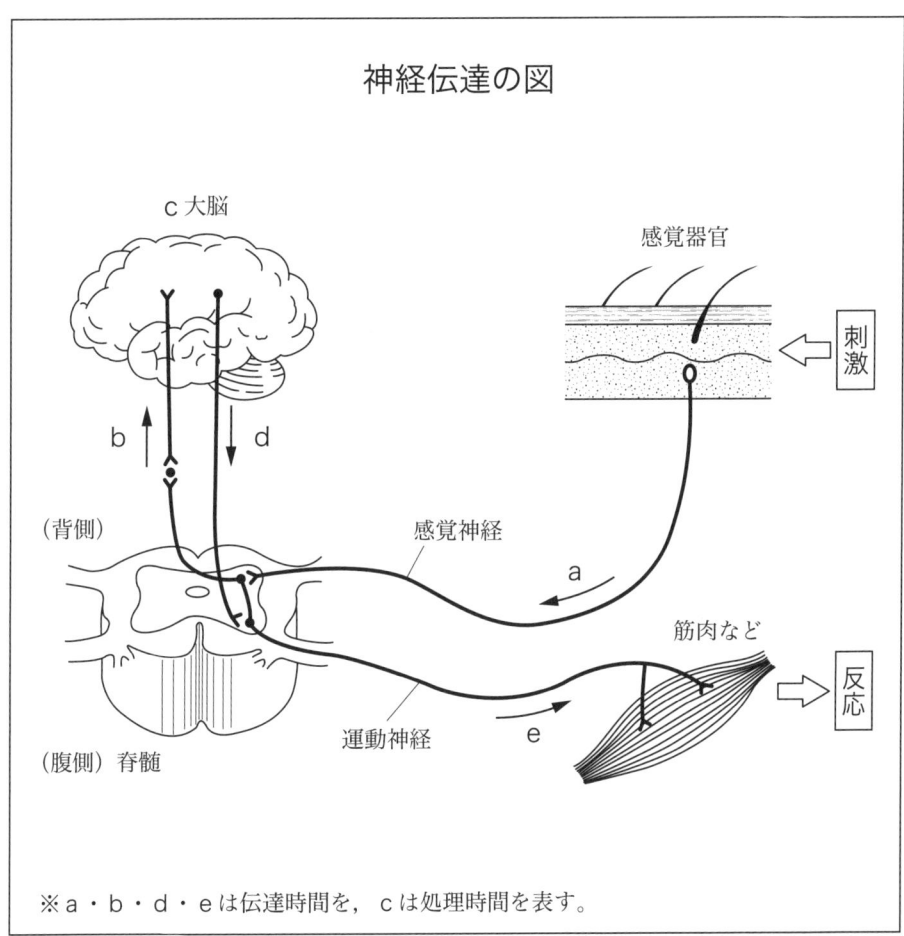

1. a＋e
2. a＋b＋e
3. a＋b＋c＋e
4. a＋b＋c＋d

12番

先生が経済学の授業で、価格弾力性について話しています。この先生が最後にする質問の答えはどれですか。

12

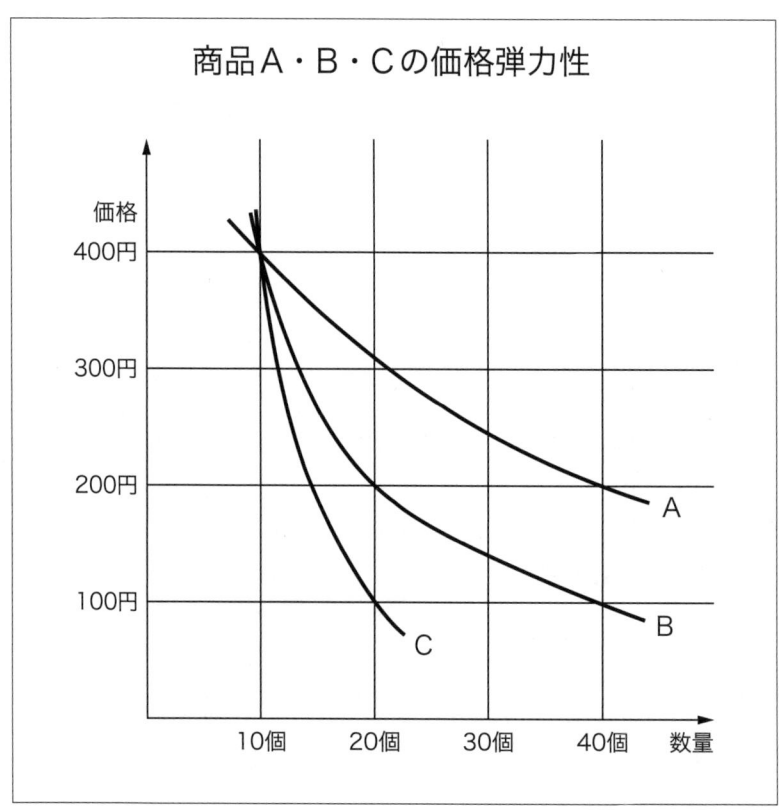

1. 価格弾力性の低い商品を値上げする。
2. 価格弾力性の高い商品を値上げする。
3. 価格弾力性の低い商品を値下げする。
4. 価格弾力性の高い商品を値下げする。

聴解問題
説明

聴解問題は，音声を聴いて答える問題です。問題も選択肢もすべて音声で示されます。問題冊子には，何も書かれていません。

問題は一度しか聴けません。

このページのあとに，メモ用のページが2ページあります。音声を聴きながらメモをとるのに使ってもいいです。

聴解の解答欄には，『正しい』という欄と『正しくない』という欄があります。選択肢1，2，3，4の一つ一つを聴くごとに，正しいか正しくないか，マークしてください。正しい答えは一つです。

―　メ　モ　―

— メモ —

교육으로 세계를 연결하는 회사
코치학원의 서적

유학생을 위한 진학예비교와 일본어학교 운영, 서적출판과 교재개발, 모의시험과 취직지원 사업 등, 폭넓게 사업을 전개하는 코치학원.
진학예비교는 중국인 어학연수생의 일본 국내 재학생수가 업계 탑을 자랑합니다. 장기간의 연구·분석에 의한 교재개발 능력을 강점으로 작성된 교재는 일본유학시험과 대학입시 대비에서 빼놓을 수 없는 것으로서 높은 평가를 받고 있습니다.

인기 판매 최신 서적

지도와 그래프가 컬러로 보기 쉽다!

발행 예정 서적

EJU 필수 12000어를 완전 공략!

인기서적 『일본유학시험(EJU) 모의시험 시리즈』 한국어판

EJU에 출제된 문제를 철저하게 연구·분석하여 작성한 모의시험문제 10회분 수록!

실전모의고사　第2回

総合科目

80分

(注意)

1. 係員の許可なしに，部屋の外に出ることはできません。
2. 試験開始の合図があるまで，この問題冊子の中を見ないでください。
3. 試験開始の合図があったら，下の欄に，受験番号と名前を記入してください。
4. 足りないページがあったら，手をあげて知らせてください。
5. メモなどを書く場合は，問題冊子に書いてください。
6. 解答は，解答用紙（マークシート）の解答欄に鉛筆（HB）でマークし，訂正したいマークは消しゴムできれいに消してください。

※試験開始の合図後に，必ず受験番号と名前を記入してください。

受験番号	名　前

問1　次の会話を読み，下の問い(1)～(4)に答えなさい。

先　生：2018年7月，₁フィンランド（Finland）のヘルシンキ（Helsinki）で，アメリカ（USA）とロシア（Russia）の首脳会談がおこなわれました。

よし子：アメリカとロシアの関係は₂冷戦の終結後最悪ですとニュースで言っていました。

先　生：両国の関係が改善されるかどうかを，多くの人々が注目していました。

よし子：この会談での最大の関心事項は何だったのでしょうか。

先　生：ロシアが2016年の₃アメリカ大統領選挙に干渉したのではないかという問題についてでしたが，両者ともに干渉はなかったとしています。

よし子：その他にはどのようなことが話し合われたのですか。

先　生：ロシアが2014年に併合を宣言した　a　についての問題や，核軍縮についての問題などが話し合われましたが，目立った成果はなかったと言えるでしょう。

(1) 下線部1に関して，フィンランドの位置として最も適当なものを，次の地図中の①～④の中から一つ選びなさい。　1

(2) 下線部 2 に関して，冷戦期の出来事に関する記述として最も適当なものを，次の①～④の中から一つ選びなさい。　2

① 北大西洋条約機構（NATO）は，ソ連（USSR）などの東側諸国からの武力攻撃を防ぐため，ベルリン（Berlin）の壁を築いた。
② 地下核実験を除く核実験を禁じる部分的核実験禁止条約（PTBT）が採択されたが，アメリカが批准を拒否しており，発効していない。
③ キューバ危機（Cuban Missile Crisis）では，アメリカとソ連が核戦争寸前の事態に陥った。
④ サンフランシスコ（San Francisco）講和会議において，アメリカとソ連（USSR）による冷戦終結宣言が発表された。

(3) 下線部 3 に関して，アメリカの大統領制に関する記述として最も適当なものを，次の①～④の中から一つ選びなさい。　3

① 大統領と連邦議会の議員は，ともに国民の直接選挙により選出される。
② 大統領が拒否権を発動した法案は，ただちに廃案となる。
③ 文民統制の原則に基づき，大統領は軍の最高指揮権を持たない。
④ 大統領は，議会解散権と法案提出権を持たない。

(4) 文章中の空欄 a に当てはまる語として最も適当なものを，次の①～④の中から一つ選びなさい。　4

① クリミア半島（Crimea）
② ユトランド半島（Jutland）
③ シチリア島（Sicily）
④ カフカス地方（Caucasus）

問2 次の文章を読み，下の問い(1)～(4)に答えなさい。

　スペイン（Spain）は，大西洋（Atlantic）に面したポルトガル（Portugal）と西側で国境を接し，また，フランス（France）と陸続きの国境地帯には，　a　が横たわっている。気候を見ると，₁地中海性気候に属する地域が多い。スペインの重要な産業の一つとして観光業があり，国の₂GDP（国内総生産）に占める観光業の割合は10％を超えるとする試算もある。スペインは，かつては広大な植民地を持っていたが，₃19世紀末のアメリカとの戦争に敗北した後は，主な植民地は地中海を隔てた対岸のモロッコ（Morocco）北部と西サハラ（Western Sahara）のみとなり，これら二つの地域も20世紀後半には放棄した。

(1) 文章中の空欄　a　に当てはまる語として最も適当なものを，次の①～④の中から一つ選びなさい。　5

① ピレネー山脈（Pyrenees）
② ウラル山脈（Ural Mountains）
③ アンデス山脈（Andes）
④ アルプス山脈（Alps）

(2) 下線部1に関して，地中海性気候に属する都市のハイサーグラフとして最も適当なものを，次の①〜④の中から一つ選びなさい。　6

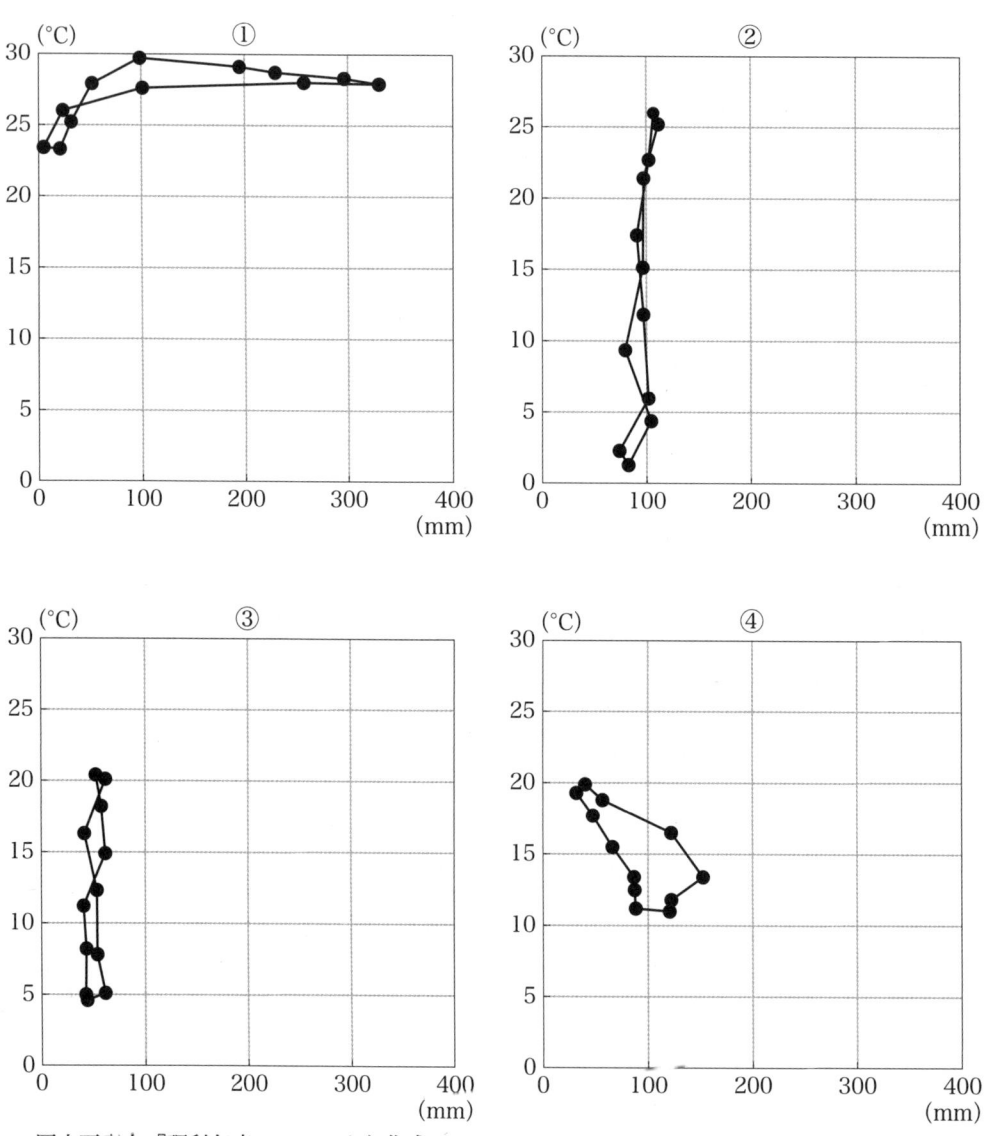

国立天文台『理科年表 2022』より作成

(3) 下線部2に関して，次のグラフは，日本，中国（China），スペイン，タイ（Thailand）のGDPの実質経済成長率の推移である。グラフ中のA〜Dに当てはまる国の組み合わせとして最も適当なものを，下の①〜④の中から一つ選びなさい。 7

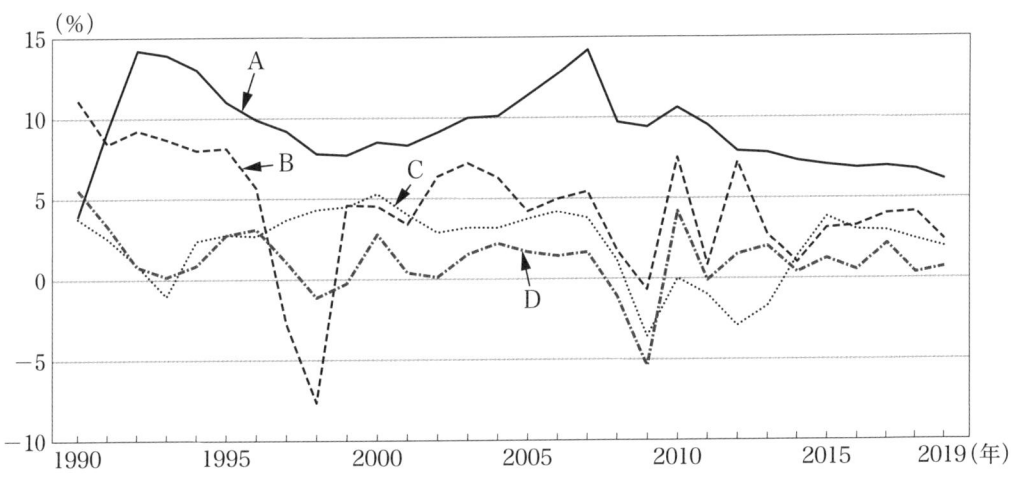

UN, *National Accounts Main Aggregates Database* より作成

	A	B	C	D
①	中国	日本	タイ	スペイン
②	中国	タイ	スペイン	日本
③	日本	中国	スペイン	タイ
④	スペイン	タイ	中国	日本

(4) 下線部3に関して，1898年に起こったアメリカ・スペイン戦争（米西戦争）に関する記述として最も適当なものを，次の①〜④の中から一つ選びなさい。 8

① アメリカのマッキンリー（William McKinley）大統領が掲げた「棍棒外交（Big Stick Diplomacy）」の一環として，アメリカ・スペイン戦争が起こされた。

② ピカソ（Pablo Picasso）は，アメリカ軍のスペイン本土への攻撃に抗議して，「ゲルニカ（Guernica）」を描いた。

③ アメリカが戦争で混乱しているさなか，キューバ（Cuba）はアメリカからの独立に成功した。

④ アメリカ・スペイン戦争に勝利したアメリカは，フィリピン（Philippines）やプエルトリコ（Puerto Rico）などをスペインから獲得した。

問3 次のグラフは，X国における昨年のA社製スマートフォンの需要曲線と供給曲線を示したものである。昨年に比べて，今年はA社製スマートフォンを製造するための原材料価格が上昇したため，供給曲線が移動した。同時に，X国の国民の間でA社製スマートフォンの人気が高まり，需要曲線も移動した。この状況の下での，新たな需要曲線と新たな供給曲線の交点は，グラフ中のア，イ，ウ，エ，のどの領域に移動するか。最も適当なものを，下の①～④の中から一つ選びなさい。 9

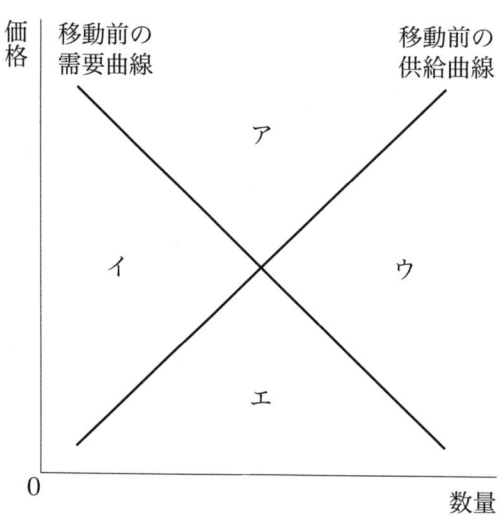

① ア
② イ
③ ウ
④ エ

問 4 市場の失敗に関する記述として最も適当なものを，次の①～④の中から一つ選びなさい。 10

① 売り手と買い手の間で，有している商品の情報量に差があることがあり，その場合，一般に買い手は売り手よりも商品に関する情報を多く有すると言われている。
② 自然独占は，電力供給など，初期の設備投資にかかる費用が小さい産業に起こりやすい。
③ 外部不経済をもたらす行為への対処として，政府が法律を制定して規制することや，有害物質の排出量に応じて課税することがある。
④ 公共財は，多くの人が同時に使用でき，費用を負担せずに利用する人が存在するため，市場に任せると供給が過大になる。

問5 次のグラフは，2019年における，日本，アメリカ，ハンガリー（Hungary），スウェーデン（Sweden）の被用者の賃金所得に対する所得税負担と社会保障負担のそれぞれの比率を，平均賃金を得ている場合と，平均賃金の167％を得ている場合について示したものである。スウェーデンに当てはまるものとして最も適当なものを，次の①〜④の中から一つ選びなさい。 11

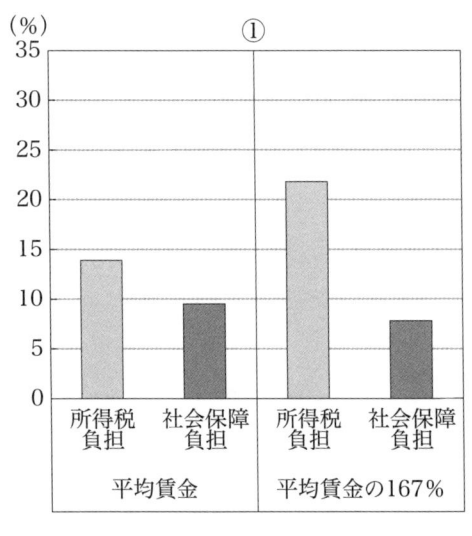
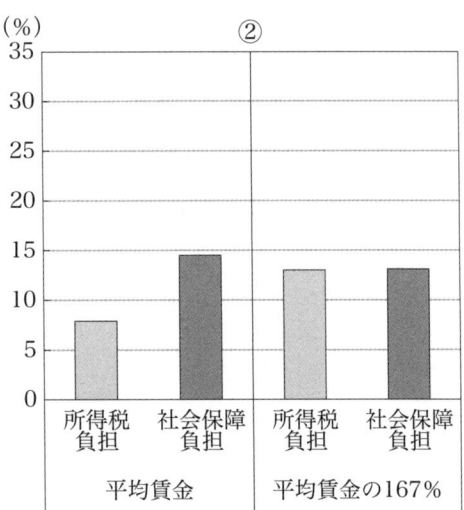
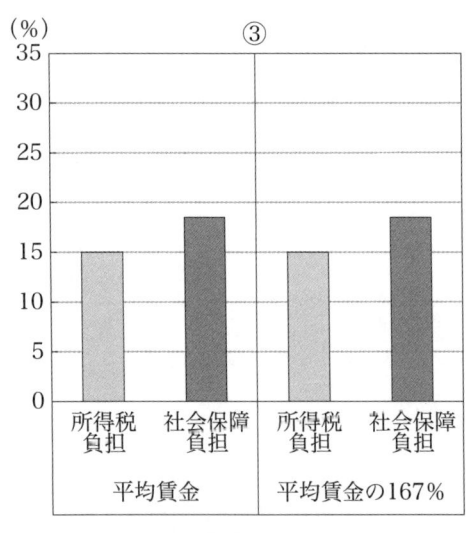
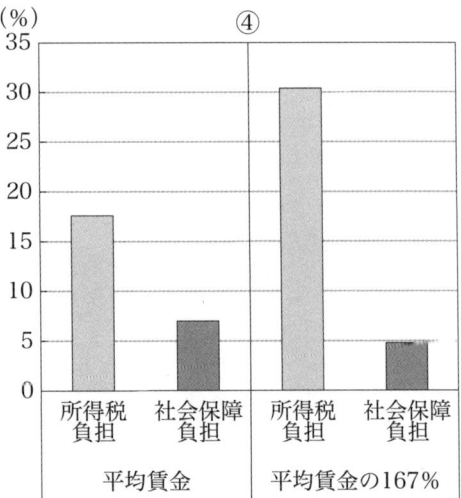

OECD.Stat より作成

問6 次の文中の空欄 a , b に当てはまる語の組み合わせとして最も適当なものを，下の①～④の中から一つ選びなさい。 12

日本銀行がおこなう金融政策の一つに公開市場操作があり，不況のときは，国債などの有価証券を a ことにより，市中に流通する通貨の量を b させて，景気の回復を図る。

	a	b
①	金融機関から購入する	増加
②	金融機関から購入する	減少
③	金融機関に売却する	増加
④	金融機関に売却する	減少

問7 1942年に出されたベバリッジ報告（Beveridge Report）に基づいて，第二次世界大戦後，全国民を対象にした社会保障制度が整備された国として最も適当なものを，次の①～④の中から一つ選びなさい。 13

① アメリカ
② イギリス（UK）
③ フランス
④ ドイツ（Germany）

問8 日本の非正規雇用労働者に関する記述として最も適当なものを，次の①～④の中から一つ選びなさい。 14

① 日本で非正規雇用労働者が大きく増加し始めたのは，高度経済成長期の1960年代である。
② 非正規雇用労働者の多くは高い専門能力や技術を有しているため，非正規雇用労働者の平均賃金は正規雇用労働者に比べて高い。
③ 日本では，パートタイマーや派遣労働者などの非正規雇用労働者が全雇用者の30％を超えている。
④ 日本では，女性の非正規雇用労働者の数よりも，男性の非正規雇用労働者の数の方が多い。

問9　次の表は，2019年における，東京都，秋田県，山梨県，沖縄県の年少人口割合と老年人口割合を示したものである。東京都は他の3県と比べて生産年齢人口割合が最も高い。東京都に当てはまるものとして最も適当なものを，次の①～④の中から一つ選びなさい。　15

単位：％

	年少人口割合	老年人口割合
①	9.8	37.2
②	11.2	23.1
③	11.7	30.8
④	16.9	22.2

総務省統計局『統計でみる都道府県のすがた2021』より作成

問10　ある一国の国内で，1年間に生産され，取引されたものが次の場合であったとき，この国の1年間のGDPとして最も適当なものを，下の①～④の中から一つ選びなさい。なお，この国で経済活動をおこなっているのは，下記の文章中に登場する者だけであるとする。また，小麦農家の小麦生産のための元手は0円とする。　16

　小麦農家が，小麦を7億円分生産して全量を製粉会社に販売した。製粉会社は，7億円で購入した小麦を使い，小麦粉を生産して10億円で製パン会社に販売した。製パン会社は，10億円で購入した小麦粉を使い，パンを生産して15億円で小売店に販売した。小売店は，15億円で購入したパンを18億円で消費者に販売した。

① 10億円
② 18億円
③ 43億円
④ 50億円

問11　為替レートが円高になる要因として最も適当なものを，次の①～④の中から一つ選びなさい。　17

① アメリカから日本への旅行者が増加した。
② 日本からアメリカへの輸出が減少した。
③ アメリカの失業率が下落した。
④ 日本国内でインフレーションが進行した。

問12　国際復興開発銀行（IBRD）に関する記述として最も適当なものを，次の①～④の中から一つ選びなさい。　18

① プラザ合意（Plaza Accord）に基づき設立された。
② 現在は経済協力開発機構（OECD）の下部機関となっている。
③ 経常収支の不均衡を調整することを目的としており，赤字国に対して短期融資をおこなっている。
④ 発足当初は第二次世界大戦後の復興のための支援を目的としていたが，現在は主に発展途上国への長期融資をおこなっている。

問13　発展途上国の国々が主導的な役割を果たして設立された国際機構の例として最も適当なものを，次の①～④の中から一つ選びなさい。　19

① 国連教育科学文化機関（UNESCO）
② 世界貿易機関（WTO）
③ 国際労働機関（ILO）
④ 国連貿易開発会議（UNCTAD）

問14 次の図は，南半球を示したものである。日本の方向を示しているのは，図中の矢印A～Dのうち，どれか。最も適当なものを，下の①～④の中から一つ選びなさい。 20

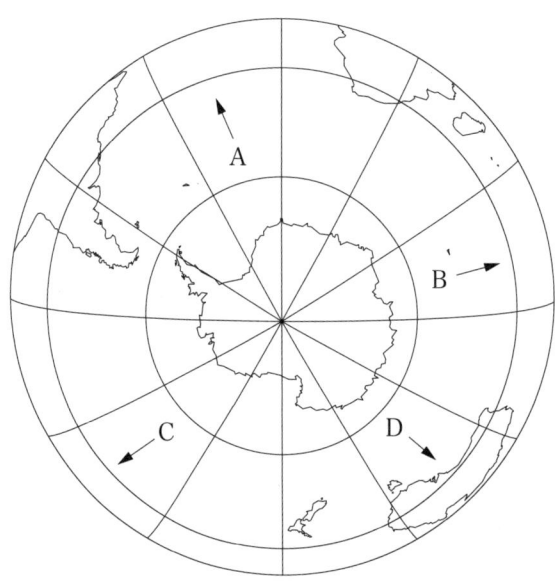

① A
② B
③ C
④ D

問15 東京とニューヨーク（New York）の標準時子午線は，それぞれ東経135度，西経75度である。また，東京発ニューヨーク行きの飛行機は，12時間55分飛行してニューヨークに到着するとする。1月30日午前10時に東京を出発した飛行機が，ニューヨークへ到着したときの，ニューヨークの時間として最も適当なものを，次の①～④の中から一つ選びなさい。ただし，サマータイム制度を考慮する必要はない。 21

① 1月30日午前8時55分
② 1月30日午後10時55分
③ 1月31日午前8時55分
④ 1月31日午後10時55分

問16 次のグラフは，2国間の人口移動において，年間平均増加数が多かった上位10位分の移動の出発国・地域と目的地国を示したものである。上のグラフが1990年から2000年，下のグラフが2010年から2017年を示している。グラフ中の空欄 a ， b に当てはまる国の組み合わせとして最も適当なものを，下の①～④の中から一つ選びなさい。 22

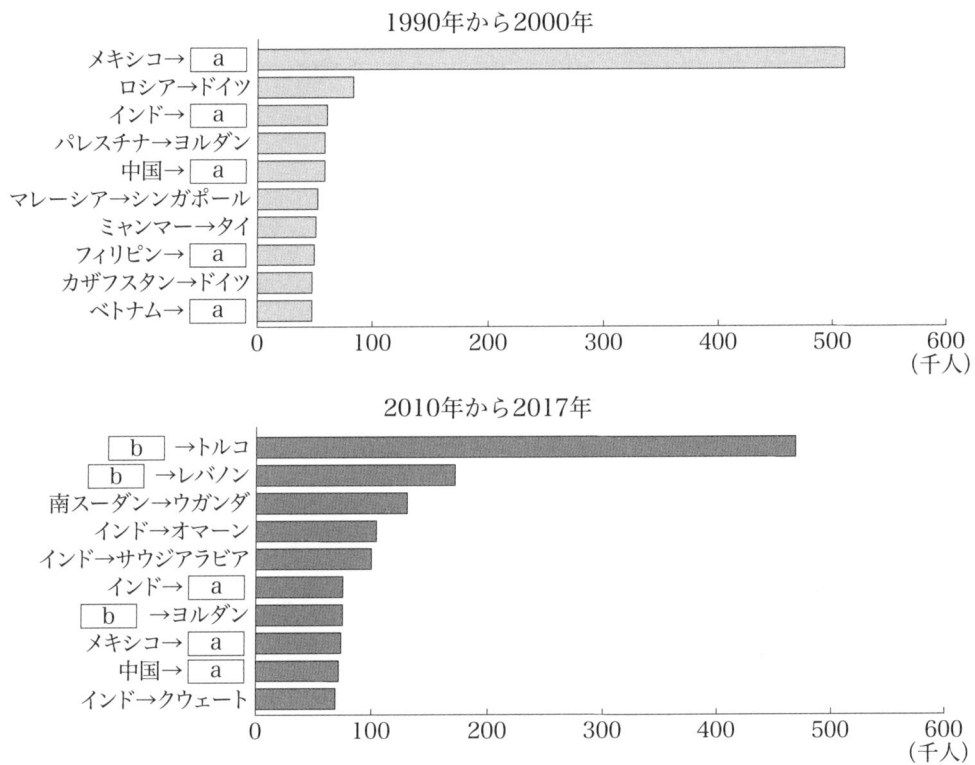

注) メキシコ（Mexico），インド（India），パレスチナ（Palestine），ヨルダン（Jordan），マレーシア（Malaysia），シンガポール（Singapore），ミャンマー（Myanmar），カザフスタン（Kazakhstan），ベトナム（Viet Nam），トルコ（Turkey），レバノン（Lebanon），南スーダン（South Sudan），ウガンダ（Uganda），オマーン（Oman），サウジアラビア（Saudi Arabia），クウェート（Kuwait），シリア（Syria），イラク（Iraq）

United Nations Department of Economic and Social Affairs/Population Division, *International Migration Report 2017*より作成

	a	b
①	イギリス	シリア
②	イギリス	イラク
③	アメリカ	シリア
④	アメリカ	イラク

問17 小麦に関して説明した次の文章中の下線部①～④には**誤った記述**が含まれているものが一つある。その箇所として最も適当なものを，次の文章中の①～④の中から一つ選びなさい。 23

小麦は，①成長期には冷涼で湿潤な気候，成熟期には温暖で乾燥する気候に適し，丈は80～100cm程である。②1年を通して世界のどこかで栽培されているが，③貿易量は米に比べると少ない。④ヨーロッパ（Europe），アメリカ（America）やアジア（Asia）で広く主食として用いられている。

問18 次の表は，2018年における主な国のエネルギー消費効率を示したものである。一次エネルギー消費量（石油換算t）÷実質GDP（ドル，2010年基準）を日本＝1として換算し，エネルギー消費効率を示している。表中のA～Cに当てはまる国の組み合わせとして最も適当なものを，下の①～④の中から一つ選びなさい。 24

	エネルギー消費効率
イギリス	0.9
日本	1.0
A	1.1
アメリカ	1.8
B	2.8
C	4.3
ロシア	6.3

資源エネルギー庁『エネルギー白書2021』より作成

	A	B	C
①	ドイツ	中国	韓国
②	ドイツ	韓国	中国
③	中国	ドイツ	韓国
④	中国	韓国	ドイツ

注）韓国（South Korea）

問19 2020年における日本の肉類の輸入先上位3か国を示したものとして最も適当なものを，次の①〜④の中から一つ選びなさい。 25

① アメリカ，タイ，オーストラリア（Australia）
② アメリカ，中国，イギリス
③ 中国，アメリカ，チリ（Chile）
④ 中国，アメリカ，フランス

問20 多文化主義（multiculturalism）に関する記述として最も適当なものを，次の①〜④の中から一つ選びなさい。 26

① カナダ（Canada）では，英語（English）とフランス語（French）がともに公用語となっている。
② サウジアラビアでは，政教分離（世俗主義）がおこなわれ，イスラム教徒とキリスト教徒が共存・調和する社会を築いている。
③ ブラジル（Brazil）では，アボリジニ（Aborigine）の文化を保全するため，アマゾン川（Amazon）流域に特別保護区が設けられている。
④ オーストラリアでは1990年代以降，白豪主義に基づき，ヨーロッパ諸国からの移民を積極的に受け入れるようになった。

問21 「法の支配」に関する記述として最も適当なものを，次の①〜④の中から一つ選びなさい。 27

① 行政権の行使には法の根拠が必要であるとする考え方であり，19世紀のドイツで確立した。
② 「法の支配」の下では，慣習法などの文章化されていない不文法は，一切効力を認められない。
③ 法は，主権者である国王が出す命令であって，国民はこれに従わなければならないとする考え方である。
④ 国家において，統治される者だけでなく統治する者も，正しい法には従わなければならないとする考え方である。

問22 次の文章中の空欄 a , b に当てはまる語の組み合わせとして最も適当なものを，下の①〜④の中から一つ選びなさい。 28

マクファーソン（C. B. Macpherson）は，民主主義のモデルには四つの段階があると考えた。第一段階の民主主義は，政府による抑圧から国民を守るためのものである。第二段階の民主主義は，人間や社会を物質的にも道徳的にも向上させる契機になるものであり， a 民主主義と呼ばれる。第三段階の民主主義は，政治的エリート間の競争から，釣り合いのとれた最適な政治をおこなうというものであり， b 民主主義と呼ばれる。第四段階の民主主義は，公平で人間的な社会を実現するため，間接民主制を基本としながら，有権者が政治に一定程度参加をするというものである。

	a	b
①	防御的	自由的
②	防御的	均衡的
③	発展的	自由的
④	発展的	均衡的

問23 日本国憲法において保障されている権利のうち，自由権に含まれるものとして最も適当なものを，次の①〜④の中から一つ選びなさい。 29

① 安全で平和な社会に生きる権利
② どの職業に就くかを自分で選択することができる権利
③ 人種，性別，社会的身分や家柄によって差別されない権利
④ 労働組合が賃金や労働条件について使用者と交渉できる権利

問24 日本国憲法に明文の規定はないが，社会生活の変化にともない主張されるようになった権利を「新しい人権」という。「新しい人権」の例として最も適当なものを，次の①〜④の中から一つ選びなさい。 30

① 生存権
② 環境権
③ 勤労権
④ 請願権

問25 日本国憲法で定められた国会の権限として最も適当なものを，次の①～④の中から一つ選びなさい。 31

① 政令の制定
② 条約の締結
③ 弾劾裁判所の設置
④ 予算の作成

問26 次の文章A，Bの正誤の組み合わせとして最も適当なものを，下の①～④の中から一つ選びなさい。 32

A 特定の政策分野についての詳細な知識を持ち，その分野の政策決定に大きな影響力を持つ国会議員を，圧力団体という。
B 地方公共団体の中には，行政に対する住民からの苦情の処理や行政監視をおこなうオンブズマン（オンブズパーソン）を設置しているところもある。

	A	B
①	正	正
②	正	誤
③	誤	正
④	誤	誤

問27 国際連盟（League of Nations）の問題点に関する記述として最も適当なものを，次の①～④の中から一つ選びなさい。 33

① 下部機関として国際司法裁判所（ICJ）が設置されたが，国際法が戦争を違法としていなかったため，機能しなかった。
② 総会と理事会の採決方式がいずれも全会一致制であったため，一か国でも反対すると可決できなかった。
③ 国際連盟の決議は法的拘束力を持たない勧告にすぎず，侵略国に対して経済制裁などの制裁を加えることができなかった。
④ 第一次世界大戦の敗戦国であるドイツと社会主義国家であるソ連は，国際連盟に加盟できなかった。

問28　イギリスの植民地であったアメリカが独立をめざすようになったきっかけとして最も適当なものを，次の①～④の中から一つ選びなさい。　34

① 財政危機に対処するために，イギリスがアメリカに対する課税の強化を図ったこと
② 労働者の環境を改善するために，イギリスがアメリカにおける工場法を制定したこと
③ 三角貿易において，イギリスがアメリカを奴隷の供給地にしたこと
④ アメリカにおいて，独立の正当性を主張するモンロー主義（Monroe Doctrine）が発表されたこと

問29　1814年から1815年にかけて開催されたウィーン会議（Congress of Vienna）に関する記述として最も適当なものを，次の①～④の中から一つ選びなさい。　35

① イタリア（Italy）の統一が認められた。
② アメリカは南北戦争（American Civil War）の最中であったため，参加しなかった。
③ 財政危機に苦しむギリシャ（Greece）に対して，主要国が協調して融資をおこなうことが決められた。
④ 大国間の勢力均衡による国際秩序の維持がめざされた。

問30　ドイツ帝国（German Empire）のヴィルヘルム2世（Wilhelm II）に関する記述として最も適当なものを，次の①～④の中から一つ選びなさい。　36

① スエズ運河（Suez Canal）会社の株式を買収し，運河の経営権を手に入れた。
② ファショダ事件（Fashoda Incident）を引き起こし，イギリスと対立した。
③ マレー半島（Malay Peninsula）を領有するなど，東南アジア（Southeast Asia）に広大な植民地を形成した。
④ 「世界政策」を掲げて海軍力を増強し，積極的な対外膨張政策をおこなった。

問31 1920年代の日本の出来事に関する記述として最も適当なものを，次の①～④の中から一つ選びなさい。　37

① 25歳以上の男性には，納税額に関係なく選挙権が認められた。
② 東アジア(East Asia)への進出を強めるロシアに対抗するため，日英同盟(Anglo-Japanese Alliance)が締結された。
③ 東京・横浜間に鉄道が開通し，郵便制度や電信網が整備された。
④ ロンドン(London)での海軍軍縮会議に参加し，海軍軍縮条約に調印した。

問32 第一次世界大戦終戦後から第二次世界大戦勃発までの間の出来事A～Dを年代順に並べたものとして正しいものを，下の①～④の中から一つ選びなさい。　38

A　独ソ不可侵条約（German-Soviet Nonaggression Pact）の締結
B　州行政の一部の自治を認めるインド統治法の実施
C　不戦条約（Kellogg-Briand Pact）の締結
D　イギリスにおける挙国一致内閣の成立

① A→D→B→C
② B→C→D→A
③ C→B→A→D
④ D→A→B→C

総合科目の問題はこれで終わりです。解答欄の 39 ～ 60 はマークしないでください。

실전모의고사 제2회

数 学

80分

【コース1（基本）】

(注意)
1. 係員の許可なしに，部屋の外に出ることはできません。
2. 試験開始の合図があるまで，この問題冊子の中を見ないでください。
3. 試験開始の合図があったら，下の欄に，受験番号と名前を記入してください。
4. 足りないページがあったら，手をあげて知らせてください。
5. メモや計算などを書く場合は，問題冊子に書いてください。
6. 解答は，解答用紙に鉛筆（HB）で記入してください。
7. 問題文中の **A**，**B**，**C**，…には，それぞれ－（マイナスの符号），または，0から9までの数が一つずつ入ります。適するものを選び，解答用紙（マークシート）の対応する解答欄にマークしてください。
8. 同一の問題文中に $\boxed{A}$，$\boxed{BC}$ などが繰り返し現れる場合，2度目以降は，$\boxed{A}$，$\boxed{BC}$ のように表しています。
9. 解答に関する記入上の注意
    ① 根号（√ ）の中に現れる自然数が最小となる形で答えてください。
      （例：$\sqrt{32}$ のときは，$2\sqrt{8}$ ではなく $4\sqrt{2}$ と答えます。）
    ② 分数を答えるときは，符号は分子につけ，既約分数（reduced fraction）にして答えてください。
      （例：$\frac{2}{8}$ は $\frac{1}{4}$，$-\frac{3}{\sqrt{6}}$ は $\frac{-\sqrt{6}}{2}$ と答えます。）
    ③ $\frac{\boxed{AB}\sqrt{\boxed{C}}}{\boxed{D}}$ に $\frac{-4\sqrt{2}}{3}$ と答える場合は，下のようにマークしてください。

【解答用紙】

A	●	⊖	①	②	③	④	⑤	⑥	⑦	⑧	⑨
B	⊖	⓪	①	②	●	④	⑤	⑥	⑦	⑧	⑨
C	⊖	⓪	①	●	③	④	⑤	⑥	⑦	⑧	⑨
D	⊖	⓪	①	②	●	④	⑤	⑥	⑦	⑧	⑨

※試験開始の合図後に，必ず受験番号と名前を記入してください。

受験番号	名　前

数学 コース1
（基本コース）

「解答コース」記入方法

解答コースには「コース1」と「コース2」がありますので，どちらかのコースを一つだけ選んで解答してください。

「コース1」を解答する場合は，右のように，解答用紙の「解答コース」の「コース1」を○で囲み，さらにその下のマーク欄をマークしてください。

選択したコースを正しくマークしないと，採点されません。

（解答用紙記入例）

解答コース Course	
コース1	コース2
●	○

I

問1 放物線
$$y = 3x^2 - 12x + 8$$
を C とする。

(1) C の頂点の座標は ($\boxed{2}$, $\boxed{-4}$) である。

また，C を x 軸方向に平行移動した曲線が y 軸について対称な曲線となるためには，C を x 軸方向に $\boxed{-2}$ だけ平行移動すればよい。

(2) a を実数とし，C を x 軸方向に a，y 軸方向に a^2 だけ平行移動した曲線を C' とする。C' と y 軸との交点の座標は $(0,\ \boxed{4}a^2 + \boxed{12}a + \boxed{8})$ であり，C' と y 軸との交点の y 座標の最小値は $\boxed{-1}$ である。

また，C' が第1象限，第2象限，第4象限を通るが第3象限を通らないとき，a の値の範囲は
$$\boxed{-1} \leq a < \boxed{2}$$
である。ただし，座標軸はどの象限にも含まれない。

― 計算欄（memo）―

問2 箱の中に 0, 1, 2 が書かれたカードが 1 枚ずつと, −1 が書かれたカードが 2 枚の全部で 5 枚のカードが入っている。この箱の中からカードを 1 枚取り出し, 元に戻すという試行を繰り返し行う。ただし, どのカードが取り出されることも同様に確からしいものとする。

(1) カードを 2 回取り出したとき, 引いたカードに書かれた数字の積が 1 である確率は $\dfrac{1}{5}$ である。

(2) カードを 3 回取り出したとき, 引いたカードに書かれた数字の積が 2 である確率は $\dfrac{3}{25}$ である。

(3) カードを 3 回取り出したとき, 引いたカードに書かれた数字の積が 0 である確率は $\dfrac{61}{125}$ である。

(4) カードを 3 回取り出したとき, 引いたカードに書かれた数字の和が 0 である確率は $\dfrac{1}{5}$ である。

― 計算欄（memo）―

Ⅰ の問題はこれで終わりです。

II

問1 実数全体の集合を R とし，これを全体集合とする。k を実数とし，部分集合 A, B, C を

$$A=\{x|x^2+2x-3>0\}$$
$$B=\{x|x^2-2kx+3k+10>0\}$$
$$C=\{x|x^2-7kx+12k^2>0\}$$

とする。

(1) 2次不等式 $x^2+2x-3>0$ の解は

$$x < \boxed{AB} \quad \text{または} \quad \boxed{C} < x$$

である。

(2) $B=R$ であるとき

$$\boxed{DE} < k < \boxed{F}$$

である。

(3) A が C の部分集合であるとき

$$\frac{\boxed{GH}}{\boxed{I}} \leqq k \leqq \frac{\boxed{J}}{\boxed{K}}$$

である。

(4) B の補集合を $\overline{B}$ とする。$\overline{B}$ が空集合ではなく，かつ $A \cap \overline{B}$ が空集合となるとき，

$$-\frac{\boxed{LM}}{\boxed{N}} \leqq k \leqq -\boxed{O}$$

である。

― 計算欄 (memo) ―

問2　a を正の定数とする。連立方程式

$$\begin{cases} (x-y)^2+(y-z)^2+(z-x)^2=38a^2-20a+14 & \cdots\cdots① \\ x^2+y^2+z^2=13a^2-4a+10 & \cdots\cdots② \\ xyz=9a-18a^2 & \cdots\cdots③ \end{cases}$$

を満たす実数 x, y, z について考えよう。ただし $x+y+z>0$ とする。

①より

$$\boxed{2}(x^2+y^2+z^2)-\boxed{2}(xy+yz+zx)=38a^2-20a+14$$

であるから

$$xy+yz+zx=\boxed{-6}\,a^2+\boxed{6}\,a+\boxed{3}$$

であり

$$x+y+z=a+\boxed{4}$$

である。

ここで，$(t-x)(t-y)(t-z)$ を展開すると

$$(t-x)(t-y)(t-z)=t^3-(x+y+z)t^2+(xy+yz+zx)t-xyz$$

であることから

$$(t-x)(t-y)(t-z)=t^3-(a+\boxed{4})t^2+(\boxed{-6}\,a^2+\boxed{6}\,a+\boxed{3})t+18a^2-9a$$

となる。

$$\begin{aligned}&t^3-(a+\boxed{4})t^2+(\boxed{-6}\,a^2+\boxed{6}\,a+\boxed{3})t+18a^2-9a\\&=t(t^2-\boxed{4}\,t+\boxed{3})-a\{t^2-(\boxed{-6}\,a+\boxed{6})t-18a+9\}\end{aligned}$$

と変形し因数分解することで

$$(t-x)(t-y)(t-z)=(t-\boxed{3})(t-\boxed{3}\,a)(t+\boxed{2}\,a-\boxed{1})$$

が導けるので，連立方程式①，②，③を満たす x, y, z の組の一つは

$$(x, y, z)=(\boxed{3},\ \boxed{3}\,a,\ \boxed{1}-\boxed{2}\,a)$$

である。

― 計算欄（memo）―

Ⅱ の問題はこれで終わりです。

III

自然数 a, b について，a と b が 1 以外に公約数をもたないとき，a と b は「互いに素」であるという。

自然数 n について，n 以下の自然数のうち n と互いに素である自然数の個数を $E(n)$ と表す。例えば $E(6)$ は，6 以下の自然数のうち 1，5 が 6 と互いに素であるので $E(6)=2$ である。

(1) $E(10) = \boxed{A}$ である。

次に $E(100)$ の値を求めよう。

100 を素因数分解すると $100 = 2^2 \times 5^2$ であるので，100 と互いに素である自然数は，約数に 2 と 5 をいずれももたないものである。

100 以下の自然数のうち，2 を約数にもつものは $\boxed{BC}$ 個ある。

100 以下の自然数のうち，5 を約数にもつものは $\boxed{DE}$ 個ある。

100 以下の自然数のうち，2 と 5 の両方を約数にもつものは $\boxed{FG}$ 個ある。

したがって，$E(100) = \boxed{HI}$ である。

(2) 次の $\boxed{J}$ ～ $\boxed{Q}$ には下の選択肢 ⓪～⑨ から適するものを選びなさい。ただし，同じものを繰り返し選んでもよいものとする。

m, n を自然数とする。このとき $E(2^m \cdot 5^n)$ を求めよう。

$2^m \cdot 5^n$ 以下の自然数のうち 2 を約数にもつものは $2^{\boxed{J}} \cdot 5^{\boxed{K}}$ 個あるので，$2^m \cdot 5^n$ 以下の自然数のうち 2 と互いに素であるものは $2^{\boxed{L}} \cdot 5^{\boxed{M}}$ 個ある。

この $2^{\boxed{L}} \cdot 5^{\boxed{M}}$ 個の 2 と互いに素である自然数のうち，5 を約数にもつものは $2^{\boxed{N}} \cdot 5^{\boxed{O}}$ 個ある。

したがって

$$E(2^m \cdot 5^n) = 2^{\boxed{P}} \cdot 5^{\boxed{Q}}$$

である。

⓪ $m-2$ ① $m-1$ ② m ③ $m+1$ ④ $m+2$
⑤ $n-2$ ⑥ $n-1$ ⑦ n ⑧ $n+1$ ⑨ $n+2$

― 計算欄（memo）―

Ⅲ の問題はこれで終わりです。Ⅲ の解答欄 **R** ～ **Z** はマークしないでください。

IV

三角形 ABC は

$$AB=6,\ AC=9,\ \cos\angle BAC=\frac{1}{3}$$

を満たすとする。また，A から辺 BC に下ろした垂線と辺 BC との交点を H とする。

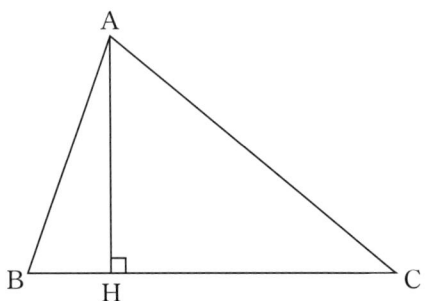

(1) BC = **9** であるので

$$BH=\boxed{2},\ AH=\boxed{4}\sqrt{\boxed{2}}$$

である。

(2) 辺 BC に点 H で接し，A を通る円と辺 AB，AC との交点をそれぞれ D，E とする。この円の直径は $\boxed{4}\sqrt{\boxed{2}}$ であるので $DE=\dfrac{\boxed{16}}{\boxed{3}}$ である。

また

$$AD=\dfrac{\boxed{16}}{\boxed{3}},\ AE=\dfrac{\boxed{32}}{\boxed{9}}$$

であり，三角形 ADE の面積は $\dfrac{\boxed{512}\sqrt{\boxed{2}}}{\boxed{81}}$ である。

― 計算欄（memo）―

IV の問題はこれで終わりです。IV の解答欄 V ～ Z はマークしないでください。

コース1の問題はこれですべて終わりです。解答用紙の V はマークしないでください。解答用紙の解答コース欄に「コース1」が正しくマークしてあるか，もう一度確かめてください。

일본어 「청해」「청독해」 음성파일은
아래 링크에서 다운로드 할 수 있습니다.

http://www.hed.co.kr/03_publish.php

**일본유학시험(EJU)대비
실전트레이닝 모의고사 문과편 vol.1**

발행일	2023년 1월 30일 초판 제1쇄
편저자	코치학원 주식회사
발행인	송부영
발행처	(주)해외교육사업단
출판등록	제16-1456호
주소	서울시 서초구 강남대로 381
전화	02-736-1010
이메일	song@hed.co.kr
홈페이지	www.hedgroup.co.kr

*본사에서는 소중한 원고, 새로운 기획의 제안을 기다리고 있습니다.
*이 책은 저작권법에 의해 보호를 받는 저작물이므로 무단 전재와 복제를 금합니다.
*잘못된 책은 구입하신 서점이나 본사에서 교환해드립니다.

ⓒ 2022 Coach Academy Co.,Ltd. All Rights Reserved.

실전모의고사
日本語「記述」解答用紙

名 前 / Name

テーマの番号 / Theme No. 1 2 ← 1または2のどちらかを選び、〇で囲んでください。

横書きで書いてください。 →

総合科目 解答用紙

実전모의고사

名前 Name

注意事項 Note

1. 必ず鉛筆(HB)で記入してください。
2. この解答用紙を汚したり折ったりしてはいけません。
3. マークは下のよい例のように〇わく内を完全にぬりつぶしてください。

よい例	悪い例
●	⊗ ⦵ ◐ ◑ ○

4. 訂正する場合はプラスチック消しゴムで完全に消し、消しくずを残してはいけません。
5. 所定の欄以外には何も書いてはいけません。
6. この解答用紙はすべて機械で処理しますので、以上の1から5までが守られていないと採点されません。

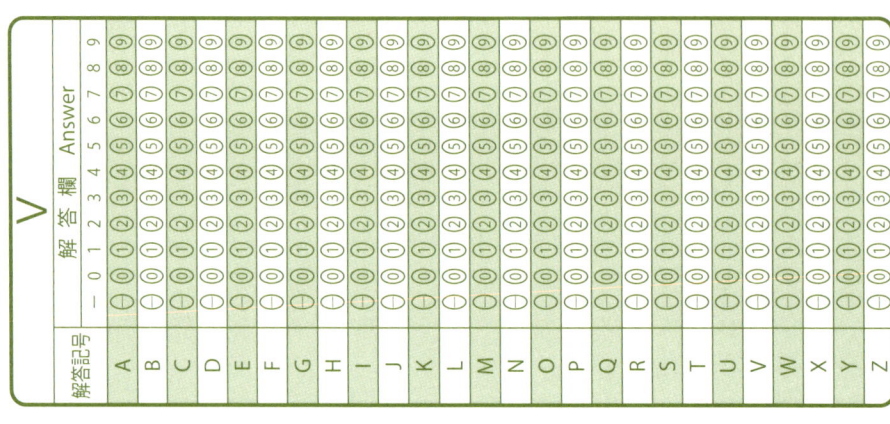

코치학원교육총서

EXAMINATION FOR JAPANESE UNIVERSITY ADMISSION
FOR INTERNATIONAL STUDENTS

일본유학시험대비
실전트레이닝 모의고사

문과편 vol.1

별책 : 정답과 해설

목차　**실전모의고사　제1회**
　　　　일본어 ·················· 2
　　　　종합과목 ················ 49
　　　　수학 ··················· 53

　　　　실전모의고사　제2회
　　　　일본어 ·················· 58
　　　　종합과목 ················ 105
　　　　수학 ··················· 109

글로벌 인재육성, 1984년설립
(주)해외교육사업단

실전모의고사
제1회

정답과 해설

일 본 어

정답

독해

문제		해답번호	정답
I		1	②
II		2	③
III		3	①
IV		4	①
V		5	①
VI		6	④
VII		7	③
VIII		8	②
IX		9	①
X		10	②
XI	問1	11	④
	問2	12	③
XII	問1	13	②
	問2	14	④
XIII	問1	15	①
	問2	16	②
XIV	問1	17	①
	問2	18	④
XV	問1	19	①
	問2	20	③
XVI	問1	21	②
	問2	22	③
XVII	問1	23	④
	問2	24	③
	問3	25	④

청독해

문제	해답번호	정답
1番	1	④
2番	2	①
3番	3	②
4番	4	①
5番	5	①
6番	6	③
7番	7	④
8番	8	②
9番	9	③
10番	10	④
11番	11	③
12番	12	①

청해

문제	해답번호	정답
13番	13	②
14番	14	③
15番	15	④
16番	16	④
17番	17	②
18番	18	①
19番	19	④
20番	20	①
21番	21	③
22番	22	②
23番	23	④
24番	24	①
25番	25	④
26番	26	③
27番	27	①

기　술

해답예시 [테마 번호 1]

　美しい自然の見られる観光地には，多くの人が集まる。それには，もちろん良い面もある。人が集まれば，その分だけその地域は観光地として栄えることとなる。特に，観光客が利用する飲食店や宿泊施設などへの恩恵は大きい。美しい自然が残る場所はもともと人口が少ない地域も多く，そうした地域にとって大勢の観光客がもたらす経済的な効果は非常に大きなものとなるはずだ。

　しかし，良い面ばかりではない。観光客が増えれば，そこで捨てられるゴミも増加する。そうしたゴミは，景観を悪化させるだけでなく，自然環境そのものに害を与える。また，人の移動が増えれば，外来種が侵入する可能性も高まる。そうした外来種も，生態系に悪影響を与え，自然環境悪化の原因となる。

　観光客の増加には良い面もあれば悪い面もある。悪い面である自然環境の悪化を放置すれば，良い面である経済効果が持続可能なものにならないと私は考える。したがって，観光客向けのルール作り，ピーク時の交通料金や宿泊料金の引き上げによる観光客数の抑制，観光コースでのゴミ箱の設置等々，環境に配慮した対策を実施しつつ観光客を受け入れていくべきだと考える。(482字)

해답예시 [테마 번호 2]

　インターネットを活用した学習には，さまざまな利点がある。最も大きな利点は，通学しなくても学べるようになる点だ。忙しい社会人は，通学にかかる時間的負担のために，学ぶことを諦めざるを得なくなることが多い。社会人でなくとも，行きたい学校が遠方にあるがために通学が難しく，やむを得ず修学を断念する人は少なくない。こうした人々に学ぶ機会を提供できるのが，インターネットを通じた学びなのだ。

　ただし，インターネットを用いた学習にも問題点がある。それは，集中力を持続させることが難しい点だ。特に，子どもなどは，同じ空間に一緒に学ぶ仲間や先生がいないと集中力が続かないことが多い。そのため，そうした問題を放置したまま，インターネット学習がさらに普及し，義務教育などでも主流になってしまうと，子どもたちの学力低下を引き起こす可能性がある。

　このように，インターネットを用いた学習は一長一短である。導入後に大きなリスクが予想される義務教育などでは，教室での学習との最良の組み合わせをよく考えたうえで，慎重に普及を進める必要があるだろう。(456字)

독 해

해설

Ⅰ **1**

[×] 1. 該当箇所なし。
[○] 2. 「否定疑問は肯定の返答を期待」(3行目)から読み取る。
[×] 3. 「否定の返答がしにくい」(6行目)とあるので，相手に判断する余地を与えないような言い方である。
[×] 4. 該当箇所なし。

　筆者は「私ってハーブ大好き人間じゃないですか」という表現が腹立たしいと非難されることがあると述べた上で，「じゃないですか」は否定疑問の形式であり，「否定疑問の形式は肯定の返答を期待するもの」であると述べている(3行目)。選択肢2の「相手に肯定の答えを要求」は「肯定の返答を期待」の言い換えである。したがって，正解は選択肢2である。

Ⅱ **2**

[×] 1. 「理系…学生歓迎」(「応募要件」の①)とあるが，これは理系学生の方が歓迎されているだけであり文系学生が応募できないということではない。
[×] 2. 「アルバイトをお願いする方」(「申し込み」の3行目)とあるので，送付されるのは「全員」ではなく「アルバイトをすることが決まった人」だけである。
[○] 3. 「3日以上出勤できる方」(応募要件の②)から読み取る。
[×] 4. 「学生証のコピー…市民課までお送り」(「申し込み」の4行目)とあるので，学生証そのものを持参するのではなく，コピーを郵送すればよい。

　応募要件に「3日以上勤務できる方」(応募要件の②)とあるから，3日未満しか勤務できない者は応募できない。この内容が，選択肢3「2日間だけ勤務することはできない」と一致する。したがって，正解は選択肢3である。

Ⅲ **3**

[○] 1. 「自分の願望を掘り下げて，何故それが良いのか，と考え…楽しみを味わえる」(7～8行目)から読み取る。
[×] 2. 「好きだという色眼鏡で見ているとそういう部分が見えない」(10行目)とあり，これは，「その仕事が好きならば自然と面白くない部分は見えなくなる」ということである。故意に「面白くない部分を見ないようする」必要はないため誤りである。
[×] 3. 該当箇所なし。
[×] 4. 該当箇所なし。

　本文に「自分の願望を掘り下げて，何故それが良いのか，と考え…楽しみを味わえる」(7～8行目)とある。「自分が何を楽しいと感じるか」は「自分の願望」の言い換えであり，「見極める」は「掘り下げて…考え」の言い換えであるため，本文と選択肢1の内容は一致している。したがって，正解は選択肢1である。

Ⅳ 4

- [○] 1．「『自然に返れ』みたいな理想」（1～2行目），「人間の工業的な活動とか経済活動は一切なくさないといけない」（2～3行目）から読み取る。
- [×] 2．本文に「環境という名のテロ」（7～8行目）という言葉はあるが，あくまで仮定の話に関する記述である。
- [×] 3．該当箇所なし。
- [×] 4．該当箇所なし。

　筆者は「『自然に返れ』みたいな理想」（1～2行目），「自然に返れというのであれば，人間の工業的な活動とか経済活動は一切なくさないといけない」（2～3行目）と述べ，「自然に返れ」という考えは理想に過ぎず，その理想の中には「工業的な活動や経済活動の完全な停止」という実現不可能な事態が含まれていることを示唆している。この内容と一致するのは，選択肢1「不可能ということを隠して理想を主張しているから」である。

Ⅴ 5

- [○] 1．「情報を発信できるひとは…さまざまな情報が入ってくる」（8～9行目）から読み取る。
- [×] 2．該当箇所なし。
- [×] 3．該当箇所なし。
- [×] 4．該当箇所なし。

　本文の8～9行目を読むと，「情報を発信できるひと」＝「『権威』があるひと」＝「さまざまな情報が入ってくる」という関係が成り立っていることがわかる。選択肢1の「情報は発信するものに集まる」という記述は，この関係性と一致する。したがって，正解は選択肢1である。

Ⅵ 6

- [×] 1．3行目に関連する記述があるが「何を阻む要因か」という質問の答えにはなっていない。
- [×] 2．1～4行目に関連する記述があるが「何を阻む要因か」という質問の答えにはなっていない。
- [×] 3．7行目に関連する記述があるが「何を阻む要因か」という質問の答えにはなっていない。
- [○] 4．「『自転車は車道を走る』という原則を守ること」（5行目）から読み取る。

　「『自転車は車道を走る』という原則を守ることの難しさ」（5行目）という文の後に，その難しさの要因になるものの例として「自転車専用のレーンがない」「路上駐車が多く走りにくい」が挙げられている。こうした自転車が車道で走ることの邪魔になりそうな事例を挙げた後に，「阻む要因を一つ一つ改善していく」と続いているのだから，下線部の「阻む要因」とは，「『自転車は車道を走る』という原則を守ること」を「阻む要因」のことである。したがって，選択肢4「自転車は車道を走るというルールを守ること」が正解である。

Ⅶ 7

- [×] 1．本文の記述と一致しない。
- [×] 2．本文の記述と一致しない。
- [○] 3．「考えるという作業を，気分よりも上に置く」(11行目)から読み取る。
- [×] 4．本文の記述と一致しない。

　「考えるという作業を，気分よりも上に置く」(11行目)ということを，不等号で表せば「考え＞気分」または「気分＜考え」になる。したがって，選択肢3が正解である。

Ⅷ 8

- [×] 1．該当箇所なし。
- [○] 2．「科学は決して本来的に善なのではなく」(6行目)，「その用い方を…人びとの検討を経て」(8〜9行目)から読み取る。
- [×] 3．該当箇所なし。
- [×] 4．該当箇所なし。

　選択肢2の「科学は無条件に善ではなく」は本文の「科学は決して本来的に善なのではなく」(6行目)と一致し，「その利用法は社会で確認」は本文の「その用い方を…人びとの検討を経て」(8〜9行目)と一致する。したがって，正解は選択肢2である。

Ⅸ 9

- [○] 1．「再検討…その時に人は疑いを持つ」(5〜6行目)，「疑ってみると…様々な矛盾が分ったり，まちがいに気がついたりする」(8〜9行目)，「個人の発展…社会全体の進歩もありません」(11〜12行目)から読み取る。
- [×] 2．該当箇所なし。
- [×] 3．該当箇所なし。
- [×] 4．該当箇所なし。

　選択肢1の「再考する過程で思考は磨かれ」は，本文の「再検討…その時に人は疑いを持つ」(5〜6行目)および「疑ってみると…様々な矛盾が分ったり，まちがいに気がついたりする」(8〜9行目)と一致する。また，「個人や社会の進歩や発展につながるから」に関しても，「疑いという作用がない場合は個人の発展や社会全体の進歩もない」という本文の内容と一致する(10〜12行目)。したがって，正解は選択肢1である。

X 10

- [×] 1．「発展しすぎた経済活動にある」（9〜10行目）とあるが，これは，これから経済が「発展するようになる」のではなく，すでに発展している状態であることを示している。したがって，誤り。
- [○] 2．「社会教育によって世代を継続させるという形の生き方がうまく機能しなくなり出した」（12〜13行目）から読み取る。
- [×] 3．該当箇所なし。
- [×] 4．該当箇所なし。

　選択肢2「知識の伝承による世代の継続」は本文「社会教育によって世代を継続」（12行目）の言い換え，「秩序が崩れていく」は「うまく機能しなくなり出した」（13行目）の言い換えであり，内容が一致している。したがって，正解は選択肢2である。

XI 問1 11

- [×] 1．本文の内容と一致しない。
- [×] 2．本文の内容と一致しない。
- [×] 3．本文の内容と一致しない。
- [○] 4．「『情報をどう捨てるか』というのは，少々奇をてらった物言いである」（5行目）から読み取る。

　選択肢4「わざと普通と異なる言い方をして，読者の興味を引き付けようとしている」と本文の「少々奇をてらった物言いである」（5行目）が一致する。したがって，正解は選択肢4である。

XI 問2 12

- [×] 1．該当箇所なし。
- [×] 2．該当箇所なし。
- [○] 3．「必要になるものを捨ててしまってから後悔しても遅い」（11行目），「重要なことは自分に価値のあるものを見極める能力と，不要なものを切り捨てる勇気」（11〜12行目）から読み取る。
- [×] 4．該当箇所なし。

　選択肢3の「情報が自分に必要なものかを判断」は，本文の「自分に価値のあるものを見極める」（11〜12行目）と一致する。また，本文の「不要なものを切り捨てる」（12行目）は，前文の「必要になるものを捨ててしまってから後悔しても遅い」（11行目）や「価値のあるものを見極める能力」（11〜12行目）と併せて考えると，「不要なものは切り捨てるが必要な物は切り捨てない」と解釈することができ，選択肢3の「必要なものだけ保存する」と一致している。したがって，正解は選択肢3である。

XII 問1 ⃞13⃞

[×] 1．該当箇所なし。
[○] 2．「有能な上司は見込みのある人間を選んで叱る傾向がある」(11行目)から読み取る。
[×] 3．該当箇所なし。
[×] 4．該当箇所なし。

　「有能な上司は見込みのある人間を選んで叱る傾向がある」(11行目)という文から，叱られるのは上司から高く評価されている人物であることが分かる。正解は選択肢2である。

XII 問2 ⃞14⃞

[×] 1．「感情のやり取りの場ではない」(8行目)とあるため，誤り。
[×] 2．「叱られた人間だけの問題ではない」(5行目)とあるため，誤り。
[×] 3．該当箇所なし。
[○] 4．「全体がたるんでいるとか，カツを入れる目的」(3行目)，「叱る側は組織人としての立場から叱っている」(8～9行目)，「見込みのある人間を選んで叱る傾向がある」(11行目)から読み取る。

　「全体がたるんでいるとか，カツを入れる目的」(3行目)や「叱る側は組織人としての立場から叱っている」(8～9行目)という本文の記述から，叱るという行為が個人に対するものではなく組織全体の目的を達するためのものであることが分かる。また，「見込みのある人間を選んで叱る傾向がある」(11行目)という記述から，個人にとって肯定的な側面があることが分かる。これらの記述と一致するのは，選択肢4である。

XIII 問1 ⃞15⃞

[○] 1．「自分の犯した罪におびえ，良心の呵責」(12行目)および「つまり」(13行目)という接続詞から読み取る。
[×] 2．本文の「自分の犯した罪」(12行目)という内容と一致せず相応しくない。
[×] 3．本文に「死後に苦しむこと」に関する記述がなく相応しくない。
[×] 4．本文の「日本人は…神とか…を持たなかった」(6行目)という内容と一致せず相応しくない。

　空所Aがある文の冒頭に，接続詞の「つまり」がある。「つまり」は，前の文を言い換える表現であるから，前の文と空所Aが含まれる文はほぼ同じ内容であるということになる。そこで，前の文を見ると，「自分の犯した罪におびえ，良心の呵責」(12行目)という記述がある。これは，選択肢1「自分の犯した罪に自分で苦しむ」という記述と一致する。正解は選択肢1である。

XIII 問2　16

- [×] 1．「自分を責める日本人の民族性」（2行目）とあるため，誤り。
- [○] 2．「超越的な存在を持たなかったので，どうしても罪も自分の中から出てくるし，それを償うためには自分でなんとかしなければならない」（6～7行目）から読み取る。
- [×] 3．該当箇所なし。
- [×] 4．「日本では，幽霊は…現れ」（11行目）とあり，化け物自体は登場する。だが，長野晃子氏の説明によれば，そこで描かれているのは化け物の恐ろしさではなく自身が犯した罪の恐ろしさである。

　本文では，「私が悪かった」とすぐ謝る日本人に関する分析として，「日本人は…超越的な存在を持たなかったので，どうしても罪も自分の中から出てくるし，それを償うためには自分でなんとかしなければならない」（6～7行目）という長野氏の説が紹介されている。この内容と一致するのは，選択肢2「日本人がすぐ謝るのは，超越的存在を持たないことに起因するということ」だ。正解は選択肢2である。

XIV 問1　17

- [○] 1．「空気の中でもっとも強力なのは家庭…家族の雰囲気にわれわれの心を縛る何か…家風という風」（5～6行目），「生きがいもそこから生まれてくるのだが，同時にそれがわれわれの生き方の制約にもなる」（11～12行目）から読み取る。
- [×] 2．目標という意味で「風」「空気」という言葉は使われていない。
- [×] 3．自由の精神という意味で「風」「空気」という言葉は使われていない。
- [×] 4．連帯感という意味で「風」「空気」という言葉は使われていない。

　本文の2～4行目で，「空気」は，「雰囲気」や「環境」といった言葉で言い換えられている。また，5～6行目では，「家族の雰囲気」が「家風」と言い換えられている。さらに，11～12行目には雰囲気によって「生きがいも…生まれている」一方で，「生き方の制約になる」という記述があり，ここから雰囲気が個人を規定するものであることも読み取れる。したがって，正解は選択肢1である。

XIV 問2　18

- [×] 1．「善意の干渉…生きがいもそこから生まれてくる」（10～12行目）とあるため，誤り。
- [×] 2．該当箇所なし。
- [×] 3．該当箇所なし。
- [○] 4．「善意の干渉がおこる…自由を拘束する…それがわれわれの生き方の制約にもなる…本当に自由になるための最大の障害はもっとも親しい人たち」（10～13行目）から読み取る。

　下線部「悲しいパラドックス」の直前の段落では，親しい人たちの「善意の干渉」が生きがいを与えるものであると同時に，「自由を拘束」するものであることが述べられている（10～12行目）。そのため，本当に自由になるためには，親しい人たちの善意の干渉が邪魔になる。それに関する記述が，下線部直前の「本当に自由になるための最大の障害はもっとも親しい人たちだ」（13行目）という部分だ。「親しい人々の善意が，自分にとっては否定すべきものになる」という選択肢4の記述は，これらの本文の内容と一致する。したがって，正解は選択肢4である。

XV 問1 19

- [○] 1．「物心がつき，母親を求めるようになった時…『この子は甘えている』」（3〜4行目），「甘えとは…精神がある程度発達…母親を求めることを指していう言葉」（5〜6行目）から読み取る。
- [×] 2．該当箇所なし。
- [×] 3．該当箇所なし。
- [×] 4．該当箇所なし。

　生まれたばかりの乳児に対して「甘えている」と言わない理由に関して，直後の文で「物心がつき，母親を求めるようになった時…『この子は甘えている』という」（3〜4行目）と説明され，さらに「甘えとは…精神がある程度発達…母親を求めることを指していう言葉」（5〜6行目）と続いている。これらの記述と一致するのは，選択肢1の「乳児は，甘えが生じるほど精神が発達していないから」である。

XV 問2 20

- [×] 1．「この現象は洋の東西を問わず…すべての乳児に観察し得る」（11行目）とあり，日本において「甘え」が最も顕著であるという記述もないことから，誤りである。
- [×] 2．「『子犬が親犬に甘えている』といった表現を用いることも可能である」（13行目）とあるため，誤り。
- [○] 3．「日本語で甘えという言葉…この概念を媒介として…母子ともに渾然とした一体感を楽しむことが可能となった」（14〜17行目）から読み取る。
- [×] 4．該当箇所なし。

　正解を導くための直接的な手掛かりとなるのは「この概念を媒介として…母子ともに渾然とした一体感を楽しむことが可能になった」（16〜17行目）という文である。「この概念」は「甘え」の概念を指している。したがって，選択肢3「『甘え』によって，母子は，母子分化後も一体感を楽しめる」が正解である。

XVI 問1 21

- [×] 1．該当箇所なし。
- [○] 2．「失われたことから学んだ真実」（4〜5行目），「失われたこと…をプラスに変える」（5〜6行目）から読み取る。
- [×] 3．該当箇所なし。
- [×] 4．「永遠の不条理としてみなされるのではなく」（6行目）とあるため，誤り。

　設問で問われている「タペストリー」という語は，本文の3行目と5行目に出てくる。この範囲を重点的に読むと，タペストリーについて「失われたことから学んだ真実が織り込まれ」（4〜5行目）たものであるという記述や「失われたことを…プラスに変える」（5〜6行目）という記述が見つかる。この部分と一致するのは，選択肢2「失われたものから積極的な意味を見出す」である。

XVI 問2　22

- [×] 1．該当箇所なし。
- [×] 2．該当箇所なし。
- [○] 3．「ケアをする『他者』とのつながりの重要性」（8～9行目），「何かを創ってゆくという意味での『協働』」（13～14行目）から読み取る。
- [×] 4．「個々のぶつかり合い…でもない」（12～13行目）とあるため，誤り。

　下線部の「その中身」の「その」は，ケアされる人と「ケアをする『他者』とのつながり」（8行目）のことを指す。これに関して，本文では，「つながり」やその中での「協働」は，「ある創造に向かっている」（7行目）もの，「何かを創ってゆく」（13行目）ものであると説明されている。こうした説明からも分かるように，筆者が大切だと考えているものは，「ケアされる側とする側の協働によって創り出されるもの」だ。この内容と一致するのは選択肢3である。

XVII 問1　23

- [×] 1．「これ」が指し示しているものではない。
- [×] 2．「これ」が指し示しているものではない。
- [×] 3．「これ」が指し示しているものではない。
- [○] 4．「『個人個人は違うもの』『それぞれが異なる個人を尊重すること』」（5行目）から読み取る。

　下線部「これ」が指しているのは，5行目の「『個人個人は違うもの』『それぞれが異なる個人を尊重すること』」の部分である。これの言い換えに当たるのは選択肢4「異質性の尊重」である。したがって，正解は選択肢4である。

XVII 問2　24

- [×] 1．この内容は本文にある（3～4行目）ものの，筆者がアメリカやフランスの例で伝えたいことではない。
- [×] 2．この内容は本文にある（12～15行目）ものの，筆者がアメリカやフランスの例で伝えたいことではない。
- [○] 3．「社会システム運営では，かなりの冗長性を要求する」（10行目），「同質性に支えられた日本的タテ社会では…効率的な社会運営」（16～18行目）から読み取る。
- [×] 4．該当箇所なし。

　「社会システム運営では，かなりの冗長性（無駄が多く非効率的な状態）を要求する」（10行目）という文の後で，その例としてアメリカやフランスの例が挙げられている。また，「同質性に支えられた日本的タテ社会では…効率的な社会運営」（16～18行目）とあり，効率に関しては同質性が高い国の方が優れており，逆に異質なものを受け入れる国の方が劣っているということが読み取れる。ここが読み取れれば，アメリカやフランスで争いごとが多いという記述も，効率の悪さについて論じているものだと分かる。したがって，正解は選択肢3である。

XVII 問3 25

[×] 1.「全体目的のために個々の…役割分担を決める組織との違いだ」（1～2行目）とあるため，誤り。
[×] 2.「『それぞれが異なる個人を尊重すること』が必要」（5～6行目）とあるため，誤り。
[×] 3.「理想とする」ということに関して該当箇所なし。
[○] 4.「『異なる人格の尊重』は無条件に好ましい…しかし，…冗長性を要求」（9～10行目），「『異なる人格の尊重』はかなりエネルギーのいる行為」（19行目）から読み取る。

　「異質性の尊重」について，9～10行目には「『異なる人格の尊重』は無条件に好ましい…しかし，…冗長性を要求」とあり，19行目には「『異なる人格の尊重』はかなりエネルギーのいる行為」とある。これらの記述と一致するのが，選択肢4「社会において異質性を尊重するには冗長さやエネルギーを必要とする」である。

청독해

 練習：留守番電話の録音メッセージを聞いてください。この電話をかけた人が学園祭で出るイベントはどれですか。

男子学生：もしもし，元気？ 僕たちが出るのは，学園祭の最終日になったんだ。うちのサークルは講義室Bだから間違えないで。
一年間練習してきた成果を見せるよ。僕たちの前はロックバンドがガンガンやるからちょっと心配なんだ。うまく雰囲気づくりができるかな。それに，たくさんのお客さんの前で間違えたらどうしようって今からドキドキしてる。でもさ，間違えたらうまくごまかして笑いを取ればいいんだよね。クラシック音楽とかだったらそういうわけにはいかないけどさ。じゃあ。

1番：先生が，消費者のニーズと技術的難易度の話をしています。この先生が 最後に挙げる例 は，図のどの部分にあてはまりますか。

　この図は，会社が開発する商品を，消費者のニーズと開発の難易度という二つの観点から分類したものです。

　このように，消費者のニーズには，消費者自身が商品の必要性に気づいているものと，そうでないものがあります。

　消費者が商品の必要性を自覚していて，商品開発が技術的に簡単なものであれば，すぐに商品化して売ることができます。逆に，消費者がニーズを自覚しておらず，開発に高度な技術を必要とするものは，まだどの会社も取り組んでいない未知の商品であるといえます。

　 では，次の例 はどうでしょうか。ある会社は，料理に使った油を捨てるのに苦労している人のために，油を固めて捨てられる商品を売り出しました。

　❶油を固める技術自体は難しいものではなかったのですが，油は新聞紙や布に吸わせて捨てるものだと思っていた人たちは，❷このような油の捨て方があるのかと大変驚き，商品は大ヒットしました。

		技術的難易度	
		難	易
ニーズの自覚の有無	有	1	2
	無	3	4

解説　1

「では」という言葉に注目すれば，「最後に挙げる例」に関する話が始まったことに気づける。

波線部❶「油を固める技術自体は難しいものではなかった」とあるので技術的難易度は「易」である。また，波線部❷「このような油の捨て方があるのかと大変驚き」ということは，ニーズの自覚がなかったということだから，ニーズの自覚の有無は「無」だ。したがって，正解は4である。

2番：先生が，自然公園について設計図を見ながら話しています。この先生が見ている設計図はどれですか。

　環境破壊が深刻になり，動物の生息地にも大きな影響が出ています。これは住む場所を失いつつある動物を保護するための，ある自然公園の設計図です。

　<u>灰色の部分が動物の生息区域</u>です。野生の動物は人間の近くで暮らすというのは難しく，やはり一定の距離をおいて生活する必要があります。そのため，公園の中に人間が立ち入れない区域を作ったり，木や岩を置くなどして人間の姿が見えない場所を作ることが必要です。

　そして，動物の生息区域は広いほどよいですが，公園の中に作るわけですから，この公園のように，広さを保つために，ある程度は❶<u>分割せざるを得ない</u>でしょう。❷<u>それぞれの区域をつなぐための通り道を作ってある</u>のは，動物が自由に行き来できるようにするためです。また，区域の形は，四角に作るよりも，❸<u>円形に作るのがよい</u>そうですが，この自然公園でもそこが考慮されています。

1.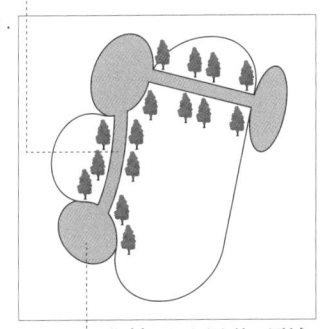
　　分割された円形の区域

2.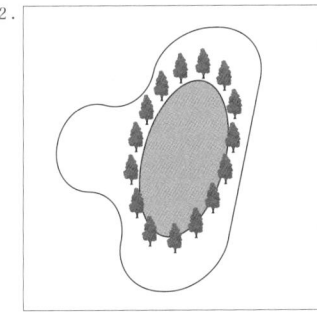

3.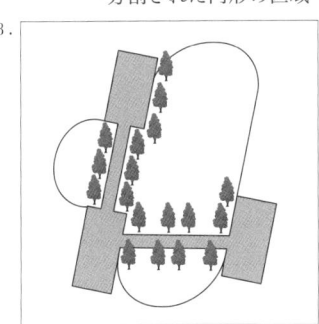

4.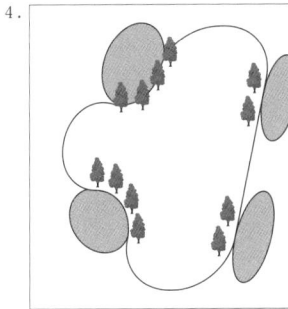

해설　2

波線部❶「分割せざるを得ない」とあるので，先生が見ている設計図は，動物の生息区域を分割している1，3，4のどれかである。また，波線部❷「区域をつなぐための通り道」ともあるので，通り道のある1か3のどちらかということになる。さらに，波線部❸「円形に作るのがよい」とあるので，正解が1だと分かる。

3番：先生が，生物学の授業で，根の成長について話しています。この先生が最後にする質問の答えはどれですか。

　植物の根には成長点と呼ばれる，盛んに細胞分裂をして，新しい細胞を増やす部分があります。そして，その成長点の下に根冠と呼ばれる，成長点を守る部分があります。

　根が伸びるときは，根全体が均等に伸びるわけではありません。根の一番先の根冠部分は伸びず，成長点より少し上の部分が伸びるのです。

　今回の実験では，資料のように根の先端から1ミリ間隔で印をつけて，8時間の間，根がどのように成長したかを調べました。

　さきほど言ったように，根の先端は成長せず，成長点より上がよく成長しましたが，最初の2時間で最もよく成長したのは印5から6の間でした。一方，印2から4は，最初の2時間よりも6時間から7時間のほうが成長速度が大きくなりました。また，印8から10の間は，8時間の実験の間，成長していませんでした。根の先端だけでなく，一番上あたりも成長しないということが分かります。

　では，この実験結果を図にしてみます。まず，実験を始めてから1時間から2時間の間の成長速度を図にすると，どのようになりますか。

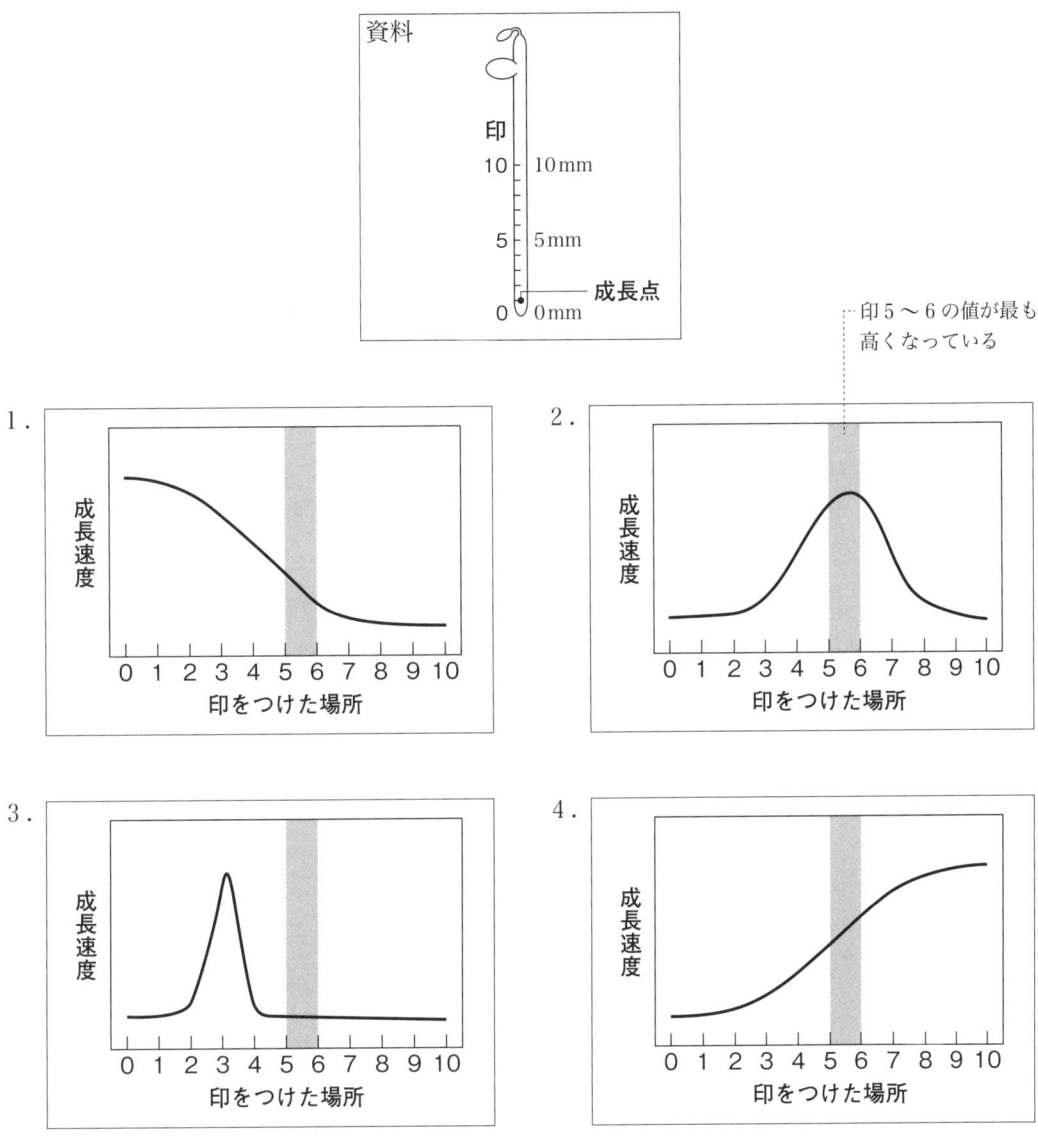

해설 3

最後の質問は「1時間から2時間の間の成長速度を図にすると、どのようになりますか」というものである。

これに関して、波線部「最初の2時間で最もよく成長したのは印5から6の間」とあり、グラフ内で印5～6の値が最も高くなっているものが正解になること分かる。これに該当するのは2のグラフであるから、正解は2である。

4番：男子学生と女子学生が，マンションの設計図を見ながら話しています。この女子学生は，子育て世代に人気のマンションはどれだと言っていますか。

男子学生：マンションは，階段や通路をどこに作るかでいろいろな種類があるんだって。今日，授業で習ったんだ。

女子学生：へえ。私の住んでいるマンションは，階段も通路も外側にあるよ。

男子学生：それは片廊下型といって古いマンションに多いタイプだね。ほかに古いマンションに多いのは階段室型というタイプで，階段や通路を両隣の部屋で共有するんだ。

女子学生：❶隣の人と仲良くなれそうね。それに，そのタイプはたくさんの人が階段や通路を使うわけじゃないから，防犯上も優れているんじゃないかな。

男子学生：そうだね。この二つのタイプは古いマンションに多いから❷家賃も安いそうだよ。

女子学生：なるほど。あなたはどういうマンションがいいの？

男子学生：僕は，この集中型がいいな。真ん中に通路があると開放感があるし，階段や廊下が建物の中にあると不審者も入って来にくいと思うんだ。

女子学生：今，そのタイプと中廊下型が，独身者向けに都心で増えていて，家賃は高いけど人気があるらしいね。でも子育て世代には不評らしいよ。この世代は，家賃負担や隣の人とのコミュニケーションを重視するからね。

1.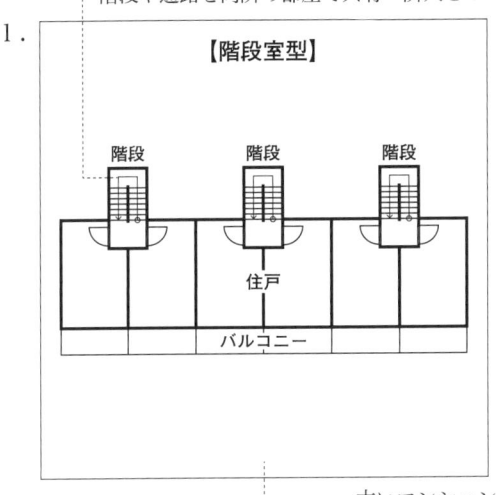

2.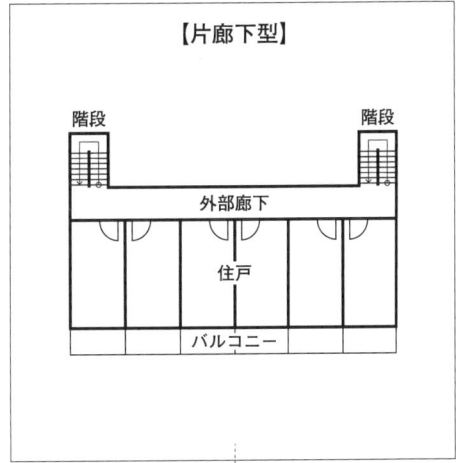

階段や通路を両隣の部屋で共有＝隣人とのコミュニケーションがある

古いマンションに多い＝家賃が安い

해설　4

女子学生は子育て世代に関して「家賃負担」や「隣の人とのコミュニケーション」を重視すると述べている。そして，中盤の発言で，女子学生は階段室型について，波線部❶「隣の人と仲良くなれそうね」という「コミュニケーション重視」に関連する事柄を述べており，男子学生も波線部❷「家賃も安いそうだよ」という「家賃負担」に関連する事柄を述べている。よって，正解は1ということになる。

5番：先生が，娯楽施設と消費者の好みについて説明しています。この先生が話の最後に挙げる例は，図のどの部分にあてはまりますか。

　休みの日にどこかにでかけようとしたとき，どこに行くか迷う人も多いと思いますが，企業側としてもどのような施設が消費者に好まれているのか，ニーズを把握することが重要です。

　この図は，消費者のニーズと，どのような施設があるかを示したものです。縦軸は，楽しむ対象が，人工的なものなのか，それとも自然のものなのかを示し，横軸は昔からある伝統的なものか，新しいものかを示しています。

　例えば，温泉やスキー場などを考えてみると，温泉は古くからありますから，自然志向でかつ伝統的なものと言えるでしょう。これに比べてスキーは，古くも新しくもなく，また自然と人工が混じったものといった感じです。遊園地などは，比較的新しく，かつ人工的なものであると言えますね。

　では，❶歴史的に価値のある，❷古い絵画や彫刻などを集めた美術館はどうでしょうか。

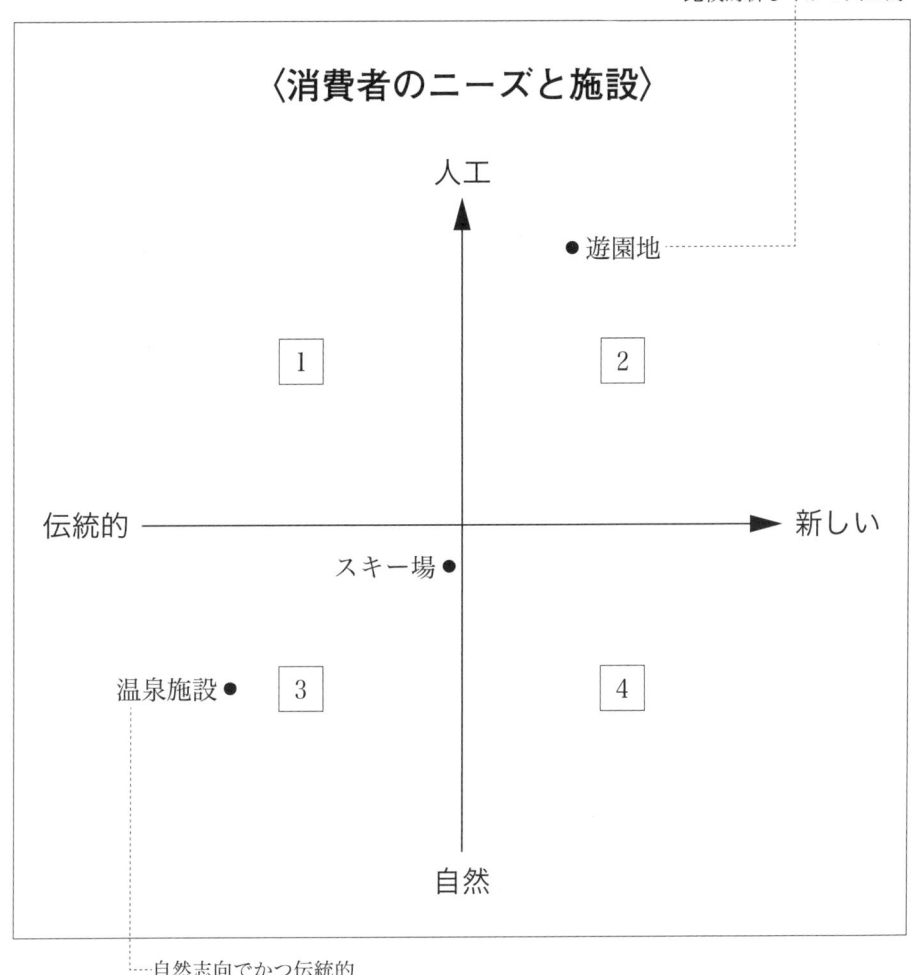

해설 5

　最後に例として挙げられているのが「歴史的に価値のある，古い絵画や彫刻などを集めた美術館」である。波線部❶「歴史的に価値のある」は横軸の「伝統的」，波線部❷「古い絵画や彫刻」は縦軸の「人工」であるから，正解は1である。

6番：先生が，ガという虫がコウモリから逃げられる仕組みについて話しています。この先生が 最後にする質問 の答えはどれですか。

　ガという，蝶々に似た虫がいます。ガはえさとしてコウモリに狙われます。しかし，このガはコウモリの出す超音波を捉え，コウモリから逃げることができます。

　ガには，翅の付け根の下あたりに左右一つずつ耳のようなものがあり，この耳の中にある鼓膜という膜でコウモリの出す超音波を捉えることによって，コウモリがどこにいるのかを知ることができるのです。

　例えば，❶右にコウモリがいれば，右の鼓膜が大きく振動します。また，コウモリが上にいるのか下にいるのかは，翅を上下させたときの鼓膜の振動の違いによって，聞き分けることができます。❷コウモリが上にいるときは，翅を上に上げたときに音が大きく聞こえ，翅を下げたときには翅が邪魔になって音が小さく聞こえます。一方，コウモリが下にいるときは，耳もコウモリも翅の下になるので，翅の上げ下げで音が大きく変化することはありません。

　では ，図1，2のように音が聞こえているとすると，コウモリはどこにいると考えられますか。❸音はだんだん大きく聞こえてきているとします。

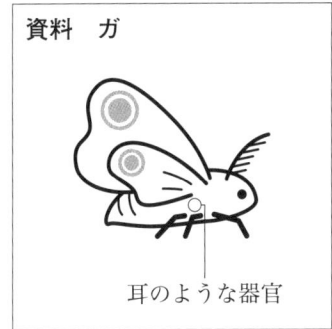

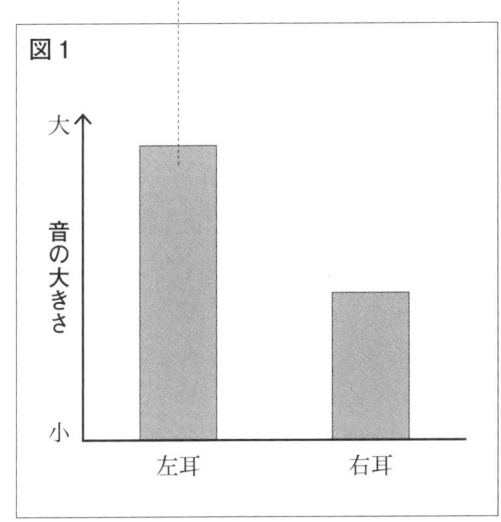

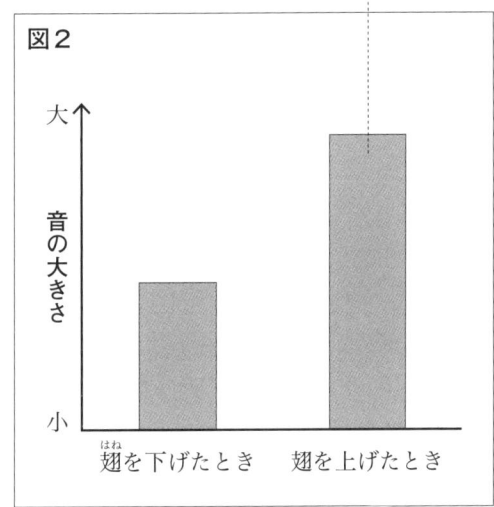

1．コウモリは，ガの左下にいて，近づいてきている。
2．コウモリは，ガの右上にいて，近づいてきている。
3．コウモリは，ガの左上にいて，近づいてきている。
4．コウモリは，ガの右上にいて，遠ざかっている。

해설　6

　まず，図1を見ると，左耳のほうが音が大きいことが分かる。そして，波線部❶「右にコウモリがいれば，右の鼓膜が大きく振動」とあるから，逆に左耳の音が大きい場合には左にコウモリがいる。次に，図2を見ると，翅を上げたときのほうが音が大きいことが分かる。波線部❷「コウモリが上にいるときは，翅を上に上げたときに音が大きく」とあるから，コウモリは上にいる。しかも，波線部❸「音はだんだん大きく聞こえてきている」のだから，コウモリは近づいてきている。したがって，正解は3である。

7番：先生が，空間デザインについて説明しています。この先生がこのあと紹介する店では，どのような照明が用いられていますか。

　お店の雰囲気を決める要素の一つに，照明の使い方があります。
　コンビニやスーパーなど，商品の量も多く，商品が高い棚に並んでいる場合は，店内全体を明るく照らせるライトを使うのがよいとされます。
　また，書店なども，本のタイトルや内容を確認することがあるため，一般的には空間全体を照らすライトが好まれます。これらには蛍光灯を天井に直接取り付ける場合と，蛍光灯を天井に埋め込む場合があります。
　一方，レストランなどでは，店内全体を明るくするよりも，落ちついた雰囲気にするほうが好まれます。このため下にあるものを集中的に照らせる，やや小さめの埋め込み式のライトが用いられることが多く，これはダウンライトと呼ばれます。
　ブティックなどで高級感を演出したい場合は，控えめの**ダウンライト**で店内を落ち着いた雰囲気にしつつ，さらに商品に**スポットライト**を当てて，視線が商品に向くようにします。
　では，今日は，大学のそばに新しくできた書店について紹介しようと思います。この書店は普通の書店とは違って大きなカフェを併設しています。店内を控えめな明るさにすることにより，❶落ち着いてゆっくり過ごせる雰囲気を作り，一方で❷商品がよく見えるよう，本には明るい光が当てられるなど，効果的に照明を用いたデザインになっています。

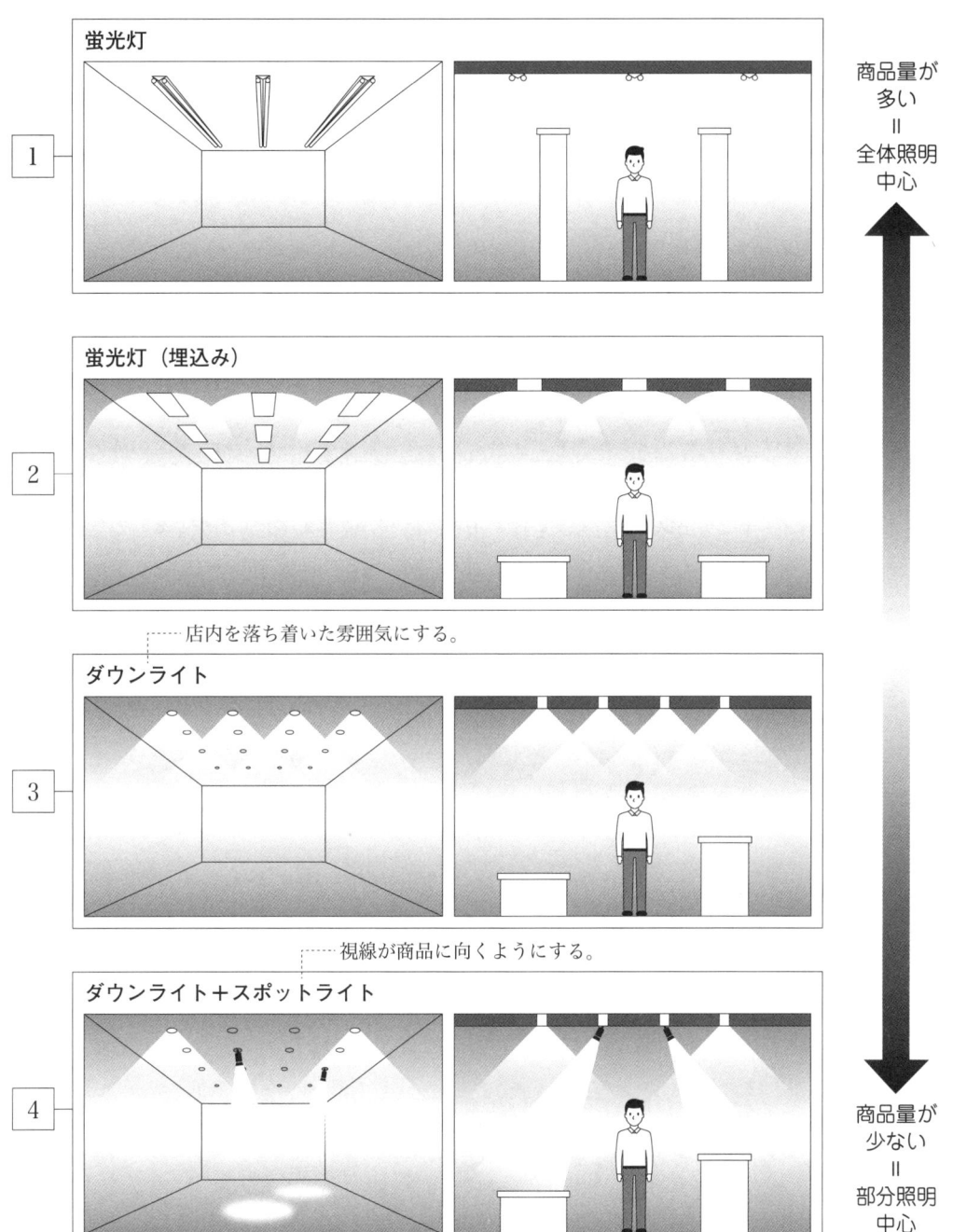

해설　7

先生が紹介する店の特徴は，波線部❶「落ち着いてゆっくり過ごせる雰囲気」，波線部❷「商品がよく見える」であり，これは先生がスクリプトの後半で説明しているブティックの特徴と一致している。

したがって，ブティックと同じように「ダウンライト」と「スポットライト」の両方の照明を用いていると考えられる。正解は4である。

8番：先生が，生物の授業で，魚の繁殖について話しています。この先生がこれから書くグラフはどれですか。

　資料のグラフは，ある魚のメスの体の大きさと，そのメスが産む卵の数の関係を示したものです。

　このグラフから，メスは体が大きいほど，多くの卵を作って産むことができるということが分かります。多くの卵を産めば，残せる子どもも多くなります。よって，この魚は，メスの体が大きいほど，残せる子どもの数も多くなることが分かります。

　これに対してオスが残せる子どもの数は，メスに繁殖行動の相手として選んでもらえるかどうかに左右されます。例えば，メスが偶然に出会ったオスと繁殖をする場合は，オスの体の大きさと残せる子どもの数には関係がなく，数は一定です。ただし，メスが，大きなオスを選んで繁殖する場合もあります。この場合は，オスも体が大きいほど，残せる子どもの数が多くなります。

　では，グラフを書いてみます。まず，この資料の魚のメスが，偶然に出会ったオスと繁殖する場合の，残せる子どもの数と体の大きさの関係はこのようになります。

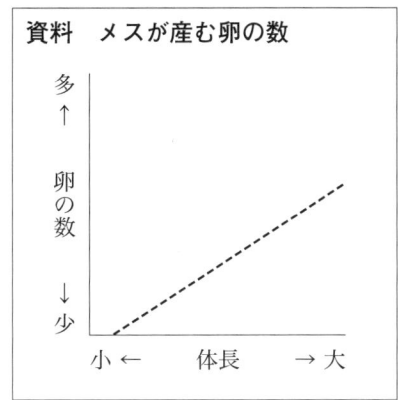

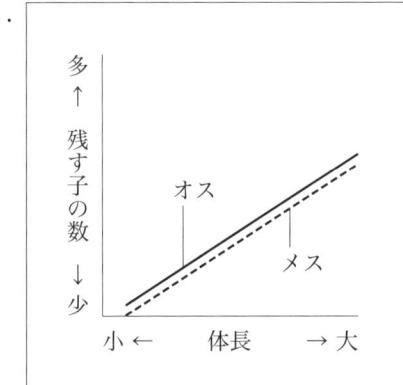
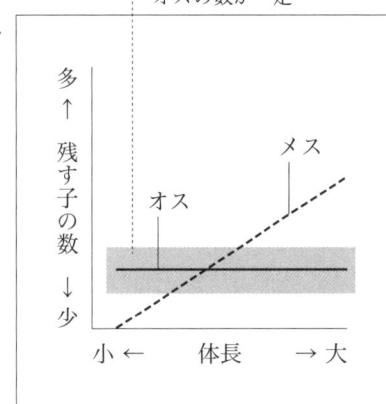

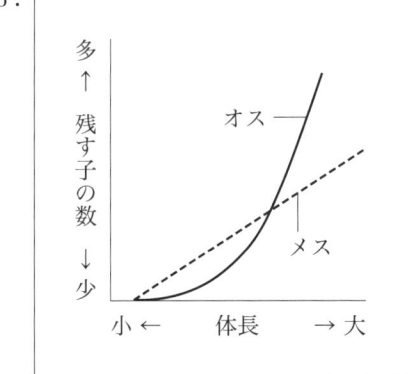
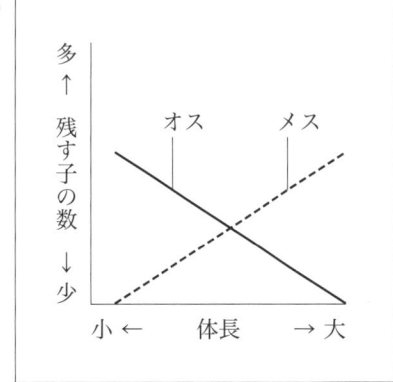

해설　8

すべてのグラフでメスの曲線は同じなので，オスの曲線だけを見ればよい。

オスの曲線に関して，波線部「メスが偶然に出会ったオスと繁殖をする場合は，オスの体の大きさと残せる子どもの数には関係がなく，数は一定」とある。ということは，オスの曲線が変化していないものが正解ということになる。正解は2である。

9番：男子留学生と女子留学生が，大学の予定表を見ながら，いつ帰国するかについて話しています。この女子留学生は，いつごろ帰国すると言っていますか。

男子留学生：もうすぐ夏休みだね。僕は休みに入ったらすぐ国に帰ろうかと思うんだけど，君はどうするの？

女子留学生：休みの前に試験があるでしょう？　もし試験の結果が悪かったら，レポートを追加で提出すると，それも点数にいれてくれるって先生が言ってたの。今回，ちょっと自信がないから，レポートを書くために夏休みも日本にいるつもり。

男子留学生：えっ，じゃあ，帰らないの？

女子留学生：まさか。❶レポートを書くにしても，一週間もあれば書けるから，それからすぐ帰るよ。

男子留学生：なるほど。でも君は頭がいいから，大丈夫だと思うけどなあ。

女子留学生：だといいんだけど，なかなかね。新学期の準備もあるし，❷二週間くらいで戻ってくるよ。

男子留学生：僕は，レポートはないんだけど，成績が悪かったら追試験をするって先生が言ってた。追試験を受けなきゃいけないかもしれないから，その前には日本に戻ってくるよ。

女子留学生：お互い，ゆっくり国に帰れないね。

┈┈ 8月7日（夏休み開始）＋約1週間（レポート作成）→ 自国への帰国日

大学予定表

7月26日（木）	前期講義終了
7月30日（月）〜8月 6日（月）	前期試験
8月 7日（火）〜9月23日（祝）	夏期休暇
（9月10日（月）〜9月14日（金）	追試験実施）
9月24日（月）	後期授業開始

8月7日（夏休み開始）＋約1週間（レポート作成）
＋約2週間（自国での滞在期間）→渡日する日

1．8月7日〜9月23日ごろ
2．8月15日〜9月23日ごろ
3．8月15日〜8月30日ごろ
4．8月7日〜9月9日ごろ

해설 9

波線部❶「レポートを…一週間…それからすぐ帰る」と女子学生は言っている。このことから，女子学生は，日本で夏休み開始後一週間以内にレポートを書き，その後，自国に帰ることが分かる。また，波線部❷「二週間くらいで戻ってくる」とも言っており，自国で二週間滞在したあとに，日本に戻ってくることが分かる。これらの発言と一致するのは「8月15日〜8月30日ごろ」だ。正解は3である。

10番：先生が，社会学の授業で，グラフについて話しています。この先生の話によると，今回のデータではどのグラフを使うのがよいですか。

　先週の社会学の授業では，ある地域の，1975年から2015年までの，第一次産業，第二次産業，第三次産業に就く人数が，それぞれどのように変化しているのかを調べました。では，この結果をどのようにグラフにすればよいか考えてみましょう。

　グラフにはいろいろな種類があります。例えば，数値の大小を表すには棒グラフがよく使われます。一方，数値がどのように増減しているか，変化を把握するには折れ線グラフや帯グラフが適しています。折れ線グラフは，変化を追うには最適ですが，数値の変化が小さかったり，線が増えたりすると見にくくなります。一方，**帯グラフは，特に全体の構成の割合の変化を見るのに適しています**。これに対して，円グラフは，全体に対しての割合はとても分かりやすいのですが，変化が分かりにくくなります。

　今回は，全体の構成の変化を分かりやすくしたいということと，数値の変化が小さい項目もあるということ，そのあたりを考慮してどのグラフを使うかを決めるとよいでしょう。

| 第一次産業 | 第二次産業 | 第三次産業 |

1.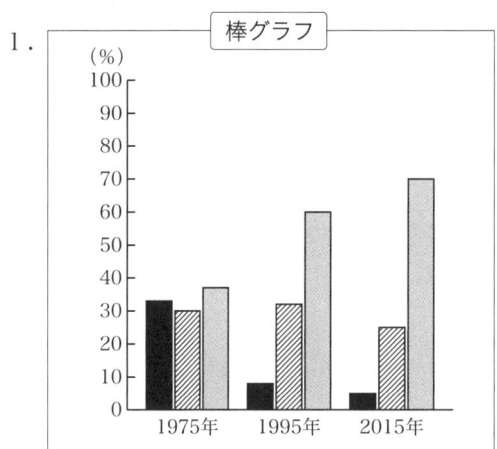
棒グラフ

2.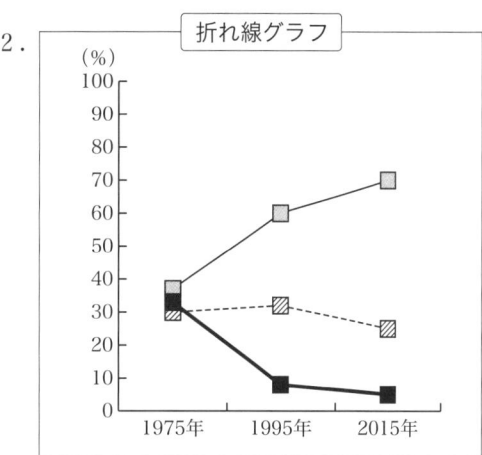
折れ線グラフ

3.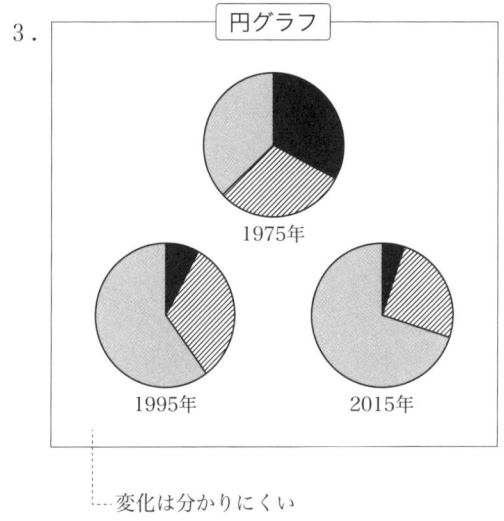
円グラフ

……変化は分かりにくい

4.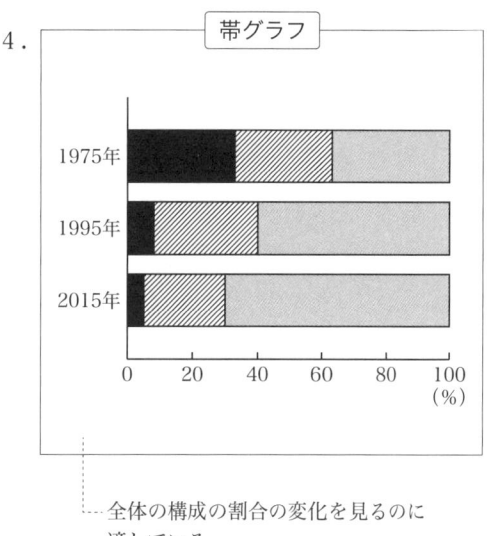
帯グラフ

……全体の構成の割合の変化を見るのに適している

해설 10

先生は，今回のデータのグラフでは「全体の構成の変化を分かりやすくしたい」と述べている。後半の説明で，波線部「帯グラフは，特に全体の構成の割合の変化を見るのに適しています」とあるので，正解は4である。

11番：先生が，鯉のぼりという風習について話しています。この先生の話によると，5月5日の正午に鯉のぼりが一番きれいに見えるのはどこですか。

　日本では，5月5日を男の子の健やかな成長を願う日としてきました。柏餅というお餅を食べたり，菖蒲という植物をお湯に浮かべてお風呂に入ったりする風習がありますが，最も有名な風習は，鯉のぼりです。

　鯉のぼりとは，布を筒状にして，鯉という魚の形に作ったもので，これをポールにつけ，風に泳がせます。ナイロンやポリエステルでできたものであれば，風速3メートルくらいで泳ぎだします。

　図1を見てください。❶風速3メートルくらいだと，鯉のぼりはポールに対して45度くらいになり，風速が5メートルを超えるとポールに対して90度になります。しかし，これ以上風が強くなると，鯉のぼりが飛ばされる可能性も出てきますし，強い風のために地面付近では砂ぼこりが上がったりして，あまりきれいには見えなくなります。❶鯉のぼりが一番きれいに見える のは，ポールに対して60度くらいのときです。もちろん，❷晴れの日のほうがきれいに見えます。

　図2と図3に，今年の5月5日の天気と風の強さの予報を示しておきました。きれいに見える場所に行ってみるのもいいですね。

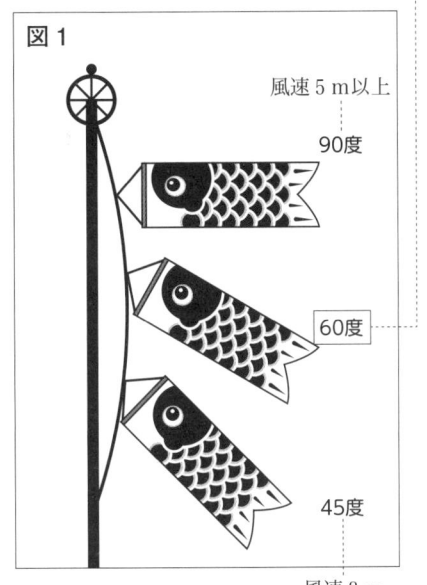

図1　一番きれいに見えるのは60度
風速5 m以上　90度
60度
45度
風速3 m

図2　5月5日

札幌	☁☂	17/11
仙台	☁☀	20/13
東京	☀	26/16
名古屋	☀	24/15
大阪	☀	24/17
福岡	☀	26/14

晴れの日のほうがきれい

図3　5月5日(正午)

札幌 4m/s
仙台 7m/s
大阪 4m/s
福岡 3m/s
東京 6m/s
名古屋 7m/s

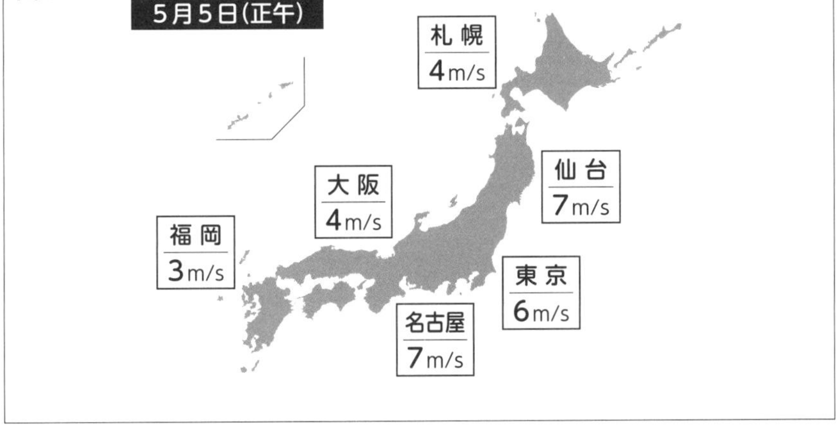

1．札幌
2．東京
3．大阪
4．福岡

해설 11

　波線部❶「風速3メートルくらいだと…45度」「5メートルを超えると…90度」とあり，「一番きれいに見えるのは…60度」とある。したがって，風速は4メートルが好ましいのが分かる。また波線部❷「晴れの日のほうがきれい」とあるので，天気は晴れが好ましい。よって，正解は3「大阪」である。

12番：先生が，授業で「象徴的不死」という考えについて説明しています。この先生が最後に挙げる例はどれにあたりますか。

　人は，永遠には生きられませんが，肉体として死んだとしても，生物学的なものを超えた何かにつながることで，永遠の命を獲得しようとします。これを「象徴的不死」と言います。この象徴的不死は，何によって永遠の命を得ようとするかによって五つに分類することができます。

　表を見てください。まず，上の二つは，自らが生み出したものに，自分の命を託すものです。一つ目は❶生物学的モードと言って自分の子孫に自分の命を託すものであり，二つ目は，❷創造的モードと言って，自分の業績や名誉に託すものです。

　次の二つは宗教的な意味合いを持つものです。神学的モードは，魂は永遠に生き続けるという考えによるものです。その永遠の魂に自分の命を託します。経験的超越モードは，日常を超える神秘的な体験によって，永遠の世界に入ろうとするものです。

　最後に，自然的モードというのは，自然は永遠になくならないものであり，自分も自然の一部だと強く感じることによって，永遠の命を得ようとするものです。

　この五つのモードは複数が結合することもあります。例えば，子どもをいい大学に入れようと必死になっている教育熱心な母親においては，どのモードが結合していると考えられますか。

象徴的不死

a 生物学的モード　　（子孫繁栄など）⋯⋯⋯⋯⋯⋯⋯⋯子ども

b 創造的モード　　　（業績や名誉を残す）⋯⋯⋯⋯⋯いい大学に入れよう

c 神学的モード　　　（魂は永遠である）

d 経験的超越モード　（神秘体験による生死の超越）

e 自然的モード　　　（自然と一体化する）

1．aとb
2．aとd
3．dとe
4．cとd

해설 12

最後の例は、「子どもをいい大学に入れよう」とする母親に関するものである。

「子ども」に関しては、波線部❶「生物学的モードと言って自分の子孫に自分の命を託す」という記述と一致する。また、「いい大学に入れよう」に関しては、波線部❷「創造的モードと言って、自分の業績や名誉に託す」と一致する。したがって、正解は1である。

청 해

🔊 : 음성

練習:先生が,日本の食文化について説明しています。この先生は,大豆が精進料理にぴったりな理由は何だと言っていますか。

　12世紀末,中国の影響を受けた禅宗の僧たちによって,日本に肉や魚を使わない精進料理が広められました。肉や魚を使わない精進料理において多く使われたのが大豆です。大豆は栄養価が高く,野菜だけでは不足しがちなタンパク質を豊富に含んでいます。また,加工方法はさまざまで,豆腐,油揚げ,納豆などを作れるだけでなく,味噌や醤油など調味料の材料にもなります。大豆を使うことで,バラエティに富んだ料理や味を楽しめるわけです。
　限られた食材で作る精進料理は,調理方法,味付け,盛り付けなどに工夫をこらしてきたと言われていますが,大豆はそんな精進料理にぴったりな食材だと言えます。

この先生は,大豆が精進料理にぴったりな理由は何だと言っていますか。
1．栄養豊富で調理方法や味付けを多彩にできるから
2．中国から伝わった禅宗の影響を受けているから
3．特に盛り付けの工夫をするのに向いているから
4．肉や魚と同様の味や香りが期待できるから

13番:先生が,商品開発におけるアイデアについて話しています。この先生の話によると,よいアイデアを出すには,まずどのようにするとよいですか。

　買いものに行くと,新しい商品が次から次へと発売されていますが,このような商品を開発するにはアイデアが必要です。では,よいアイデアというのはどうやって生まれるのでしょうか。
　あるアイデアを商品化するには,多くの人が話し合ってそのアイデアをどうやったら商品化できるのか,どうやったら売れるのかということを考える必要があります。
　しかし,根本となるアイデアを生むためには,とにかく,❶たくさんのアイデアを出すことが大切です。アイデアの数が多ければ多いほど,その中によいアイデアがある確率が高くなるのです。ですから,時間をかけてじっくり考えるのではなく,❷思いつくままを書き留めておくこと,これが大切です。
　あまりに現実離れしていて商品化の可能性が全くないものは困りますが,そうでない限り,自由にアイデアを出せばよいのです。最初の段階でアイデアの質を考えてしまうと,アイデアはひらめきにくくなります。

この先生の話によると，よいアイデアを出すには，まずどのようにするとよいですか。

1．多くの人で話し合ってアイデアを出す
2．思いつくままに多くのアイデアを出す
3．時間をかけて一つのアイデアを出す
4．商品化が不可能なアイデアも出す

해설 13

[×] 1．多くの「人」ではなく，多くの「アイデア」である。
[○] 2．「思いつくままに」は波線部❷，「多くのアイデアを出す」は波線部❶と一致する。
[×] 3．「時間かけてじっくり考えるのではなく」（7行目）とあるため，誤り。
[×] 4．「商品化の可能性が全くないものは困ります」（9行目）とあるため，誤り。

14番：先生が，メディアの役割について説明しています。この先生はメディアについて，どのような役割が大切だと言っていますか。

　科学が多くの成果をもたらし，私たちの生活も便利になっています。最近ではAIの研究も盛んで，近い将来，AIがもっと身近な存在となるのは間違いないでしょう。このような時代を生きる私たちにとって，科学についての基礎知識を身につけ，科学的な考え方ができるようにしておくことは非常に大切です。なぜなら，ある程度の科学的知識がなければ，例えば私たちの仕事を奪ってしまうかもしれないAIの実用化がよいことかどうかなどの判断ができないからです。
　しかし，❶現在の科学は高度化し，各分野に分かれていて，それぞれの分野はその専門家にしか理解できないという場合もあるでしょう。実際に，そこまでの知識を一般の人が持つ必要はありません。❷そこで科学について一般の人に分かりやすく説明するメディアの役割が重要になってくるのです。

この先生はメディアについて，どのような役割が大切だと言っていますか。

1．AIの実用化がよいことかどうか判断すること
2．高度な科学の研究内容を専門的に説明すること
3．高度化する科学を人々に分かりやすく伝えること
4．科学の発展のすばらしさを人々に紹介すること

해설 14

[×] 1．メディアの役割は「分かりやすく科学について説明すること」であり，科学技術の良し悪しについて判断するのは，メディアを通じて知識を得た一般の人々である（4～8行目）。
[×] 2．波線部❷「一般の人に分かりやすく説明する」とあるため，誤り。
[○] 3．「高度化する科学」は波線部❶，「科学を人々に分かりやすく伝える」は波線部❷と一致する。
[×] 4．該当箇所なし。

15番：先生と女子学生が，辞書について話しています。この女子学生が興味深いと言っているのは，どういうことについてですか。

先　　生：皆さんは最近改訂された有名な辞書を知っていますか？
女子学生：知っています。10年ぶりに新しく作り直されたと聞きました。
先　　生：そうです。前回までに掲載されていた言葉を見直したり，新しく社会に定着した言葉を辞書に載せたりしたそうです。
女子学生：でも，今は新しい言葉がどんどん生まれるし，ネット検索のほうが便利です。
先　　生：確かにネットは便利ですが，本の辞書は，編集部の人や多くの専門家が言葉を選んでいますから，えりすぐりの言葉が入っていると言えますよ。ネット上で検索するよりも，間違いが少ないところも信頼できる点です。
女子学生：それはそうですけど，値段も高いですし，なかなか買おうとまでは思えなくて。
先　　生：私はこの辞書が好きで，改訂される前の辞書や，その前の辞書も持っています。同じ言葉でも，前回の辞書と今回の辞書では，説明内容が変わっているものもあります。これは，**言葉の使い方や，みんなが知りたい内容が変わっていることを反映しています。こういう変化を見られるのも，辞書の面白さ**です。
女子学生：確かに。それは興味深いですね。

この女子学生が興味深いと言っているのは，どういうことについてですか。
1．今回改訂された辞書には，最新の言葉が載っていること
2．辞書で調べるほうが，ネットで調べるより間違いが少ないこと
3．辞書を新しく作り直す作業には，多くの人が関わっていること
4．前の辞書と比べることで，言葉や人々の興味の移り変わりが分かること

해설 15

[×] 1．先生は「新しく社会に定着した言葉を辞書に載せたりした」（3〜4行目）と言っているが，女子学生はそれが興味深いとは言っていない。
[×] 2．先生は「ネット上で検索するよりも，間違いが少ない」（7〜8行目）と言っているが，女子学生はそれが興味深いとは言っていない。
[×] 3．先生は「編集部の人や多くの専門家が言葉を選んでいます」（6〜7行目）と言っているが，女子学生はそれが興味深いとは言っていない。
[〇] 4．先生は，波線部で「言葉」や「人々の興味」の変化について話しており，それに対して女子学生が「興味深いですね」と言っている。

16番：学生が、本を読まない人が増えていることについて調査し、発表しています。この学生は本を読まない人に対してどうすればよいと言っていますか。

　テレビやインターネットが普及するにつれ、本を読まない人が増えてきたと言われていますが、本を読まない一番の理由は、時間がないというものでした。しかし、テレビやインターネットを見る時間があるのですから、それは本当の理由とは言えません。
　そこでほかの理由をみると、本はつまらないから、というものがありました。本がつまらないと感じる原因には二つあって、一つは、とにかく文字を読むことが嫌いだというもので、もう一つは、読んでもつまらなかったというものです。
　一般に、面白いと感じるのは、自分が興味を持てる内容に触れたときであり、面白いと思えば難しい本でも読むものです。本を読んでもつまらないと感じるのは、本の選び方に問題があると言えます。
　文字を読むことを好きになるには、文字に親しむ習慣をつける必要があり、時間がかかりますが、読んで面白いと思うには、❶興味がわきそうな本を紹介していくことで対応できるのではないでしょうか。❷テレビやインターネットの普及を逆手にとって、むしろ本を紹介する手段として活用していくことで本離れが改善すると思います。

この学生は本を読まない人に対してどうすればよいと言っていますか。
1．テレビやインターネットなどを見る時間を制限する。
2．文字嫌いが治るように、毎日長時間本を読ませる。
3．誰もが読める簡単で面白そうな本をたくさん出版する。
4．興味がある本に出会えるように、メディアを通じて紹介する。

해설　16

[×] 1．波線部❷「テレビやインターネットの普及を逆手にとって、むしろ本を紹介する手段として活用」とあるため、誤り。
[×] 2．該当箇所なし。
[×] 3．「簡単な」に関しては「面白いと思えば難しい本でも読むものです」（7～8行目）とある。また、この学生が提案しているのは、「面白そうな本をたくさん出版する」ことではなく「紹介する」ことである。
[〇] 4．「興味がある本に出会えるよう」は波線部❶、「メディアを通じて紹介する」は波線部❷と一致する。

17番：男子学生と女子学生が，イルカの能力について説明しています。この二人の話によると，イルカの特別な能力は，どういう場所で最も役立ちますか。

男子学生：ねえ，知ってる？　海にいるイルカも川にいるイルカも，超音波を使ってものの位置を確認しているんだって。

女子学生：超音波で？

男子学生：うん。イルカは超音波を出して，それがものに当たって反射してきたのを聞いて，その時間の差を捉えてものの位置を確認しているんだよ。

女子学生：へえ。超音波を使う動物って，コウモリくらいしか知らなかったけど，イルカにもそんな特別な能力があるんだね。でも，イルカって目があるのにどうして超音波を使うんだろう。

男子学生：イルカは，もちろん目も使っているけど，目で岩やサンゴみたいな障害物を見られるのは明るい場所だから，そうじゃない場合は超音波が役立つんじゃないかな。

女子学生：なるほど。確かにそうね。

この二人の話によると，イルカの特別な能力は，どういう場所で最も役立ちますか。
1．流れが緩やかで，水が澄んでいる場所
2．深い海のような，光が届きにくい場所
3．岩やサンゴなど，障害になるものが多い場所
4．河口付近など，川の水と海の水が混ざっている場所

해설　17

[×] 1．該当箇所なし。
[○] 2．波線部「明るい場所…そうじゃない場合は超音波が役立つ」とあるから，「明るくない場所」を示す選択肢が正解となる。
[×] 3．「目で岩やサンゴみたいな障害物を見られる」（9行目）とあり，障害になるものは目で認識できる場合も多々あると考えられるので「最も役立つ」とは言えない。
[×] 4．該当箇所なし。

18番：学生が，職場のユニフォームを作るときの工夫について話しています。この学生は，職場のユニフォームにおける工夫のうち，どの点に特に注目していますか。

　私は今回，職場のユニフォームについて調査をしてきました。会社で着るものなので，無駄のないデザインで清潔感があり，色合いもシックなものが多くありました。
　最近では，女性用のユニフォームが作られることも多いようです。もちろん，形や大きさは女

性用ですが，男女が同じように働くのが望ましいという考えも踏まえ，**男女差が出ないようにする傾向にあります。例えば，男女で色や基本的なデザインを同じにするといった方法です。この あたりは新しい流れで，とても興味深い**点です。今後，詳しく調べてみたいと思います。

　また，外での作業のときに着る作業服は，道路工事などの作業服を思い浮かべてもらえればよいですが，事故を防ぐために，薄暗いときや，遠くからでも目立つ色を用いるのが一般的です。一言でユニフォームと言っても，さまざまな工夫を発見することができました。

この学生は，職場のユニフォームにおける工夫のうち，どの点に特に注目していますか。
1．ユニフォームにおける男女差について
2．外での作業用ユニフォームの特徴について
3．女性用ユニフォームで好まれる色について
4．ユニフォームでよく使われる色について

해설　18

[○] 1．波線部「男女差が出ないようにする傾向…このあたりは新しい流れで，とても興味深い」とあり，ユニフォームの男女差に注目しているのが分かる。
[×] 2．作業用ユニフォームの色の工夫についての言及はある（7〜8行目）が，特に注目している点ではない。
[×] 3．女性用のユニフォームに関する言及はある（3〜5行目）が，その色についての言及はない。
[×] 4．ユニフォームの色についての言及はある（7〜8行目）が，特に注目している点ではない。

19番：医者が，講演会で自分の仕事について話しています。この医者は，困った状況になるのは何が原因だと言っていますか。

　世の中には誤解というものがあります。
　病院とはどこかしら不自由な人が訪れるところ，というのも誤解の一つで，医者の前にいる人がすべて患者であるとは限らないようです。医者を仕事としていると，人によって病気に対する基準が全く違っていることが分かってきます。
　世間にはのんびりした人とせっかちな人と心配性な人がいて，❶**不自由の基準は人それぞれな**のだと改めて思い知らされます。例えば，目がよく見えていないのに平気な人や，視力が高いのに眼鏡の心配をする人など，さまざまです。
　医者は病気やけがの治療をすることが仕事ですが，❷**こういった違いがあると困ったことも起こります**。病気なのに患者が治す必要性を感じずに治療をさせてくれないといったこともそうですが，もっと困るのは，病気やケガがあるわけでもないのに，もっと健康にしてくれ，と言われるときです。

この医者は，困った状況になるのは何が原因だと言っていますか。
1．患者には病気の知識が少ないから
2．医者の言うことを聞かない患者が多いから
3．世の中で病院という場所は誤解されているから
4．人によって不自由の基準が違うから

해설 19

- [×] 1．該当箇所なし。
- [×] 2．「医者の言うことを聞かない患者」は原因ではなく，困った状況の例の一つである（9～10行目）。
- [×] 3．言及はある（1～3行目）が，困った状況になる原因ではない。
- [○] 4．波線部❷「こういった違いがあると困ったことも起こります」とあるから，困った状況の原因は「こういった違い」。そして，「こういった違い」とは波線部❶「不自由の基準」の違いである。

20番：先生が，教育学の授業で，頭のいい人について話をしています。この先生が，一番頭がいいと思うのはどういう人ですか。

　頭のいい人，というのはどういう人でしょうか。この質問を小学生にしてみたら，いろいろな答えが出てきました。一番多かったのは，成績がいい人という意見でした。そのほかには，話が面白い人や，粘り強く努力を続けられる人，という意見もありました。
　話が面白いというのは，話を聴く人の興味やレベルに合わせて，分かりやすく話せているということですから，頭の回転が速いといえますね。そして，粘り強く努力ができるというのも，努力の先の成果を考えられるという点で，優秀だといえます。
　どれも頭がいい人といえますが，私が，一番頭がいいと思うのは，物事にすぐ取り組める人です。レポートを書こうと思っても，つい後回しにする。そういう人は，勉強に限らず，やるべきことを後回しにする傾向があり，結局やらなかったりします。計画を立てて，その上で後回しにするのであれば別ですが，そうでない場合は，すぐ取り組むほうが効率的です。そのように効率的に動けるという意味で，頭のよさを感じます。

この先生が，一番頭がいいと思うのはどういう人ですか。
1．物事にすぐ取り組める人
2．話が面白い人
3．計画を立てて動ける人
4．学校の成績がいい人

해설 20
[○] 1．波線部のとおり，先生が「一番頭がいい」と思っているのは「物事にすぐ取り組める人」である。
[×] 2．言及はある（4行目）が，先生の考える「一番頭がいい人」に関する話ではない。
[×] 3．言及はある（9行目）が，先生の考える「一番頭のいい人」に関する話ではない。
[×] 4．言及はある（2行目）が，先生の考える「一番頭のいい人」に関する話ではない。

 21番：女子学生と男子学生が，パソコンについて話しています。この女子学生は，このあとどうしますか。

女子学生：私のパソコン，最近調子が悪いんだけど，ちょっと見てくれる？
男子学生：うん。いいけど，どこが悪いの？
女子学生：アイコンをクリックしたときのソフトの動きや起動が，前よりも遅くなっちゃったの。
男子学生：余計なファイルや使わないものが，たくさん残ってない？　ゴミ箱の中とか。
女子学生：ちゃんと完全に削除してるよ。
男子学生：ちょっと貸して。えーと……　うん，分かった。❶常駐ソフトが多すぎるんだよ。
女子学生：常駐ソフト？
男子学生：そう，パソコンを起動したときに一緒に起動して，パソコンの電源を切るまでずっと動いているソフトがあるんだよ。セキュリティソフトなんかがそうなんだけど。これ，ほかにもいろいろ入ってるみたいだよ。
女子学生：そんなの入れた覚えないんだけどな。
男子学生：何かをインストールしたときに一緒に入れてる場合もあるからね。たまに確認してみるといいよ。
女子学生：分かった。セキュリティソフトは必要だけど，ほかは❷必要かどうか確認してみる。ありがとう。

この女子学生は，このあとどうしますか。
1．余計なファイルを使わないようにする。
2．ゴミ箱のファイルを削除する。
3．常駐ソフトの必要の有無を確認する。
4．セキュリティソフトを削除する。

해설 21
[×] 1．「余計なファイル」「ちゃんと完全に削除してるよ」（4～5行目）とあるため，誤り。
[×] 2．「ゴミ箱の中とか」「ちゃんと完全に削除してるよ」（4～5行目）とあるため，誤り。
[○] 3．波線部❶で「常駐ソフト」に関する話題が出て，それ以降は最後までこの話題が続く。そして，女子学生は波線部❷でセキュリティソフト以外の「常駐ソフト」に関して「必要かどうか確認してみる」と言っているので，正しい。
[×] 4．「セキュリティソフトは必要」（14行目）とあるため，誤り。

22番：先生が，ヒキガエルというカエルについて説明しています。この先生は，ヒキガエルの捕食行動についてどのように言っていますか。

　ヒキガエルは，えさにちょうどよい形や大きさのものの動きを感じると，その方向に向き，舌を伸ばして絡め取って，飲み込んだあとに前足で口をぬぐうという動作をします。これを捕食行動と言いますが，獲物を捕らえることができず，獲物が途中でいなくなっても，ヒキガエルは口をぬぐうという動作まで，一つの流れとして行います。このように，ヒキガエルは一度始まると途中で止まらないパターン化した行動を持っています。

　しかし，この行動は，ヒキガエルに食欲がないときは起こりません。また，冬の，冬眠が始まるころもヒキガエルは何も食べないので捕食行動は起こりません。このことから，パターン化した行動と言っても，刺激があれば必ず行われるとは限らないことが分かります。

この先生は，ヒキガエルの捕食行動についてどのように言っていますか。
1．獲物の形や大きさに関係なく捕食行動をする。
2．食べたいという欲求がないときは捕食行動をしない。
3．途中で獲物がいなくなったら捕食行動を止める。
4．季節や気温にかかわらず，刺激があれば捕食行動をする。

해 설 22

[×] 1．「ちょうどよい形や大きさのものの動きを感じると…動作をします」（1～2行目）とあるため，誤り。
[○] 2．波線部に「この行動（＝捕食行動）は，ヒキガエルに食欲がないときは起こりません」とあり，「食べたいという欲求がないときは捕食行動をしない」と一致する。
[×] 3．「一度始まると途中で止まらない」（4～5行目）とあるため，誤り。
[×] 4．「冬の，冬眠が始まるころも…捕食行動は起こりません」（6～7行目）とあるため，誤り。

23番：先生が，教育学の授業で，子どもをしかることの難しさについて話しています。この先生の話によると，子どもをしかるときはどうすればよいですか。

　子どもが悪いことをしたら，同じことを繰り返さないように，きちんとしかることが必要です。しかし，せっかくしかっても，しかる方法によって，その効果は変わってしまいます。
　例えば，親子でレストランに行ったとき，座って食べるというルールがあるにも関わらず，子どもが食事中に立ち歩いたとします。
　こういうとき，大勢の人がいる場で子どもをしかると子どもが傷つくのではないかと心配して，家に帰ってから子どもをしかるほうがよいと考える人もいます。しかし，子どもは，時間が経つと自分のやったことを忘れてしまいがちで，あとになってしかっても効果が薄いのです。また，

しかる理由を説明することはある程度は必要ですが，いくら時間をかけて詳しく説明しても，子どもは大人と同じようには理解できません。

子どもの特性を理解した上でしからないと，効果が低い上に，子どもにとっては，親に怒られたという悲しい気持ちが心に残るだけになってしまいます。

この先生の話によると，子どもをしかるときはどうすればよいですか。
1．できるだけ短い言葉でしかる。
2．ほかの人がいないところでしかる。
3．しかる理由をくわしく説明する。
4．時間をおかず，その場でしかる。

해설 23

[×] 1．該当箇所なし。
[×] 2．「大勢の人がいる場で子どもをしかると子どもが傷つくのではないかと心配…しかし子どもは…あとになってしかっても効果が薄い」（5〜7行目）とあるため，誤り。
[×] 3．「詳しく説明しても，子どもは大人と同じようには理解できません」（8〜9行目）とあるため，誤り。
[○] 4．波線部に「子どもは，時間が経つと自分のやったことを忘れてしまいがちで，あとになってしかっても効果が薄い」とあるので，正しい。

24番：女子学生と男子学生が，環境学のレポートについて話しています。この男子学生が考えなければならないと言っていることは何ですか。

女子学生：今度の環境学のレポート，紙のリサイクルについて書こうかと思ってるんだ。熱帯雨林を守るっていう目的で。

男子学生：熱帯雨林を守るのは大事なことだけど……でもね，例えば，紙を再生するエネルギーが，木材から紙をつくるエネルギーの2倍だったらどうする？本当に環境にいいって言えるかい？

女子学生：エネルギーの問題か……それは考えていなかったな。

男子学生：例えば，新聞紙や雑誌には，いろいろなインクが使われていて，それを溶かしてきれいにしなければならないから，多くのエネルギーが必要なんだ。

女子学生：そうなんだ。でも，森林を守るのも重要だよ。

男子学生：エネルギーがたくさんあるのならそれも大切だけど，今はエネルギー源が少なくなっているから，森林とエネルギーのどっちを保護したほうが経済的かも考えないといけないんだ。

女子学生：確かに。

男子学生：これからはだんだん紙を使わなくなるだろ？無駄に再生をして，紙が余ってもダメな

んだ。そこが難しいところだね。
女子学生：そう考えると，今ある紙を処分するための焼却にもエネルギーが必要だってことだよね。処分にかかるエネルギーとリサイクルに使うエネルギーのバランスも考えたら，より環境にいい方法が見つかるかもしれない。そのあたりも含めてレポートを書いてみる。ありがとう。

この男子学生が考えなければならないと言っていることは何ですか。
1．森林の保護とエネルギー消費とのコストバランス
2．熱帯雨林を守るための効率の良いリサイクル方法
3．紙の消費量と紙を再生する量とのバランス
4．紙を焼却するときと再生するときのコストバランス

해설 24

[○] 1．波線部「森林とエネルギーのどっちを保護したほうが経済的かも考えないといけない」とあり，この中の「どっちを保護したほうが経済的か」を言い換えたのが「コストバランス」という言葉である。
[×] 2．熱帯雨林保護のためのリサイクルに対して関心を持っているのは女子学生である（1～2行目）ため，誤り。
[×] 3．紙の消費量と再生量のバランスについての言及はある（14～15行目）が，男子学生はそれについて考えなければならないとは言っていないため，誤り。
[×] 4．紙の焼却について述べているのは女子学生である（16～18行目）ため，誤り。

25番：先生が，小学生や中学生がゲームをすることの問題点について話しています。この話の中で，先生が問題だと言っていることは何ですか。

　最近，小学生や中学生のゲーム遊びが問題になっています。子どもが遊びに夢中になるということは昔からありましたが，好きな遊びでも，そのうち飽きてほかのことを始めるというのが常識でした。しかし，現在の状況は違います。
　子どもは遊びが好きですから，楽しそうなゲームがあれば，好きになるのは仕方のないことです。新しいゲームソフトや，楽しみ方が次々に開発されて話題になり，ゲームに全く関わらないことのほうが難しいくらいです。
　❶問題は，睡眠や勉強の時間を削ってまで熱中していることです。昔の遊びと違って，今はインターネットを通じて，世界中の人とゲームで対戦することもできます。そのため，日本から❷遠く離れた相手の時間に合わせた結果，夜中にゲームをするといったこともあります。
　ゲームをなくすことはできませんが，ゲームとどう付き合っていくかを子どもに教える必要があるのではないでしょうか。

この話の中で，先生が問題だと言っていることは何ですか。
1．勉強よりも，ゲームなどの楽しい遊びを選んでいること
2．世の中の人気や話題に自分の興味が左右されてしまうこと
3．インターネットを通じて，知らない人と出会うリスクがあること
4．ゲームに夢中になって生活リズムが乱れがちであること

해설 25

[×] 1．「勉強の時間を削ってまで熱中」という内容はあるが，勉強だけでなく「睡眠」の時間が削られることについても述べており（7～9行目），話の焦点が「勉強」にないことが分かる。したがって，誤り。
[×] 2．該当箇所なし。
[×] 3．「知らない人と出会うリスク」については該当箇所なし。
[○] 4．波線部❶「問題は，睡眠や勉強の時間を削ってまで熱中していること」とあり，波線部❷「遠く離れた相手の時間に合わせた結果，夜中にゲームをする」という内容に続くことから，ここで述べられているゲームの問題点は，生活リズムの乱れに関するものであることが分かる。

26番：先生が，NPO法人について話しています。この先生は，NPO法人のどういう点に最も意義を感じていますか。

　さまざまな社会問題に取り組む，営利目的ではない団体をNPO法人と呼びますが，このNPO法人が増え，存在感を増しています。NPO法人は，活動で利益をあげてもいいけれど，その利益は関係者で分け合うのではなく，次の事業の活動費に回さなくてはいけません。
　以前は，普通の会社で働けない事情がある人や，退職した人が社会貢献をするために働く場所だと思われていて，大学を卒業したばかりの若い人がNPO法人で働くことはほとんどありませんでした。しかし現在では，働き方の意識も変わり，若者の働き方の一つとして捉えられています。
　NPO法人は，実際に活動して世の中を変えていくという役割もありますが，それ以上に社会に対して意見を発すること自体に存在意義があります。
　例えば，あるNPO法人は，働いている夫婦の子どもが風邪などの病気で保育所に預けられなくなったときに，その子どもを預けられる場所が必要だと世の中に訴えました。その動きは世の中に広がり，政治の場でもその必要性が話し合われるようになっています。

この先生は，NPO法人のどういう点に最も意義を感じていますか。
1．若者の意識を変え，社会貢献を促している点
2．活動で得た利益を活動費に充てている点
3．問題提起をして，社会を変える可能性を持つ点
4．病気の子どもを預かるという活動をしている点

해설 26

[×] 1．該当箇所なし。
[×] 2．言及はされている（2～3行目）が，NPOの定義に関することに過ぎない。
[○] 3．波線部に「実際に活動して世の中を変えていくという役割もありますが，それ以上に社会に対して意見を発すること自体に存在意義があります」とある。
[×] 4．言及はされている（10～11行目）が，あくまで例の一つに過ぎない。

 27番：先生が，リーダーについて話しています。この先生は，リーダーの決断において最も大切なことは何だと言っていますか。

　日々変化する社会の中で，どのような人がリーダーになるのかは常に注目を集めていますが，リーダーにとって欠かせないものは決断する力です。メンバーの意見をよく聞いて決めるタイプや一人でどんどん決めてしまうタイプなど，タイプはさまざまですが，大事なのは，どのような決断をするかです。
　リーダーの決断とは，メンバーの進むべき方向を明確に決めるものでなくてはなりません。しかし，ここで一つ言っておきたいのは，正しい決断であるかどうかが重要なのではないということです。
　リーダーが取り組むのは前例のない新たな問題であることが多く，正解は誰にも分からなかったり，仮に正しい決断をしたからといって，必ずしも最もよい結果が得られるとは限らなかったりします。ですから，時間をかけてそこにこだわったとしても，その間メンバーがやるべきことに迷うだけで，成果は保証できません。組織の成果を上げるというリーダーの責任を果たすためには，効果的な決断が求められるのです。

この先生は，リーダーの決断において最も大切なことは何だと言っていますか。
1．進むべき方向をはっきり決めること
2．みんなの意見をよく聞いて決断すること
3．新しい問題に対して正しい決断をすること
4．決断に対して責任を取ること

해설 27

[○] 1．波線部「リーダーの決断とは，メンバーの進むべき方向を明確に決めるもの」とあるため，正しい。
[×] 2．「メンバーの意見をよく聞いて決めるタイプ」（2行目）という言葉はあるが，最も大切なことに関するものではない。
[×] 3．「正しい決断であるかどうかが重要なのではない」（6行目）とあるため，誤り。
[×] 4．該当箇所なし。

総合科目

正答

問題	解答番号	正答
問1	1	③
	2	②
	3	②
	4	②
問2	5	③
	6	④
	7	④
	8	①
問3	9	③
問4	10	①
問5	11	②
問6	12	②
問7	13	④
問8	14	④
問9	15	②
問10	16	③
問11	17	①
問12	18	②
問13	19	②
問14	20	④
問15	21	③
問16	22	①
問17	23	④
問18	24	①
問19	25	④
問20	26	④
問21	27	④
問22	28	①
	29	③
問23	30	②
問24	31	②
問25	32	④
問26	33	①
問27	34	②
問28	35	④
問29	36	②
問30	37	③
問31	38	②

解説

問1(1) 1 アメリカの連邦議会は二院制で，各州から人口比例で435名が選出される下院と，各州から2名ずつ，100名が選出される上院からなる。アメリカは厳格な三権分立制を採用しているため，連邦議会は大統領への不信任決議権を持っていない。

問1(2) 2 ①④増税や減税をおこなうのは財政政策である。政府は不況対策として減税をおこない，景気の過熱を防ぐために増税をおこなう。②日本銀行が国債や手形を市中銀行から買い取る(買いオペレーションをおこなう)と，政策金利が低下し，企業への市中銀行からの貸出が増え，結果として通貨量が増加する。③景気の過熱を防ぐためには，預金準備率を引き上げる。ただし，日本銀行は1991年を最後に，預金準備率操作をおこなっていない。

問1(4) 4 ①1971年，ニクソン大統領が金とドルとの交換の停止を発表した。この事件をニクソン・ショックという。②1930年，日本は金輸出を解禁し，金本位制に復帰した。しかし，1929年10月のニューヨーク株式市場での株価暴落以降，アメリカなどの資本主義社会は恐慌に陥っていたため，その中での金本位制への復帰は大幅な輸入超過による金の大量流出を招いた。そこで，1931年12月に成立した内閣が，金輸出を禁止した。③ニューディール政策をおこなったのはアメリカ。④アルバニアを併合したのはイタリア。

問2(1) 5 黒海に面している③がルーマニア。①はポーランド，②はオーストリア，④は北マケドニア。

問2(3) 7 ①カルパティア山脈はルーマニアの中央部に位置する。②カスピ海は世界最大の湖で，ロシア，カザフスタン，トルクメニスタン，アゼルバイジャン，イランに囲まれる。③ライン川はドイツやオランダなどを流れ，北海に注ぐ。④ルー

マニアの南側のブルガリアとの国境には，ドナウ川が流れている。

問2(4) 8 選択肢にはEU，ASEAN，NAFTA，中国がある。NAFTAには，GDP世界1位で，かつ，膨大な貿易赤字を毎年計上するアメリカが加盟している。したがって，NAFTAはAである。EUは，27か国が加盟しており，貿易額は多く名目GDPは大きいことが予想できる。したがって，EUはCである。ASEANは，加盟国の多くが発展途上国であり，貿易額は少なく名目GDPは小さいことが予想できる。したがって，ASEANはDである。残ったBが中国である。

問3 9 健康志向食品の購入量が増加したということは，需要量の増加を示している。よって，需要曲線が右上に移動し，健康志向食品の価格が上がる。

問4 10 ①株主は，株式を譲渡することにより，その会社に投下した資本を回収することができる。②所有と経営の分離は，株式の所有者と経営の責任者が別になっていることで，主に大企業で見られる。③株主が負う責任は，有限責任である。有限責任には，会社の借金を自分の個人資産で返す必要がないため，出資がしやすいという利点がある。④株主総会は，株式会社に必ず設置しなければならない。取締役会は，株式会社の形態によっては設置しなくてよい場合がある。

問5 11 ①約10年を周期とする，設備投資の変動を要因とする景気変動のことをジュグラーの波という。在庫投資の変動を要因とする景気変動はキチンの波である。②財政の景気安定化機能の説明。③スタグフレーションは，不況とインフレーションが同時に進行する現象のことである。④名目GDPは，GDPをその時の生産物の価格で計算したものであるから，物価の変動を反映する。したがって，物価が下落した場合，名目GDPは下落する。

問6 12 ①低所得者ほど所得に占める税の負担率が高くなるという逆進性を持つのは，消費税。②国税，直接税に分類される主な税目として，所得税，法人税，相続税がある。③所得の多い人ほど税率が高くなる累進課税制度が適用されているのは，所得税。④日本の直間比率は2018年度で68：32であり，直接税の割合の方が高い。また，イギリスは57：43，フランスは55：45（いずれも2018年）で，両国ともに直接税の割合の方が高い。

問7 13 2017年当時，アメリカの法人実効税率は先進国で最も高かった。よって，Aがアメリカ。イギリスは世界金融危機後，企業の投資を呼び込むために2010年時点で28％であった法人実効税率を段階的に19％まで引き下げた。よって，Dがイギリス。なお，アメリカのトランプ大統領は，法人実効税率が高すぎて産業の空洞化が進行すると危機感を示し，法人実効税率引き下げを断行した。2021年のアメリカの法人実効税率は25.75％である。日本でも安倍内閣の下で，2014年に34.62％であった法人実効税率が段階的に引き下げられた。2021年の日本の法人実効税率は29.74％である。

問8 14 プライマリー・バランスは，国債を除く歳入から国債費を除く歳出を差し引いて求める。これを問題に当てはめると，50億ドル－75億ドル＝－25億ドルとなるので，正解は25億ドルの赤字である。

問9 15 ①国債の直接引き受けは，通貨の増発に歯止めがかからなくなり，悪性のインフレーションを引き起こすおそれがある。ドッジ・ラインはインフレーションを収めるためにおこなわれた政策なので，誤文である。②高度経済成長期に入ると，第二次産業や第三次産業が成長した。第二次産業や第三次産業は農業よりも高い所得を得られたため，農村から都市へと若者を中心に人口が大量に流出した。人々が流入した都市は，関東地方から九州地方へ工業地帯が帯状に連なる太平洋ベルトの地域に位置していた。③第一次石油危機は1973年で，バブル経済の崩壊は1990年代前半であるから，年代が合わない。④繊維でアメリカと貿易摩擦が生じたのは1950年代から1970年代前半である。プラザ合意は1985年であるから，年代が合わない。

問10 16 ①資金は金利の高い国の方に移動する

ので，アメリカの金利の方が日本の金利よりも高ければ，日本からアメリカに資金が移動する。したがって，円安ドル高になる。②日本企業がアメリカ製品を輸入するためには，ドルで代金を支払わなければならない。そのため，日本においてアメリカ製品の輸入が増加すればドルの需要が増加する。したがって，円安ドル高になる。③アメリカの企業が日本への直接投資をおこなうためには，ドルを円に換えなければならない。そのため，アメリカの企業の日本への直接投資が増加すれば，円の需要が増加する。したがって，円高ドル安になる。④日本の投資家がアメリカへの証券投資をおこなうためには，円をドルに換えなければならない。そのため，日本の投資家のアメリカへの証券投資が増加すればドルの需要が増加する。したがって，円安ドル高になる。

問11 [17] IMFは，アメリカの首都ワシントンD.C.に本部を置く。為替相場の安定を主な目的としており，経常収支の赤字国に一時的な融資をおこなう。

問12 [18] ①マーストリヒト条約はEUを発足させるための条約で，1993年発効。②ラムサール条約は，水鳥の生息地として国際的に重要な湿地の保護を目的とする条約で，1971年採択。③京都議定書は，温室効果ガスの削減義務を先進国にのみ課した条約で，1997年採択。④世界遺産条約は，人類共通の財産として保護・保存すべき貴重な自然環境や文化財などを世界遺産リストに登録する制度を定めた条約で，ユネスコ総会で1972年に採択された。

問13 [19] メルカトル図法の世界地図を見ると，オーストラリア大陸よりもグリーンランドが大きく描かれているが，これは面積と距離が高緯度ほど拡大して表現されるというメルカトル図法の特性のためである。実際のグリーンランドの面積（大きさ）はオーストラリア大陸の約3分の1なので，②が正解である。

問14 [20] 東京が2月17日午前9時のとき，ニューヨークは前日の午後7時であるから，東京とニューヨークの時差は14時間である。経度15度で1時間の時差が生じるから，15×14＝210より，東京とニューヨークの経度差は210度。東京は東経135度を標準時子午線としているので，135－210＝－75より，ニューヨークの標準時子午線は西経75度である。

問15 [21] 地中海性気候は，最寒月の平均気温が－3℃以上18℃未満で，夏に雨が少ない気候区である。選択肢のうち，最寒月の平均気温の条件を満たすものはいくつかあるが，夏に雨が少ない（数か月間，降水量が少ない）という条件を満たすものは③だけであるから，③が正解。①はシドニーで温暖湿潤気候，②はシンガポールで熱帯雨林気候，④はロンドンで西岸海洋性気候。

問16 [22] Aは小麦の数値の高さが目立つので，輸出量で世界10位以内に入るフランスが当てはまる。Bは野菜類の数値の高さが目立つので，野菜や草花などを集約的に栽培して，国内の都市部への出荷やEU諸国への輸出も盛んにおこなっているオランダが当てはまる。Cは際立って数値が大きい品目がない。よって，冷涼な気候とやせた土壌のために穀物栽培にあまり適していないイギリスが当てはまる。Dは魚介類の数値の高さが目立つので，世界有数の漁業国であるノルウェーが当てはまる。

問17 [23] ①ドックランズはロンドンの東部に位置する。イギリスの貿易・海運業の発展に伴い港湾施設が集中していたが，それらの施設が閉鎖された後に再開発がおこなわれた。②ブルーバナナは，イギリス南部からイタリア北部にかけて各種工業が集積している地域のこと。③リサーチトライアングルパークは，アメリカのノースカロライナ州にある先端技術産業の集積地。④シリコンバレーは，サンフランシスコの南方にある，世界最大の先端技術産業の集積地。

問18 [24] ベネズエラは原油埋蔵量が世界1位で，原油と石油製品が国の輸出額のほとんどを占める。したがって，Aが当てはまる。Bは大豆や鉄鉱石があるのでブラジル。Cは機械類や自動車があるので，NAFTA（現USMCA）加盟国のメキシコ。Dは銅や銅鉱があるのでチリ。

問19 25 ①2020年時点で人口が1億人を超える国は12か国あるが、その中にタイは入っていない。②日本とタイは互いに工業製品を輸出する関係であり、タイから日本への主な輸出品は機械類である。③タイは、米の輸出量は世界3位以内に入っているが、生産量は入っていない。④タイでは仏教徒が約95％を占める（2015年）。

問20 26 ①りんごの収穫量は青森県が全国の約58％を占めている。②日本で主に栽培されているみかんは暖かい気候を好む種類のため、収穫量1位は和歌山県である。③日本では、甜菜は北海道だけで栽培されている。④サトウキビは温暖な気候でよく育つ。そのため、日本では主に沖縄県と鹿児島県で栽培されている。

問21 27 ①フランスの哲学者サルトルの言葉で、人間は自由な存在であるが、自由に自分の生き方を決められるということは、その選択の責任をすべて自分が負わなければならない、ということを意味する。②イギリスの政治家で歴史学者のブライスによる、政党の重要性を示す言葉。③法律家ブラクトンの言葉で、17世紀初頭にイギリスの裁判官エドワード・コークがこの言葉を引用して、法の支配を強調した。④リンカーンの言葉で、民主政治・国民主権の精神を端的に示した。

問22(1) 28 この図は、世界の上位20％の最富裕層の人が世界の所得の82.7％を持ち、最貧層の20％の人はわずか1.4％しか持っていないことを示している。

問22(2) 29 ①ILOは1919年調印のヴェルサイユ条約に基づき設立された。②IAEAは1957年、国際連合傘下の自治機関として設置された。専門機関ではない。③UNEPは、1972年の国際連合総会決議に基づき設立された。④常設国際司法裁判所は、国際連盟規約に基づき1921年に設立された。

問23 30 国家と宗教の結合は、結合した宗教以外の宗教への信仰を困難にさせるため、信教の自由に対する侵害になる。そのため、日本国憲法では、国家が特定の宗教と結びつくことを禁止している。

問24 31 ①特別裁判所の設置は憲法で禁止されている。②政治的な圧力や干渉によって判断が歪められないよう、憲法は裁判官の身分保障についての規定を設けている。③最高裁判所だけでなく、下級裁判所も違憲審査権を行使することができる。④憲法は、裁判の対審は原則として公開法廷でおこなうと規定している。

問25 32 ①地方議会の議員の解職請求の請求先は、選挙管理委員会。②条例の制定の請求の請求先は、首長。③選挙には秘密選挙の原則が採用されているので、そのような請求はできない。④議会の解散の請求の請求先は、選挙管理委員会。

問26 33 ①アメリカのウィルソン大統領が発表した「14か条の平和原則」に基づいて、国際連盟が設立された。②本部はスイスのジュネーヴ。③国家間の安全保障の体制として、集団安全保障方式を採用した。④総会の議決は全会一致制であった。

問27 34 ②大量生産を可能にする技術革新は、まず綿工業の分野で始まった。重化学工業は19世紀後半に発達した。

問28 35 ①第一身分は国王ではなく聖職者である。②③そのような事実はない。④18世紀後半のフランスでは、ルイ14世以来の宮廷の浪費や戦費などによって支出が増え、革命直前には財政危機に陥っていた。

問29 36 ①メッテルニヒはドイツではなくオーストリアの宰相である。②社会保険制度の整備は、ビスマルクの「アメとムチの政策」の一環。③大陸封鎖令を発したのはナポレオン。④「世界政策」を掲げたのはヴィルヘルム2世。

問30 37 ①殖産興業が進められたのは1870年代。②自由民権運動が国内各地で盛んになったのは1880年代。③クリミア戦争に敗れたロシアは、東アジアへの進出に努めるようになった。これに対抗するために、1902年に日英同盟が結ばれた。④25歳以上のすべての男子に選挙権が認められたのは1925年。

수 학

정답

문제	해답번호	정답	문제	해답번호	정답
I	A	2	III	A	2
	B	2		B	3
	C	4		C	5
	D	2		D	8
問1	E	0		E F	24
	F	2		G H	10
	G H	−2		I	7
	I J	22		J	5
	K L	−4		K	2
	M N	12		L M	12
	O P	81		N O	45
	Q R	16	IV	A B	60
問2	S T	81		C D	10
	U	3		E	3
	V	4		F	3
	W X	44		G H	10
	Y Z	81		I	3
II	A	3		J	5
	B	5		K	7
	C	5		L	3
	D	5		M	7
	E	2		N	7
	F	2		O	3
問1	G	1		P	2
	H	5		Q	4
	I	2		R S	21
	J	3		T U	12
	K	5		V	7
	L	5			
	M	4			
	N O	−1			
	P	7			
問2	Q R	−3			
	S	6			
	T	7			
	U V	−2			
	W	2			
	X Y	−5			

간략해설

I 問1

(1) $f(x) = \dfrac{1}{2}\{x-(2a-2)\}^2 + 4a - 2$ であるから, $f(x)$ のグラフの頂点の座標は $(2a-2, 4a-2)$ である。

また, $m(a) = 4a - 2$ となるとき, $f(x)$ の軸 $x = 2a - 2$ は $-2 \leqq x \leqq 2$ の範囲にあるから, $-2 \leqq 2a - 2 \leqq 2$。よって, a の値の範囲は $0 \leqq a \leqq 2$ である。

(2) $a = -2$ のとき, $f(x) = \dfrac{1}{2}(x+6)^2 - 10$,
$a = 4$ のとき, $f(x) = \dfrac{1}{2}(x-6)^2 + 14$
図 1 より, $m(-2) = f(-2) = -2$, $m(4) = f(2) = 22$ である。

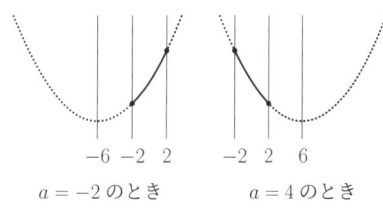

図 1: $a = -2$, $a = 4$ のときのグラフ

(3) (i) $a < 0$ のとき, 図 2 より,
$$m(a) = f(-2) = 2(a+1)^2 - 4$$
$m(a)$ は $a = -1$ のとき, 最小値 -4

(ii) $0 \leqq a \leqq 2$ のとき, (1) より,
$$m(a) = f(2a-2) = 4a - 2$$
$m(a)$ は $a = 0$ のとき, 最小値 -2

(iii) $a > 2$ のとき, 図 2 より,
$$m(a) = f(2) = 2(a-1)^2 + 4$$
$m(a)$ は $a = 1$ のとき, 最小値 4

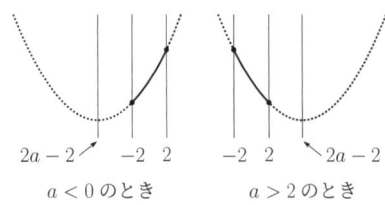

図 2: $a < 0$, $a > 2$ のときのグラフ

(i), (ii), (iii) より, $m(a)$ の最小値は -4 である。また, このとき, $a = -1$ であるから, $f(x) = \frac{1}{2}(x+4)^2 - 6$ であり, $-2 \leqq x \leqq 2$ における $f(x)$ の最大値は $x = 2$ のとき, 12 である。

I 問2

(1) 3 枚のカードの中から 1 枚を取り出す試行を 4 回繰り返すので, カードの取り出し方は全部で 3^4 通りある。$Y = 4$ のとき, $X = 4$ であり, これは 4 回とも A のカードを取り出した場合である。このような取り出し方は 1 通りしかないので, $Y = 4$ となる確率は, $\frac{1}{3^4} = \frac{1}{81}$ である。

(2) $Y = 2$ となる場合は, 次の 2 通りある。

   (i) $X = 2$ のとき,
   「×□×□×」の 2 箇所の□には, B または C が入るものとする。□ の間またはその両端の計 3 箇所のいずれかの×に, 2 つの A を 1 組と考えた「AA」を入れるとき, 4 文字の文字列は全部で, $_3C_1 \cdot 2 \cdot 2 = 12$ 通り作れる。

   (ii) $X = 3$ のとき,
   「AABA」,「ABAA」,「AACA」,「ACAA」の 4 通りある。

(i), (ii) より, $Y = 2$ となる確率は, $\frac{12 + 4}{3^4} = \frac{16}{81}$ である。

また, $Y = 2$ である事象を S, $X = 2$ である事象を T とすると, (i) より,
$$P(S \cap T) = \frac{12}{3^4} = \frac{4}{27}$$

$P(S) = \frac{16}{81}$ であるから, $Y = 2$ であったときに, $X = 2$ である条件付き確率は,
$$P_S(T) = \frac{P(S \cap T)}{P(S)} = \frac{4}{27} \div \frac{16}{81} = \frac{3}{4}$$

である。

(3) $Y = 1$ となる場合は, 次の 2 通りある。

   (i) $X = 1$ のとき, 4 文字のうちの 1 つが A で,

      (a) 残り 3 つが「すべて B」または「すべて C」であるとき, $4 \cdot 2 = 8$ 通りある。

      (b) 残り 3 つのうち,「2 つが B で 1 つが C」または「2 つが C で 1 つが B」であるとき, $\frac{4!}{2!} \cdot 2 = 24$ 通りある。

   よって, $X = 1$ のときは, $8 + 24 = 32$ 通りある。

   (ii) $X = 2$ のとき,「A□A□」,「□A□A」,「A□□A」の 3 通りがあり, □には B または C が入るから, $X = 2$ のときは, $3 \cdot 2 \cdot 2 = 12$ 通りある。

(i), (ii) より, $Y = 1$ となる確率は,
$$\frac{32 + 12}{3^4} = \frac{44}{81}$$

である。

II 問1

(1) $x = \dfrac{(\sqrt{5}-1)(\sqrt{5}+2)}{(\sqrt{5}-2)(\sqrt{5}+2)} = 3+\sqrt{5}$

$2 < \sqrt{5} < 3$ であるから, $a = 3+2 = 5$, $b = (3+\sqrt{5})-5 = \sqrt{5}-2$ である。

(2) $\sqrt{2} < y < \sqrt{3}$ より, $2 < y^2 < 3$ であるから, y^2 の小数部分は $y^2 - 2$ と表される。また, $1 < y < 2$ であるから, y の小数部分は $y - 1$ と表される。したがって, y^2 の小数部分と y の小数部分が等しくなるとき, $y > 0$ であることに注意して, $y^2 - 2 = y - 1$ を解くと, $y = \dfrac{1+\sqrt{5}}{2}$。

(3) $\dfrac{x}{y} = (3+\sqrt{5}) \cdot \dfrac{2}{1+\sqrt{5}}$
$= \dfrac{2(3+\sqrt{5})(1-\sqrt{5})}{(1+\sqrt{5})(1-\sqrt{5})}$
$= 1+\sqrt{5}$

$\dfrac{y}{x} = \dfrac{1}{1+\sqrt{5}} = \dfrac{1-\sqrt{5}}{(1+\sqrt{5})(1-\sqrt{5})}$
$= \dfrac{\sqrt{5}-1}{4}$

よって,
$\dfrac{x}{y} + \dfrac{y}{x} = 1+\sqrt{5}+\dfrac{\sqrt{5}-1}{4}$
$= \dfrac{3+5\sqrt{5}}{4}$

である。

II 問2

(1) $x^2 - 6x - 7 = (x-7)(x+1)$ であるから, $x^2 - 6x - 7 \leqq 0$ を解くと, $-1 \leqq x \leqq 7$

このとき, $|x^2-6x-7| - 2x^2 - k$
$= -(x^2-6x-7) - 2x^2 - k$
$= -3x^2 + 6x + 7 - k$ である。

(2) $x^2 - 6x - 7 \geqq 0$ を解くと, $x \leqq -1, 7 \leqq x$

このとき, $|x^2-6x-7| - 2x^2 - k$
$= (x^2-6x-7) - 2x^2 - k$
$= -x^2 - 6x - 7 - k$ である。

$f(x) = |x^2-6x-7| - 2x^2$ とおくと,

$f(x) = \begin{cases} -3x^2+6x+7 & (-1 \leqq x \leqq 7) \\ -x^2-6x-7 & (x \leqq -1, 7 \leqq x) \end{cases}$

したがって, $y = f(x)$ のグラフは 図 3 のようになる。

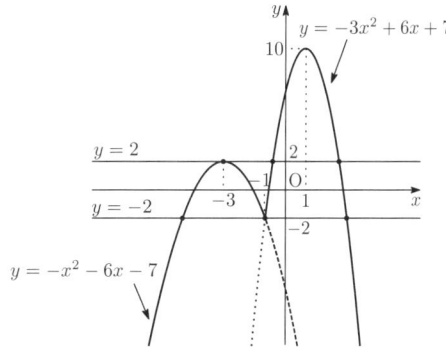

図 3: $y = f(x)$ のグラフ

方程式 ① の異なる実数解が 3 個のとき, $y = f(x)$ と $y = k$ のグラフの共有点の個数は 3 個である。このとき, 図 3 より, $k = -2$ または $k = 2$ である。$k = -2$ のとき, ① の 3 個の実数解のうち, 最も小さいものは, $-x^2 - 6x - 7 = -2$ から, $x = -5$ である。

III

(1) $40 = 2^3 \times 5$, $360 = 2^3 \times 3^2 \times 5$ より,
$f(40) = (3+1)(1+1) = 8$
$f(360) = (3+1)(2+1)(1+1) = 24$

(2) 30 以下の自然数で正の約数の個数が 2 であるもの (30 以下の素数) は 2, 3, 5, 7, 11, 13, 17, 19, 23, 29 の 10 個であるから, $f(n) = 2$ を満たす n は 10 個ある。また, 300 以下の自然数で正の約数の個数が 3 であるもの (300 以下の素数の平方数) は 4, 9, 25, 49, 121, 169, 289 の 7 個であるから, $f(n) = 3$ を満たす n は 7 個ある。

(3) $n = p^a$ と表されるとき, $f(n) = a+1$ が成り立つので, $f(n) = 6$ のとき, $a+1 = 6$ より, $a = 5$ である。一方, $n = p \times q^b$ と表されるとき, $f(n) = (1+1)(b+1)$ が成り立つので, $f(n) = 6$ のとき, $(1+1)(b+1) = 6$ より, $b = 2$ である。したがって, $n = p^5$ または $n = p \times q^2$ と表すことができる。よって, $f(n) = 6$ を満たす最小の自然数 n は, $3 \times 2^2 = 12$ である。また, $p \times q^2$ の正の約数の総和は $(1+p)(1+q+q^2)$ と表すことができるから, $(1+p)(1+q+q^2) = 78$。$78 = 2 \times 3 \times 13 = 6 \times 13$ より, $p = 5$, $q = 3$ である。よって, $n = 5 \times 3^2 = 45$ である。

IV

(1) $\cos \angle \mathrm{ABC} = \dfrac{8^2 + 5^2 - 7^2}{2 \cdot 8 \cdot 5} = \dfrac{1}{2}$

$0° < \angle \mathrm{ABC} < 180°$ より,

$\angle \mathrm{ABC} = 60°$ であるから, 三角形 ABC の面積 S は,

$$S = \frac{1}{2} \cdot 5 \cdot 8 \sin 60° = 10\sqrt{3} \cdots ①$$

である。また, 三角形 ABC の内接円の半径を r とすると, $S = \dfrac{1}{2} r (5+7+8) \cdots ②$ であるから, ①, ② より, $r = \sqrt{3}$ である。

(2) I は三角形 ABC の内心であるから, 直線 AI は $\angle \mathrm{BAC}$ の二等分線である。よって, BD : DC = AB : AC = 5 : 7 より, $\mathrm{BD} = \dfrac{5}{5+7} \mathrm{BC} = \dfrac{5}{12} \cdot 8 = \dfrac{10}{3}$ である。△ABD において, 余弦定理より,

$\mathrm{AD}^2 = \mathrm{BA}^2 + \mathrm{BD}^2 - 2 \mathrm{BA} \cdot \mathrm{BD} \cos 60°$
$= 5^2 + \left(\dfrac{10}{3}\right)^2 - 2 \cdot 5 \cdot \dfrac{10}{3} \cdot \dfrac{1}{2} = \dfrac{175}{9}$。

AD > 0 より, $\mathrm{AD} = \dfrac{5\sqrt{7}}{3}$ である。

同様に, 直線 BI は $\angle \mathrm{ABD}$ の二等分線であるから,

$$\mathrm{AI} : \mathrm{ID} = \mathrm{BA} : \mathrm{BD} = 5 : \frac{10}{3} = 3 : 2$$

である。したがって,

$$\mathrm{AI} = \frac{3}{3+2} \mathrm{AD} = \frac{3}{5} \cdot \frac{5\sqrt{7}}{3} = \sqrt{7}$$

である。

(3) 円 C と △ABC の内接円の接点を H, 円 C の半径を R とする。

$$R = \frac{\mathrm{AH}}{2} = \frac{\mathrm{AI} - r}{2} = \frac{\sqrt{7} - \sqrt{3}}{2}$$

また, $\cos \angle \mathrm{BAC} = \dfrac{1}{7}$ であることより, $\sin \angle \mathrm{BAC} = \dfrac{4\sqrt{3}}{7}$。△APQ において, 正弦定理より, $\dfrac{\mathrm{PQ}}{\sin \angle \mathrm{BAC}} = 2R$。

これより, $\mathrm{PQ} = \dfrac{4\sqrt{21} - 12}{7}$ である。

실전모의고사 제2회

정답과 해설

본문 P. 109~153

일본어

정답

독해

문제		해답번호	정답
I		1	②
II		2	④
III		3	③
IV		4	④
V		5	①
VI		6	③
VII		7	④
VIII		8	④
IX		9	①
X		10	②
XI	問1	11	②
	問2	12	④
XII	問1	13	③
	問2	14	①
XIII	問1	15	③
	問2	16	②
XIV	問1	17	①
	問2	18	③
XV	問1	19	②
	問2	20	③
XVI	問1	21	①
	問2	22	④
XVII	問1	23	③
	問2	24	②
	問3	25	④

청독해

문제	해답번호	정답
1番	1	②
2番	2	③
3番	3	②
4番	4	①
5番	5	④
6番	6	①
7番	7	③
8番	8	④
9番	9	②
10番	10	③
11番	11	①
12番	12	④

청해

문제	해답번호	정답
13番	13	③
14番	14	④
15番	15	③
16番	16	④
17番	17	①
18番	18	②
19番	19	③
20番	20	②
21番	21	②
22番	22	③
23番	23	②
24番	24	④
25番	25	①
26番	26	②
27番	27	②

기　술

해답예시 [테마 번호 1]

　大学は，社会利益に直結する研究を優先させるべきだと主張する人は多い。だが，一方で，大学の本来の役割は，学問的な真理を追究することであり，研究もそのために行われるべきだという意見も根強い。私は，後者の研究も軽視してはならないと考える。

　社会的な利益に直結する研究というのは，具体的にどのような研究のことなのだろうか。それは，おそらく工学や化学などの分野における応用研究のことであろう。たしかに，そういった研究の方が，工業製品や化学製品を通してその恩恵を実感しやすい。それを優先すべきだと言いたくなる気持ちも分からないわけではない。だが，それが応用というからには，基礎があって初めて成立するものであることを忘れてはならない。そして，その基礎になるものこそ，数学や基礎科学などの学問的な真理を追究する研究なのである。

　研究は，基礎なくして応用はない。大学は応用研究だけに注力するのではなく，それと同時に基礎研究にも力を入れるべきであると私は思う。（418字）

해답예시 [테마 번호 2]

　国際化が進む中で，外国語能力の重要度は日増しに高まっている。その外国語能力の他に，国際社会で生き抜くために必要なものは何かと問われれば，それは異文化への寛容さであると私は答える。

　外国語を学べば，自分が伝えたいと思っていることを外国の人にも伝えることができる。国際化が進み，外国人と触れ合う機会が増える中で，この能力が以前にもまして必要とされるようになっているのは間違いない。だが，言語を通して情報をうまく伝えることが，そのまま国際社会における良好な関係を築くことを意味するかと言えばそうではない。どれほど巧みに言語を操れようと，自国の文化を他国の人に押し付けたり，他国の文化を蔑んだりするようであれば，その人は外国人と良好な関係は作れない。自国とは異なる様々な価値観を受け入れ，それを尊重してこそ良好な関係が作れるのだ。

　国際社会で生きていくというのは，人との関わりを国内だけに閉じるのではなく，広く世界に開いていくことであると私は考える。であれば，必要なのは外国語を操る能力だけではない。他国の文化を受け入れる寛容さも必要になってくるのである。（472字）

독 해

해설

I ①
- [×] 1．該当箇所なし。
- [○] 2．「苦しさから逃げない『心の強い子』であり，勉強が『できる子』」(11行目) から読み取る。
- [×] 3．該当箇所なし。
- [×] 4．該当箇所なし。

　選択肢2「勉強の苦しさから逃げない心の強さを持っている子」が，本文の「苦しさから逃げない『心の強い子』であり，勉強が『できる子』」(11行目) とほぼそのまま一致する。正解は選択肢2である。

II ②
- [×] 1．「掲示物のサイズは，A3サイズ以下」(【申請について】の4行目) とあるため，誤り。
- [×] 2．「1カ月経過した時点で，順次撤去します」(【注意事項】の1〜2行目) とあり，撤去するのは大学である。
- [×] 3．「申請書と掲示物を提出する必要があります」(【申請について】の1〜2行目) とあるため，誤り。
- [○] 4．「掲示物は…1枚限り…ただし，文化祭の時期はその限りではありません」(【注意事項】の3〜4行目) から読み取る。

　本文に「掲示物は…1枚限り…ただし，文化祭の時期はその限りではありません」(【注意事項】の3〜4行目) とある。つまり，文化祭のときは「掲示物は1枚限り」という制限がなくなるということだ。したがって，選択肢4「文化祭の時期は，1団体につき2枚以上掲示することも可能である」が正解である。

III ③
- [×] 1．男女の学歴の差がそのまま賃金に影響を与えるという直接的な関係は認められないが，学歴の差が職業・地位に影響を与え，その職業・地位の差が賃金に影響を与えるという間接的な関係は認められる。
- [×] 2．該当箇所なし。
- [○] 3．「職業や地位による差が賃金差に反映された」(10行目) から読み取る。
- [×] 4．該当箇所なし。

　本文によれば，「男性と女性では卒業学校レベルの差…は…あった」(7〜8行目) が，それは男女の賃金格差の直接的な原因ではない。そうではなくて，「職業や地位による差が賃金差に反映された」(10行目)。つまり，男女の賃金の差の直接的な原因は，就いている職業や地位 (階級) の差である。したがって，正解は選択肢3「男女の賃金格差は，男女の職業や階級の違いによるところが大きい」である。

Ⅳ 4
- [×] 1．該当箇所なし。
- [×] 2．該当箇所なし。
- [×] 3．該当箇所なし。
- [○] 4．「『いまの検査ではあなたは病気ではない』というだけで，完全な『健康』を保証したとはいえない」（11〜12行目）から読み取る。

　本文によれば，「検査…は…指標を調べるもの」（4行目）であり，その指標は「統計的な平均値」（7行目）から導き出したものにすぎず，「検査方法が病気を100パーセントチェックする」ことはできない（10〜11行目）。検査をしても「『いまの検査ではあなたは病気ではない』というだけで，完全な『健康』を保証したとはいえない」（11〜12行目）。こうした本文の内容は，選択肢4「検査だけでは，本当に健康かどうかは判断できない」と一致する。

Ⅴ 5
- [○] 1．「大きく生活変化を起こす刺激に対しては…ブレーキ」（6〜7行目）から読み取る。
- [×] 2．「大きく生活変化を起こす刺激に対しては…ブレーキ」（6〜7行目）とあり，大きな刺激に対しては変化を抑制しようとする効果が働く。
- [×] 3．「社会の支持，つまりコンセンサスがいる」（10行目）とあるので誤り。
- [×] 4．該当箇所なし。

　本文では，一般論として，「大きく生活変化を起こす刺激に対しては…ブレーキ」（6〜7行目）がかかると述べられている。これは，選択肢1「大きな変化を伴う生活創造の提案は，人々の抵抗を受けがちである」と一致する。正解は選択肢1である。

Ⅵ 6
- [×] 1．「この頃では…実験を行うのである」（11行目）とあるため，誤り。
- [×] 2．「『確からしい』という感覚をみんなに与える」（8〜9行目）とあるため，誤り。
- [○] 3．「先進の理論は…仮説である」（6〜7行目），「その後，技術的な問題を克服して，それが実験で確かめられるようになる」（9〜10行目）から読み取る。
- [×] 4．「近年になって…理論が先行」（1〜2行目）とあるため，誤り。

　筆者は近年の科学に関して，「先進の理論は…仮説である」（6〜7行目）と述べ，理論が先行して出てきた後で，「技術的な問題を克服して，それが実験で確かめられるようになる」（9〜10行目）と述べている。これは，選択肢3「仮説としての理論が先行し，その確認のために実験や観察が行われる」と一致する。正解は選択肢3である。

Ⅶ 7

- [×] 1.該当箇所なし。
- [×] 2.該当箇所なし。
- [×] 3.該当箇所なし。
- [〇] 4.「語りながら自分の経験にまつわる意味を生み出し,自分の経験を整理している」(8〜9行目),「ここに語ることのもつ重要な機能があります」(9〜10行目)から読み取る。

「ここに語ることのもつ重要な機能があります」(9〜10行目)とあり,この「ここ」が意味するのは「語りながら自分の経験にまつわる意味を生み出し,自分の経験を整理している」(8〜9行目)である。この部分が選択肢4と一致する。したがって,正解は選択肢4である。

Ⅷ 8

- [×] 1.「総合点で判断するというケース…これだと…優劣の差がつかなくなってしまいます」(5〜6行目)とあるため,誤り。
- [×] 2.該当箇所なし。
- [×] 3.該当箇所なし。
- [〇] 4.「重要な基準とそうでないものが混じっており,重みづけをした上で評価しないと正しい判断になりません」(8〜9行目)から読み取る。

本文に「重要な基準とそうでないものが混じっており,重みづけをした上で評価しないと正しい判断になりません」(8〜9行目)とあるが,ここで言う「重みづけ」とは,重要度に差をつけることである。したがって,選択肢4「基準同士の間に重要度の差を設けること」が正解となる。

Ⅸ 9

- [〇] 1.「野生の世界には,年老いたもの…がいない」(3行目),「若くて元気で美しいものしかいない」(3〜4行目),「なぜ野生には,年老いたものがいないのか…死んでしまうから」(5行目)から読み取る。
- [×] 2.該当箇所なし
- [×] 3.該当箇所なし。
- [×] 4.該当箇所なし。

筆者は,野生の動物が美しい理由について,「野生の世界には,年老いたもの…がいない」(3行目),「若くて元気で美しいものしかいない」(3〜4行目)と述べている。そして,その背景に関して,「なぜ野生には,年老いたものがいないのか…死んでしまうから」(5行目)と説明している。このような筆者の立場と一致するのは,選択肢1「野生では老いた動物は死ぬしかない以上,それは当然のことである」しかない。正解は選択肢1である。

X 10

- [×] 1．該当箇所なし。
- [○] 2．「他者…に向かってしゃべっている…ときの方が…おもしろい論点に自分で気がつく…レポートを書く際には一般論みたいに書かなければいけないという構えになり…頭が固くなってしまった」（7～9行目），「本や論文は…誰に向かって語っているかわからない…けれども，そこには対話がないといけない」（10～11行目），「人に話したくなるようなことじゃないと書いても意味がない」（11～12行目）から読み取る。
- [×] 3．該当箇所なし。
- [×] 4．該当箇所なし。

　「すごくつまらなかった…なぜか。おそらくはこうだ」（5～6行目）とあるので，この文以降の内容が正解の根拠となることが分かる。そこで，続く文章を読むと，「他者…に向かってしゃべっている…ときの方が…おもしろい論点に自分で気がつく…」（7～8行目）とあり，「本や論文は…誰に向かって語っているかわからない…けれども，そこには対話がないといけない…人に話したくなるようなことじゃないと書いても意味がない」とある（10～12行目）。つまり，おもしろい文章を書くためには，他者との対話を意識した思考が必要であり，それが欠如していたために，学生の論文がおもしろくなかったということである。これと一致するのは選択肢2である。

XI 問1 11

- [×] 1．最後の段落が果たしている役割として正しくない。
- [○] 2．「解剖学者…養老孟司さんは」（12行目），「合うか合わないかということより，いったん引き受けたら半端な仕事をしてはいけない」（16～17行目）から読み取る。
- [×] 3．最後の段落が果たしている役割として正しくない。
- [×] 4．最後の段落が果たしている役割として正しくない。

　筆者は，「解剖学者…養老孟司さんは」（12行目）という文で，その後に続く内容が養老氏の主張の引用であることを示している。その養老氏の主張を見てみると，「合うか合わないかということより…半端な仕事をしてはいけない」（16～17行目）とあり，仕事に関して向き不向きややりたいかどうかにこだわりすぎるのはよくないという筆者の意見を補強しているのが分かる。したがって，正解は選択肢2である。

XI 問2 12

- [×] 1．該当箇所なし。
- [×] 2．筆者の意見ではなく養老氏の意見であるため，誤り。
- [×] 3．該当箇所なし。
- [○] 4．「実際には，やってみないと向き不向きはわかりません」（6～7行目）から読み取る。

　筆者の仕事に関する考えは，「やってみないと向き不向きはわかりません」（6～7行目）というものだ。これは，選択肢4「仕事の適性にあれこれ悩む前に，とにかく始めてみることが大切だ」と一致する。正解は，選択肢4である。

XII 問1 13

- [×] 1．「多くの樹木は死んでしまいます」（3行目）とあるため，誤り。
- [×] 2．該当箇所なし。
- [○] 3．「このことは，森林を切り開いても，そこには『生態系』がつくられることを示しています」（13行目），「『生態系を壊した』のではなく，『生態系を変えた』のです」（16行目）から読み取る。
- [×] 4．該当箇所なし。

　本文に「森林を切り開いても，そこには『生態系』がつくられることを示しています」（13行目）とあり，また，「『生態系を壊した』のではなく，『生態系を変えた』のです」（16行目）とある。これらの記述が選択肢3「森林を切り開くことによって，別の新たな生態系が形成されるから」と一致する。正解は，選択肢3である。

XII 問2 14

- [○] 1．Aは，「分解されて無機物に戻り…再び根を通して」（10〜11行目）と「物質が循環」（11〜12行目）の関係から導く。Bは，「『生態系』がつくられる」（13行目）と「森林の生態系と草地の生態系では…生物種が大きく異なり」（14行目）の関係から導く。
- [×] 2．AとBともに，空所に入れるものとして相応しくない。
- [×] 3．AとBともに，空所に入れるものとして相応しくない。
- [×] 4．AとBともに，空所に入れるものとして相応しくない。

　「分解されて無機物に戻り…再び根を通して」（10〜11行目）などの表現から，空所Aの前の文章が「循環」に関する内容であることが分かる。したがって，空所Aの前後の文の関係は言い換えである。であれば，空所Aに入るのは言い換えを示す「すなわち」しかない。
　また，空所Bの前の「『生態系』がつくられる」（13行目）と，後の「森林の生態系と草地の生態系では…生物種が大きく異なり」（14行目）は同じ生態系について言及しており，後の文章は補足的な説明であることが分かる。ということは，空所Bは補足説明を示す「ただし」である。

XIII 問1 15

- [×] 1．該当箇所なし。
- [×] 2．「各紙を比べて配置を比較する」（8〜9行目）とあるため，誤り。
- [○] 3．「『大マスコミ』の見方というものを…新聞の紙面に示される『配置』は非常に興味深い」（11〜13行目）から読み取る。
- [×] 4．「重要度に関する判断には違和感…しかし，それはあくまで私個人の見方だ」（10〜11行目）とあるため，誤り。

　筆者は，4段落目で「『大マスコミ』の見方というものを…新聞の紙面に示される『配置』は非常に興味深い」（11〜13行目）と論じている。この記述と一致するのは，選択肢3である。

ⅩⅢ 問2　16

- [×] 1．「紙の新聞＝情報の正確さ」は該当箇所なし。ただし，「ネットのニュース＝情報の配信時間」は「配信時刻のないニュースは…価値を持たない」（18～19行目）と一致する。
- [○] 2．「紙の新聞＝情報の重要度」は「各紙を比べて配置を比較…その配置を楽しむ…ニュースの重要度に関する判断」（8～10行目）と一致する。また，「ネットのニュース＝情報の新しさ」も，「ネットでは…『新しさ』こそに価値が置かれている」（14～16行目）と一致する。
- [×] 3．「紙の新聞＝情報の信頼度」，「ネットのニュース＝情報の多様性」ともに該当箇所なし。
- [×] 4．「紙の新聞＝情報の配置」は「中身を読む前に，その配置を楽しむのだ」（9行目）と一致する。だが，「ネットのニュース＝情報の客観性」は該当箇所なし。

「各紙を比べて配置を比較…その配置を楽しむ…ニュースの重要度に関する判断」（8～10行目）などで論じられているように，紙の新聞の特徴は，その配置から各新聞が何を重要視しているかが分かることである。したがって，紙の新聞が価値を置いているものはニュースの「重要度」あるいは「配置」ということになる。

また，「ネットでは…『新しさ』こそに価値が置かれている」（14～16行目）などから分かるように，ネットのニュースでは「新しさ」「時間」が重要となる。したがって，正解は選択肢2である。

ⅩⅣ 問1　17

- [○] 1．「この点で，都市の建設は…誤解されてきた。都市は人びとが長年にわたって作りあげてきたという考え方が，それである」（10～11行目）から読み取る。
- [×] 2．該当箇所なし。
- [×] 3．該当箇所なし。
- [×] 4．該当箇所なし。

空所Aの後，「この点で，都市の建設は…誤解されてきた。都市は人びとが長年にわたって作りあげてきたという考え方が，それである」（10～11行目）と続く。したがって，空所Aには「都市は人びとが長年にわたって作りあげてきたという考え方」が誤解であることを示す内容が入る。正解は選択肢1「地元民の意向とは無関係であった」である。

ⅩⅣ 問2　18

- [×] 1．「都市は巨大な権力…建設される」（4～5行目）とあるため，誤り。
- [×] 2．該当箇所なし。
- [○] 3．「権力が実際に都市を建設するかどうかは…『意思決定』の問題」（1～2行目），「権力は…能力をもっていたからといって，必ずしも都市を建設するわけではない」（2～3行目）から読み取る。
- [×] 4．該当箇所なし。

「権力が実際に都市を建設するかどうかは…『意思決定』の問題」（1～2行目），「権力は…能力をもっていたからといって，必ずしも都市を建設するわけではない」（2～3行目）とあり，都市を形成するために必要なのは権力の意思決定であることが分かる。これと一致するのは選択肢3「権力の意図的な決定がなければ，都市は形成されえない」である。

XV 問1 19

- [×] 1．該当箇所なし。
- [○] 2．「職業や経済的階層による差はもちろんあった…しかし…似たような職業についていれば，住まいの造りはだいたい似ていた」(11～14行目) から読み取る。
- [×] 3．「自分の生活体験のなかから親や友人や上司の家を思い出してアレンジすれば，ほぼ思いどおりの家ができたものだった」(15～16行目) とあり，身近な人の家が手本であったことが分かる。
- [×] 4．「大工さんに相談するだけで足りる」(16行目) とあるため，誤り。

　「職業や経済的階層による差はもちろんあった…しかし…似たような職業についていれば，住まいの造りはだいたい似ていた」(11～14行目) とあり，職業や経済的階層の違いがあれば住まいに一定の差異はあったが，同じであれば住まいの差はほとんどなかったことが分かる。したがって，正解は選択肢2である。

XV 問2 20

- [×] 1．該当箇所なし。
- [×] 2．該当箇所なし。
- [○] 3．「理想とする生活様式やライフ・スタイルが異なる。その点にこだわる人には建築家が必要」(18～19行目) から読み取る。
- [×] 4．該当箇所なし。

　「理想とする生活様式やライフ・スタイルが異なる。その点にこだわる人には建築家が必要」(18～19行目) という記述から，筆者の考える建築家を必要とする人がどのような人なのかが読み取れる。この記述と一致するのは，選択肢3「自分のライフ・スタイルに合った家にしたいと思っている人」である。

XVI 問1 21

- [○] 1．「先天的影響がそれほど強くないとされている。しかし」(10～11行目) から読み取る。
- [×] 2．空所Aに入れる文として相応しくない。
- [×] 3．空所Aに入れる文として相応しくない。
- [×] 4．空所Aに入れる文として相応しくない。

　空所Aを含む文の前を見ると，「先天的影響がそれほど強くないとされている。しかし」(10～11行目) とある。先天的（遺伝的）影響は「強くないとされている」のあとに「しかし」という逆接が使われているのだから，空所Aを含む文は「先天的影響が強い」という内容になるはずである。したがって，選択肢1「遺伝の影響を受けている」が正解である。

XVI 問2　22

- [×] 1．「体格」に対する指導による動作改善の可能性は、「跳ぶ」などの動作よりも低い。
- [×] 2．「運動能力」に対する指導による動作改善の可能性は、「歩く」や「泳ぐ」などの動作よりも低い。
- [×] 3．「体格」に対する指導による動作改善の可能性は、「投げる」や「歩く」などの動作よりも低い。
- [○] 4．「体格や運動能力…ほどには遺伝的影響は強くはないが、『走る』や『跳ぶ』の動作でも遺伝的影響が存在」(13〜14行目)、「『投げる』のように環境的影響を受けやすい動作もある」(14〜15行目)、「いかに後天的要因の影響力をもたせるか」、そこに教育と指導の意義がある」(16〜17行目)から読み取る。

　「『いかに後天的要因の影響力をもたせるか』、そこに教育と指導の意義がある」(16〜17行目)という記述から、「後天的＝環境的」なもののほうが指導する意義がある（改善の可能性が高い）ということが分かる。あとは、「体格や運動能力…ほどには遺伝的影響は強くはないが、『走る』や『跳ぶ』の動作でも遺伝的影響が存在」(13〜14行目) という記述から、環境（指導）による改善が見込まれるかどうか（遺伝による影響が少ないかどうか）に関して、「走る・跳ぶ＞体格・運動能力」という関係が成り立つことが分かる。

　そして、「『投げる』のように環境的影響を受けやすい動作もある」(14〜15行目)と「『投げる』・『泳ぐ』のように…後天的に獲得される…運動」(1〜2行目)から、「投げる・泳ぐ＞他の動作」という関係も成り立つことが分かる。これらのことをまとめると、「投げる・泳ぐ＞走る・跳ぶ＞体格・運動能力」ということになり、選択肢4が正解だと分かる。

XVII 問1　23

- [×] 1．「このあたり」を指すものとして不適切。
- [×] 2．「このあたり」を指すものとして不適切。
- [○] 3．「特定の専門家タイプの植物が他の植物を大きく引き離して有利」(8〜9行目)から読み取る。
- [×] 4．「特定の専門家タイプの植物が…有利」(8〜9行目)とあるため、誤り。

　下線部(1)の「このあたり」は、直前の文である「特定の専門家タイプの植物が他の植物を大きく引き離して有利」(8〜9行目)を指している。これと一致するのは、選択肢3「生き残りに必要な要因が限定されており、それを有している植物だけが有利になる」である。

XVII 問2 24

- [×] 1．該当箇所なし。
- [○] 2．「どの環境要因が重視されるかは一概にはわかりません」（15～16行目）から読み取る。
- [×] 3．「どの植物が一番有利になるかは移り変わっていく」（18行目）とあるため，誤り。
- [×] 4．「どの植物が一番有利になるかは移り変わっていく」（18行目）とあるため，誤り。

　ここでいう「より極端ではない環境」とは，砂漠のように乾燥耐性という一つの要因だけが生死を分けるような環境でなく，「光や温度，水などさまざまな要因」（11～12行目）が生存に関わってくる環境である。こうした環境に関して，筆者は，「どの環境要因が重視されるかは一概にはわかりません」（15～16行目）と論じている。この記述と一致するのは選択肢2「何が重要な環境要因なのかを，一義的に決めることはできない」である。

XVII 問3 25

- [×] 1．砂漠のような環境の場合の内容であり，不適切である。
- [×] 2．前後の文との関係がなく，空所Aに入れる内容としては不適切である。
- [×] 3．空所Aに続く文に「それぞれの要因に対して完全に対応すること（＝特化）はできなくなります」（24行目）とある。したがって，不適切である。
- [○] 4．「特化するのは難しくなる」（23行目），「それぞれの要因に対して完全に対応することはできなくなり」（24行目）から読み取る。

　空所Aの前文の「特化するのは難しくなる」（23行目）と，後文の「それぞれの要因に対して完全に対応することはできなくなります」（24行目）と矛盾しない文を考えると，空所Aには「特化」の対義語に当たる言葉が入ることが分かる。その対義語に該当するのは，選択肢4の「万能型」という言葉である。

청독해

　練習：留守番電話の録音メッセージを聞いてください。この電話をかけた人が学園祭で出るイベントはどれですか。

男子学生：もしもし，元気？　僕たちが出るのは，学園祭の最終日になったんだ。
　　　　　うちのサークルは講義室Bだから間違えないで。
　　　　　一年間練習してきた成果を見せるよ。僕たちの前はロックバンドがガンガンやるからちょっと心配なんだ。うまく雰囲気づくりができるかな。それに，たくさんのお客さんの前で間違えたらどうしようって今からドキドキしてる。でもさ，間違えたらうまくごまかして笑いを取ればいいんだよね。クラシック音楽とかだったらそういうわけにはいかないけどさ。じゃあ。

1番:講師が,オフィスのレイアウトについて話しています。この講師の話によると,現在 最も多く採用 されているのはどれですか。

オフィスのレイアウトにはさまざまなものがあります。その組織がどのような組織なのか,あるいは社員の数とオフィスの広さとの関係などからレイアウトは決まりますが,今日は代表的な4つのタイプについてお話しします。

昔からよくあるのが,「島型対向式」と呼ばれるものです。グループごとに,島のように机を固めて置き,メンバー同士が向かい合うように座ります。❶かつては,島から離れた場所に上級の管理職が座り,島の端にそれぞれのグループの管理職が座るという形が一般的でしたが,❷最近では,この中間管理職の席を取り払ったレイアウトが多くなってきています。およそ60%のオフィスがこのタイプのレイアウトを採用していると言われています。

さらに最近では,グループのメンバーが背中合わせに座る「背面型」や,「トライブ型」と呼ばれるものも増えています。トライブというのは,特定のプロジェクトのために集まったグループのことで,そのメンバーが自由に机の配置を決めるのがトライブ型です。

今はまだ少数派ですが,今後,このようなレイアウトが増えていくのではないかと考えています。

1.
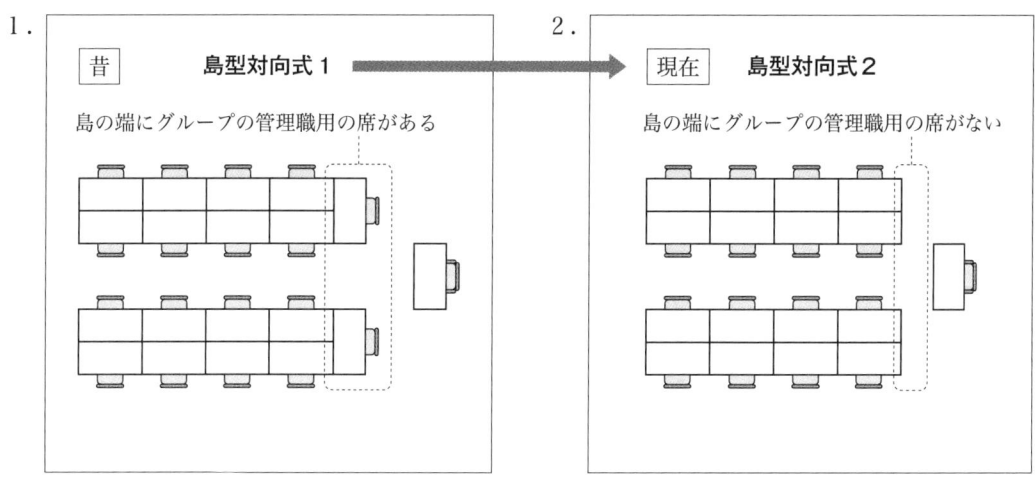

2.

3.
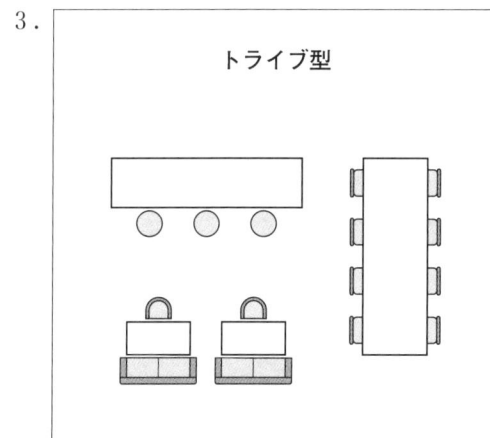

4.
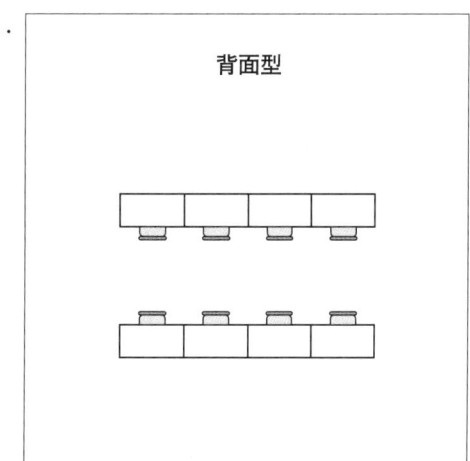

해설　1

　最初に「島型対向式」の説明として，波線部❶「かつては…島の端にそれぞれのグループの管理職が座る」とあり，これは「島型対向式1」の説明である。

　次に，波線部❷「最近では，この中間管理職の席を取り払ったレイアウト」とあり，これは「島型対向式2」の説明である。この島型対向式2のレイアウトに関して，「60％のオフィスがこのタイプ…を採用」とあるから，正解は2である。

2番:先生が、経営学の授業でビジネスの潜在的な収益規模について話しています。先生が最後に挙げる ビジネスの例 の説明として、正しいものはどれですか。

　何か新しいビジネスを始めるとき、どれだけ収益を得ることができるのかということを事前に検討する必要があります。その際、図のように、「深さ・広さ・長さ」の3点で考える方法があります。

　まず、深さとはニーズの強さを意味します。つまり、顧客一人あたりどのくらいの収益が出るのかということです。❶広さはどのくらいの顧客が見込めるかということ、そして❷長さはどのくらいの期間にわたってビジネスが受け入れられるか、を表します。

　例として、子どもを預かるビジネスについて考えてみましょう。ある自治体では、子どもを預かる施設がかなり不足しており、そのような施設への入所を待っている子どもたちがおよそ30万人いるとします。30万人の潜在的顧客がいるわけですから、子どもを預かるビジネスは大きな可能性を秘めていると言えます。ただし、将来、その自治体や国がそのような施設をたくさん設置するという政策を行った場合、顧客はそちらに流れてしまうでしょう。そういった政治的な動きによって、ビジネスが上手くいく期間が左右されることも考慮しなければなりません。

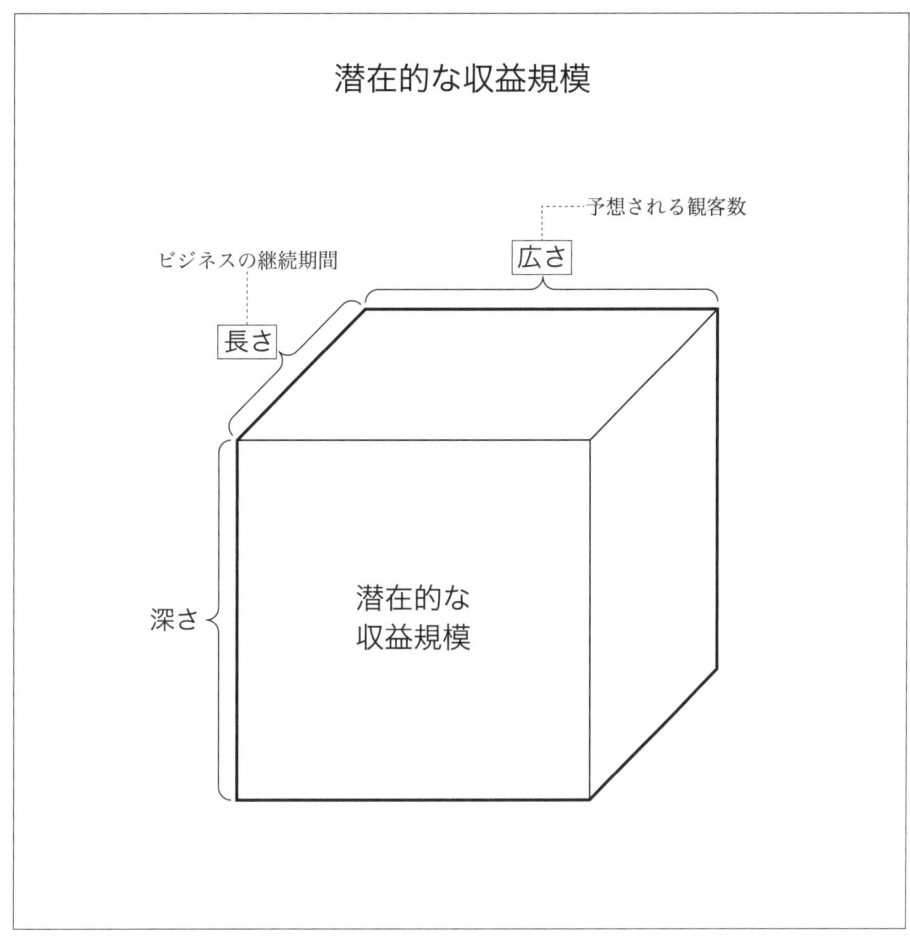

1．「広さ」は十分だが，「深さ」に問題がある。

2．「深さ」は十分だが，「長さ」に注意する必要がある。

3．「広さ」は十分だが，「長さ」に注意する必要がある。

4．「深さ」は十分だが，「長さ」に問題がある。

해설 2

波線部❶「広さはどのくらいの顧客が見込めるか」を表す。例では「子どもが30万人…潜在的な顧客」とあるため，多くの顧客数が見込めることが分かる。

また，波線部❷「長さはどのくらいの期間にわたってビジネスが受け入れられるか」を表す。それに関しては下線部「将来…顧客は…流れてしまう」とあるので，このビジネスを継続できる期間に関しては不安がある。したがって，正解は3である。

3番:先生が、心理学の授業でパーソナルスペースについて話しています。この先生が最後にする質問の答えとして適当なのは図のどこですか。

　私たちは日常生活の中で、自分と相手との関係によって、相手との距離を変えています。この距離のことを「パーソナルスペース」と呼んでいますが、適切なパーソナルスペースを越えて相手の領域に入り込むと、入られたほうは不快感を覚えます。パーソナルスペースは、距離の長さによって4つに分類することができます。距離が短いほうから、密接距離、個体距離、社会距離、公共距離です。当然、相手との関係が近ければ近いほど、パーソナルスペースの距離は短くなります。
　パーソナルスペースは距離の話でしたが、もう1点、自分が相手のどちら側に位置するかということも大切です。一般的に、利き手側、つまり❶右利きの人であれば右側に相手がいると安心感を持つことができます。利き手側は、手を動かしやすく防御しやすいからです。
　では次のような例はどうでしょう。部下と右利きの上司が❷居酒屋でお酒を飲みながら話すとき、部下はどこに座るのが最もよいでしょうか。考えてみましょう。

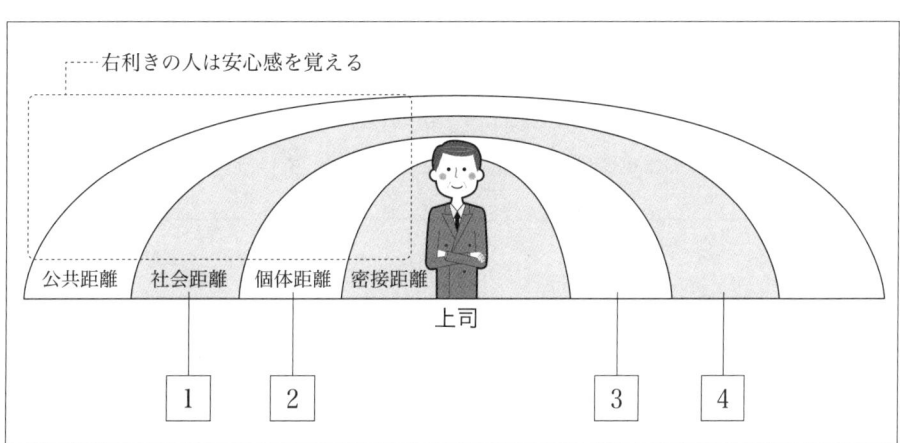

4つのパーソナルスペース

a. 密接距離（0〜45cm）
親子や恋人など，ごく親しい人に許される空間

b. 個体距離（45〜120cm）
私的な話し合いなどを行う表情が読み取れる空間

c. 社会距離（1.2〜3.5m）
職場で仕事の話をするときなどの声が十分に届く空間

d. 公共距離（3.5〜7m）
講演者と聴衆の関係のように，複数の人を見渡せる空間

해설 3

最後の質問は，「右利きの上司」と「居酒屋でお酒を飲みながら話すとき」にどこに座ればいいかというものである。

まず，左右のどちらに座るかに関しては，波線部❶「右利きの人であれば右側に相手がいると安心」とあるので，座るべきは上司の右側である。そして，波線部❷「居酒屋でお酒を飲みながら話す」というのは，図表「b. 個体距離」の「私的な話し合い」と一致する。したがって，正解は2である。

4番:先生が，座標を使って考える方法について話しています。この先生が話している例を座標に表すと，どのようになりますか。

　何かものを買おうとするとき，似たような商品の中からどれを選ぶか悩むことがありますね。そういうとき，座標を使うと自分の買うべきものが見つかりやすくなります。
　例えば，ノートパソコンを買い替える場合を考えてみましょう。ノートパソコンを買う際に考慮すべき要素は，ふつう，機種・重量・バッテリーの持ち・性能・価格の5つです。しかし，この5つの要素すべてを考慮していたら，いつまでたっても何を買うか決まりません。
　そこで，重要な要素を2つ選びます。ここでは，重量と性能を重視する，と決めましょう。次に，この2つの要素を座標のタテ軸とヨコ軸に設定するのですが，最も重視している要素を**タテ軸**，次に重視している要素を**ヨコ軸**にします。ここでは，重量を最も重視していることにしましょう。
　また，❶タテ軸を設定する場合，重視するほうを上に置きます。重量は軽いほうがいいわけですから，「軽い」を上に置きます。同様に，❷ヨコ軸も重視するほうを右に置きます。なぜこのようにするかというと，こうすることによって自分の買いたいものが座標の右上にくるからです。直感的に右上にあるものは重要に感じるという性質を利用しているのです。

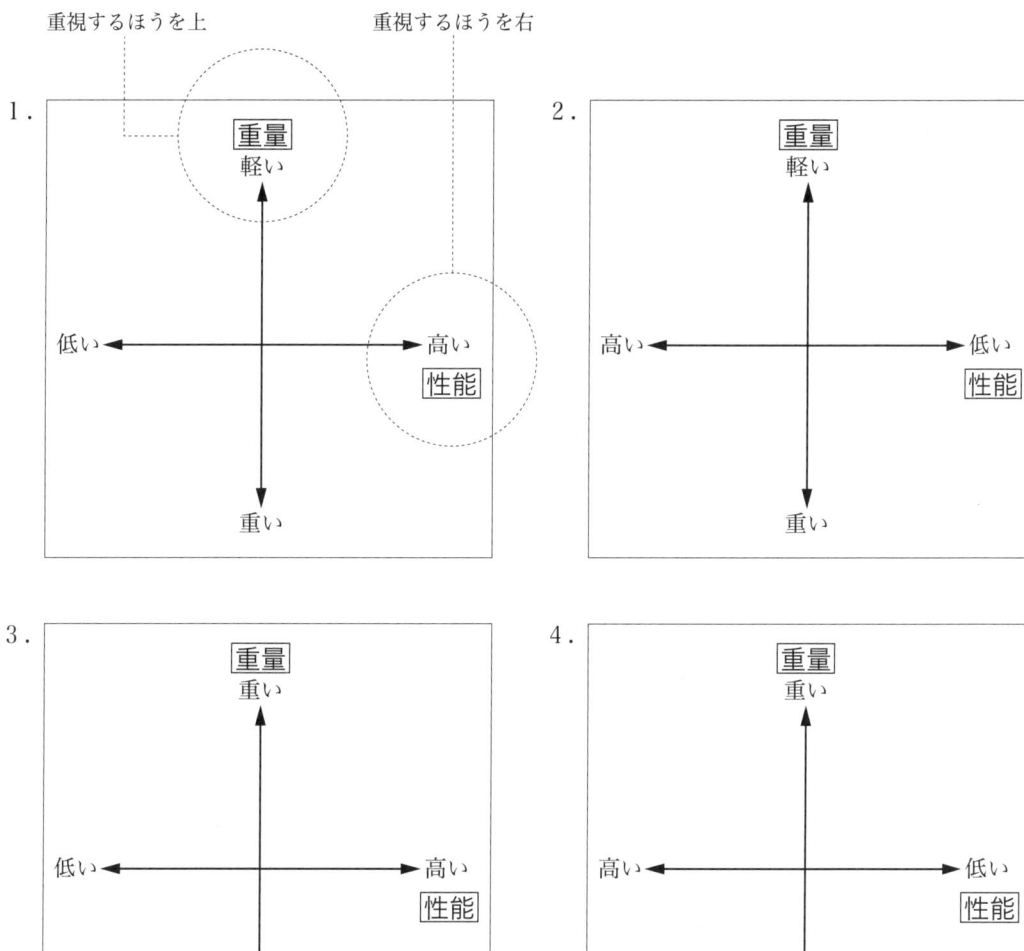

해설 4

下線部「最も重視している要素をタテ軸」「重量を最も重視」とあり，波線部❶「重視するほうを上」とあるから，タテ軸は「重量」で上は「軽い」，下は「重い」。また，波線部❷「ヨコ軸も重視するほうを右」とあるから，性能に関しては「高い」が右にくる。したがって，正解は 1 である。

5番：女子学生と男子学生が，調査の結果について話しています。この女子学生がはじめに書いてきたグラフと，書き直したグラフの組み合わせとして，正しいものはどれですか。

女子学生：この前の調査結果をグラフにしてみたんだけど，見てもらえない？
男子学生：いいよ。なるほど年代別に3つの商品の認知率を比較するグラフにしたんだね。
女子学生：うん。
男子学生：年代別にしたのはいいと思うけど，この場合，❶棒グラフじゃないほうがいいんじゃないかな？
女子学生：そう？量を比較するには棒グラフがいいって教わったけど。
男子学生：基本的にはそうだけど，このグラフだと，例えば❶商品アに関して，年代間でどのくらい認知率が違っているのか，っていうのが少し分かりづらいんじゃないかな？
女子学生：確かに，❶5本の棒グラフの高さを比較するのはちょっと大変ね。
男子学生：うん。だからこういう場合には❷折れ線グラフにすると見やすくなると思うよ。
女子学生：うーん。じゃあ，こういうことかしら。
男子学生：そうそう。これでだいぶ見やすくなったね。

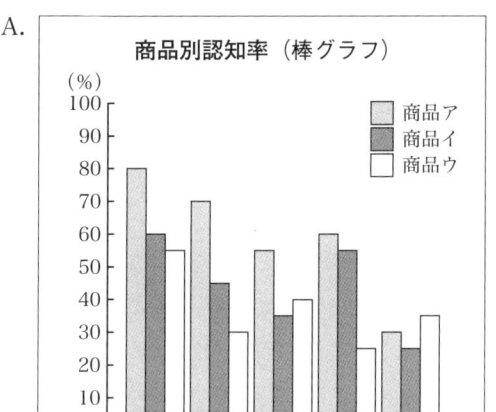
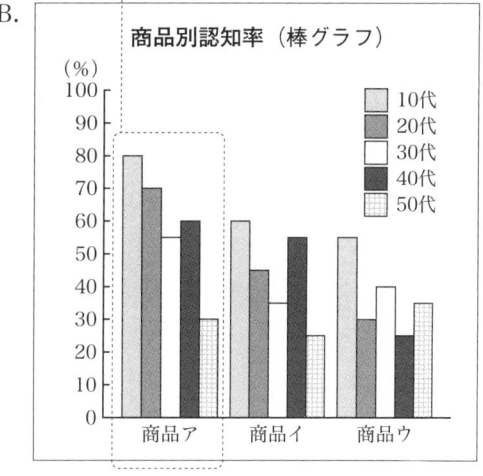
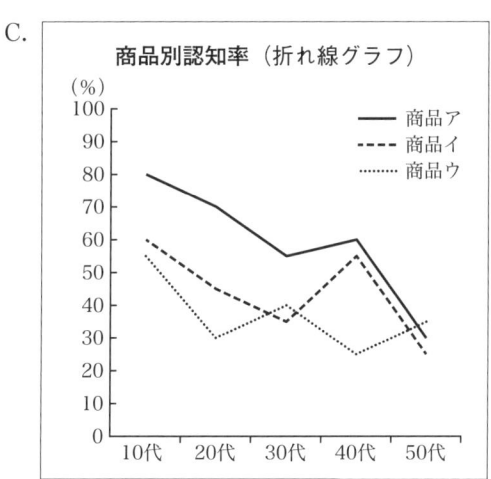
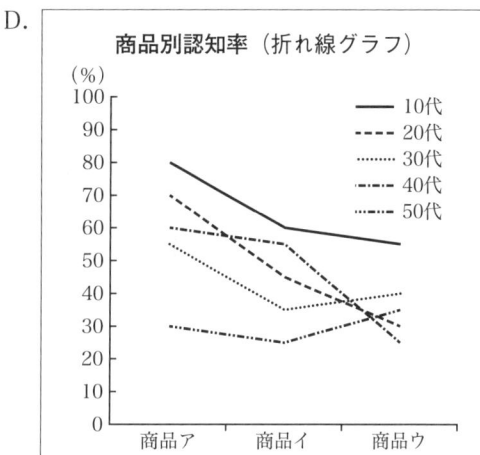

1. はじめ＝B　　あと＝A
2. はじめ＝B　　あと＝D
3. はじめ＝D　　あと＝C
4. はじめ＝A　　あと＝C

해설　5

波線部❶「棒グラフじゃないほうがいい」「商品アに関して，年代間でどのくらい認知率が違っているのか…分かりづらい」「5本の棒グラフの高さを比較するのは…大変」とあるので，棒グラフで，かつ，一つの商品に関する年代間比較がしづらいAが「はじめ」のグラフである。

また，その話の流れで，波線部❷「折れ線グラフにする」とあるから，Aのグラフを折れ線グラフにしたCが「あと」のグラフである。したがって，正解は4である。

6番：先生が環境の授業で，４Ｒについて話しています。この先生が，今後特に重視しなければいけないと言っているのはどれとどれですか。

　４Ｒとは，ゴミを減らすための４つの行動のことを意味します。リフューズ・リデュース・リユース・リサイクルの頭文字をとって４Ｒと呼んでいます。
　❶リフューズは，断ることです。つまり，ゴミになるものは買わない，使わないということです。スーパーでビニール袋をもらわずに，自分の買い物袋を持っていくなどといった行動がリフューズにあたります。❷リデュースは，ゴミの発生を少なくすることです。洗剤などで詰め替えの商品を使えば，洗剤ボトルのゴミを減らすことができます。リユースは，牛乳ビンなどのように一度使ったものをそのまま繰り返して使うことです。中古品を使うというのもリユースの一種です。最後にリサイクルは，ゴミから新たなものを作ることです。紙のリサイクルが代表的です。
　現在，一度使ったゴミやものを再利用する活動は盛んに行われているのですが，そもそものゴミの量を減らす活動はまだ不十分と言わざるを得ません。今後はこちらの活動を特に強化していかなければならないと思います。

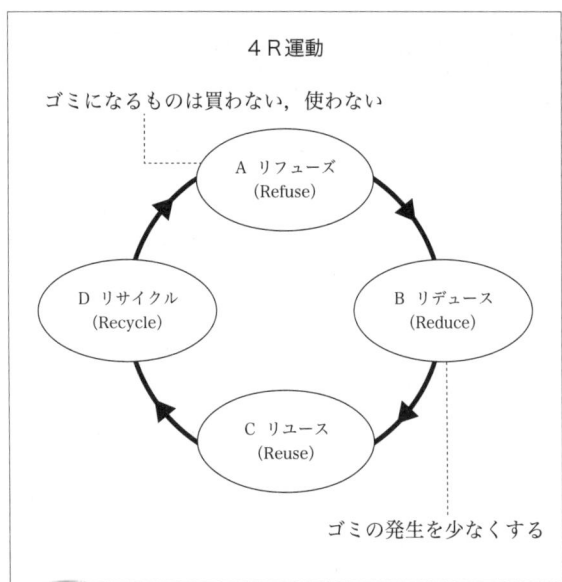

해설 6

　この授業で先生が重要だと言っているのは，再利用よりも「そもそものゴミの量を減らす」ことである。
　これと一致するのは，波線部❶「ゴミになるものは買わない，使わない」リフューズと，波線部❷「ごみの発生を少なくする」リデュースである。したがって，正解は１である。

1．ＡとＢ
2．ＡとＣ
3．ＢとＤ
4．ＣとＤ

7番：先生がスポーツの授業で、ランニングについて話しています。この先生の話によると、プロネーションが起こりやすいのは、図のどこから着地するランナーですか。

　ランニングの際、足の裏のどの部分が最初に地面に着くかは、人によって異なります。長距離ランナーの場合、一般的には、カカトからの着地が多いのですが、中足部着地のランナーもいます。なぜこのようなことに着目するかというと、足のどこで着地するかによって、体への負担が変わってくるからです。

　カカトから着地する場合は、着地時に大きな衝撃が加わりますが、中足部で着地する場合、その衝撃は小さくなります。ただし、**中足部着地の場合、足の横方向にかかる力が、カカト着地の場合の約2倍**になります。**これが実は、プロネーションという問題を生じさせます**。プロネーションとは、簡単に言えば、足首のねじれを意味するのですが、着地時に横方向の揺れが生じやすい走りをしている場合に起こりやすいと言われているのです。

해설 7

波線部「中足部着地の場合…かかる力が…約2倍」「これが…プロネーションという問題を生じさせます」とあるので、正解は3である。

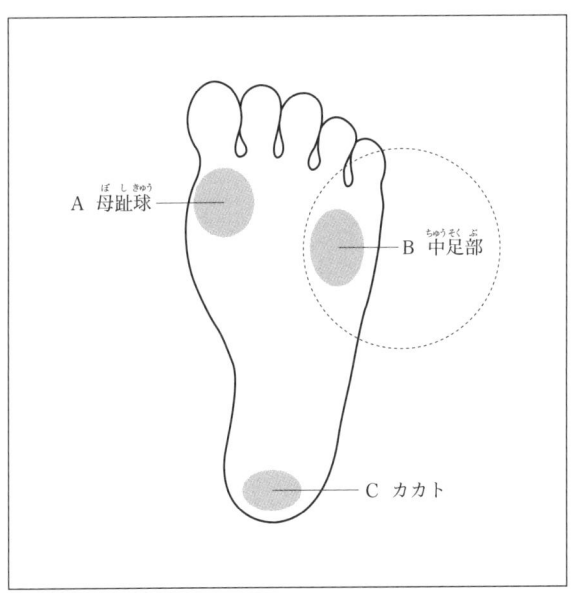

1．A
2．AとBを同時
3．B
4．C

8番：先生が道を覚えるための方法について説明しています。この先生が最後にする質問の答えはどれですか。

　道を覚えたり，道に迷わないようにするためには，目印を設定することが大切です。この目印を設定するにあたって，重要な点が二つありますので，それについてお話しします。
　一つは，❶目印には興味があるものや好きなものを設定するといいということです。これは，自分が興味のあることは，自然と長期記憶に入るという脳の性質を利用したものです。
　もう一つは，❷目印は行きの目印と帰りの目印の二つを設定する必要があるということです。行きと帰りでは，見える風景が逆転しますから，行きでは使えていた目印が帰りでは使えないということが起こりうるためです。
　では，確認のために問題を出します。あるサッカー好きの人が，図の矢印のような道を覚えたいと思っていた場合，どれを目印に設定するのがよいでしょうか。

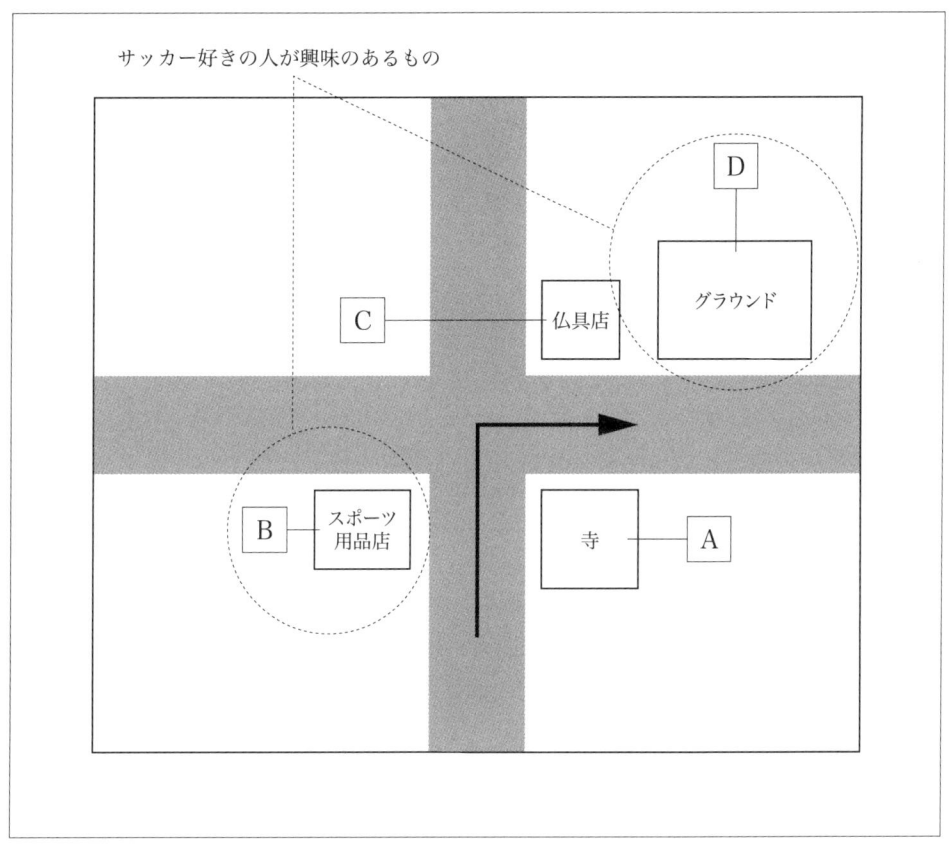

1．A
2．AとC
3．B
4．BとD

2．AとC ┐
3．B   ├──── 二つの目印（行きの目印と帰りの目印）を設定
4．BとD ┘

해설 8

最後の質問は，「サッカー好きの人が…どれを目印に設定」するかについてである。

目印は波線部❶「興味があるものや好きなものを設定」とあり，波線部❷「目印は行きの目印と帰りの目印の二つを設定」とあるので，正解は4である。

9番：女子学生と男子学生が，大学に関する調査の結果について話しています。この女子学生が注目しているのは表のどこですか。

女子学生：これさっきの授業でもらった資料なんだけど。
男子学生：階層意識別の大学に対する考え方か。ということは，この上・中・下っていうのは，自分がどの階層に属していると思っているか，ということを表してるわけだね。
女子学生：そう。
男子学生：この2列の数値が高いところを見ると，今の大人たちは，大学の低レベル化を嘆いているみたいだね。
女子学生：うん。私たちには耳の痛い話だけど。
男子学生：あとこの辺りの数値を見ると，下の人たちが，子どもを大学に通わせるのに経済的な負担を感じていることがよく分かるね。
女子学生：そうね。あと私が気になったのがここ。特に❶下の人たちが，❷大学の教育効果に疑問を感じているということを表しているわ。
男子学生：そうだね。自身が大学を卒業しても階層の上昇を果たせなかったという経験が反映されているのかもしれないね。

下に属していると思っている人たち

階層意識別・大学に対する考え方（子どものいる40代以上の男性）

	子どものいる40代以上の男性合計	上	中	下	
本来大学に進む能力がない人まで大学に進学している	55.5%	60.0%	56.5%	53.7%	1
学生が精神的に幼稚すぎる	42.7%	50.0%	37.1%	46.3%	
大学を出ても専門的知識が身についていない	46.3%	40.0%	46.8%	50.7%	2
もっと学費を下げるべきだ	26.8%	20.0%	25.8%	29.9%	
親の収入が低いなら、学費を減らすケースをもっと増やすべきだ	36.0%	16.7%	33.9%	47.8%	3
大学ではもっと役に立つ資格が取れるようにするべきだ	17.1%	20.0%	9.7%	22.4%	4

大学の教育効果に疑問を感じている

해설　9

　女子学生が注目しているのは，波線部❶「下の人たち」が波線部❷「大学の教育効果に疑問を感じていること」である。

　波線部❶「下の人たち」と言っているのだから，横の項目は「下」である。また，波線部❷「大学の教育効果に疑問を感じている」に関しては，縦の項目の「大学を出ても専門的知識が身についていない」に一致する。正解は2である。

10番:先生がスポーツの授業で,運動時のエネルギー消費について話しています。この先生が最後に挙げている例を表している図はどれですか。

　運動をしているときに,エネルギーとして使われる主なものは,糖質と脂肪の二つです。図は,その糖質と脂肪が運動時にどのように消費されているか,ということを表したものです。❶運動開始時は,糖質がエネルギーとして利用されやすく,運動を持続すると脂肪が利用されやすくなります。ただし,ここまでは糖質のみ,ここからは脂肪のみというように,明確に分けられているわけではありません。
　この図は,一般的なエネルギー消費を示したものですが,❷運動中にその強度が極端に変化する場合,糖質の利用が増加します。例えば,ランニング中にペースを上げたり下げたりする場合などがこれにあたります。

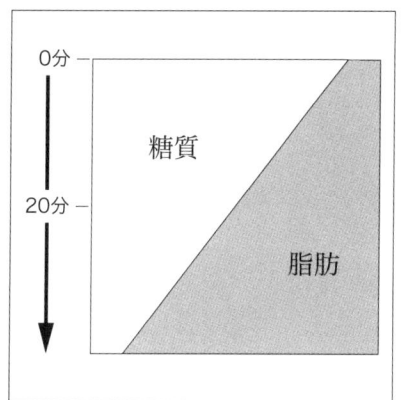

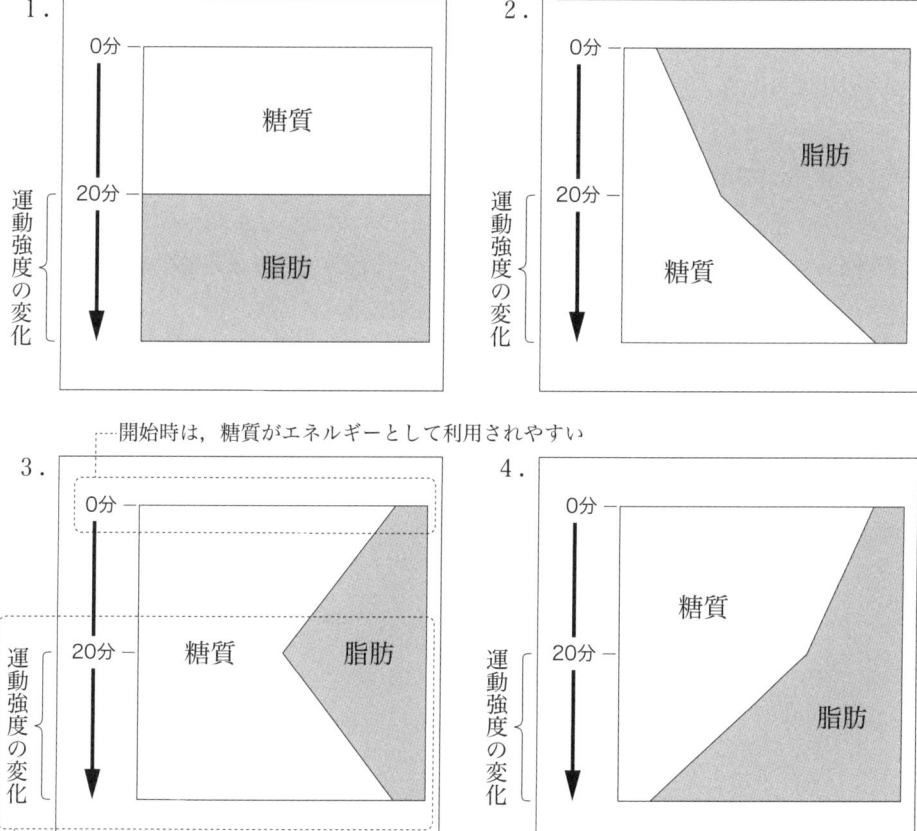

해설 10

波線部❶には「運動開始時は，糖質がエネルギーとして利用されやすく」とあり，波線部❷には「運動中にその強度が極端に変化する場合，糖質の利用が増加」とある。

したがって，最初のエネルギー利用に関して糖質が多く，かつ，糖質の利用が一時的に減少したのちに再び増加しているものを選べばよい。正解は 3 である。

11番：先生が生物学の授業で、人体の反応について話しています。この先生が後半で挙げている例において、刺激から反応までにかかる時間を表しているのはどれですか。

　今日は、人間が外部の刺激に対してどう判断しどう反応するのか、ということについてお話しします。

　指先などにある感覚器官に刺激を受けると、その情報は感覚神経を通って脊髄に伝えられます。さらに、そこから情報は大脳に伝えられ、大脳はどのように反応するべきかを判断します。その上で、大脳は運動神経に命令を出し、実際に筋肉が動くことでさまざまな行動が引き起こされます。

　神経の伝達速度はとても速いので、大脳で判断する時間を含めても、この一連の動きはわずかな時間で完結します。しかし、例えばとても熱いものに触れたときなどは、すぐ手を離さなければ火傷してしまうため、さらにこの時間を短縮する必要があります。そこで用いられるのが、反射という反応形式です。

　指先からの温度の情報は、通常の場合と同じく脊髄に届きます。その情報はやはり大脳に行きますが、同時にすぐに運動神経に戻されます。つまり、大脳で判断した結果として手を離すという行動が引き起こされているわけではなく、**脊髄に入った情報がそのまま運動神経に命令を伝えているのです**。これによって、刺激から反応までの時間を短縮しているというわけです。

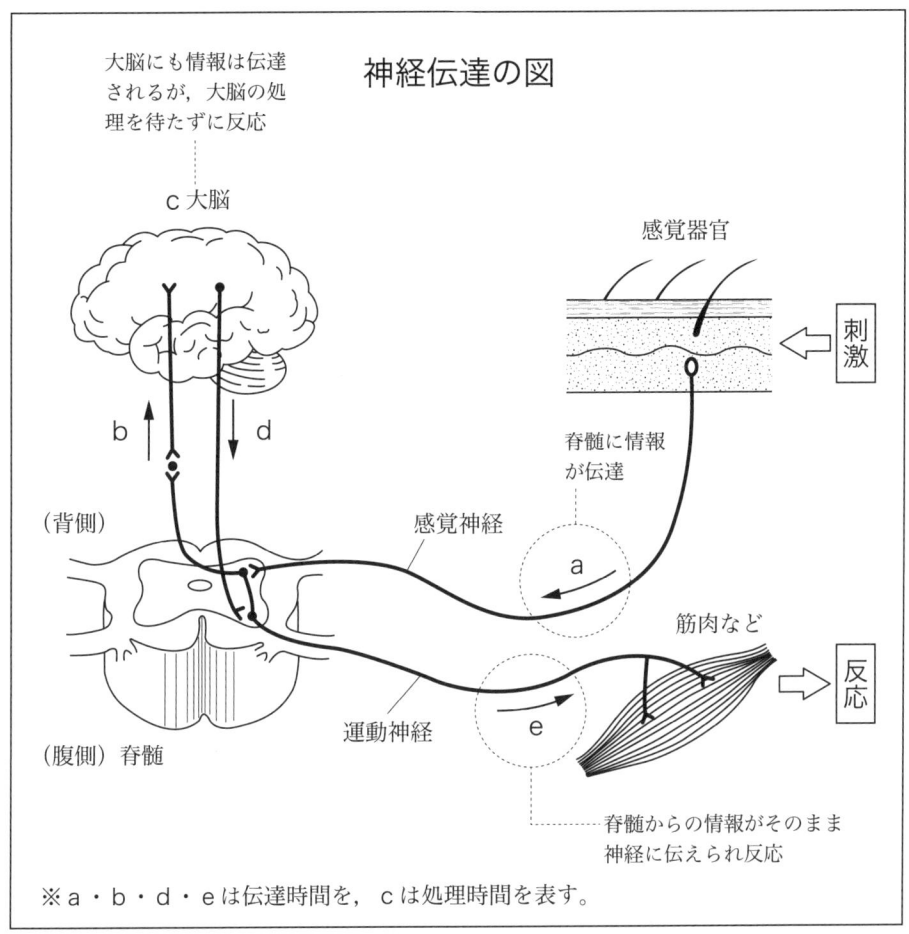

1. a + e
2. a + b + e
3. a + b + c + e
4. a + b + c + d

해설 11

　最後の例は，下線部「とても熱いものに触れたとき」である。このとき，波線部にもあるように「脊髄に入った情報がそのまま運動神経に命令を伝えている」。
　したがって，刺激から反応までにかかる時間は，脊髄までの伝達時間を表すaと運動神経を通る伝達時間を表すeを合わせたものである。これと一致しているのは1である。

12番：先生が経済学の授業で，価格弾力性について話しています。この先生が 最後にする質問 の答えはどれですか。

　価格弾力性とは，価格を変化させたときにどれだけ需要が変化するかを示す数値のことです。具体的にグラフで説明しましょう。グラフを見てください。

　Aは価格が200円下がると売れる個数が30個増えています。Bは300円の価格の変化に対して，30個の需要の変化です。Cは300円に対して10個です。この中で，価格の変化に対して需要の変化が最も大きくなっているのはAですね。これを価格弾力性が高いといいます。もちろん，相対的なものではありますが，逆にCは価格弾力性が低いということになります。

　では，問題を出します。 お客さんの満足度と店の売り上げをともにアップさせるために最適な方法は何でしょうか。グラフを見ながら考えてみましょう。

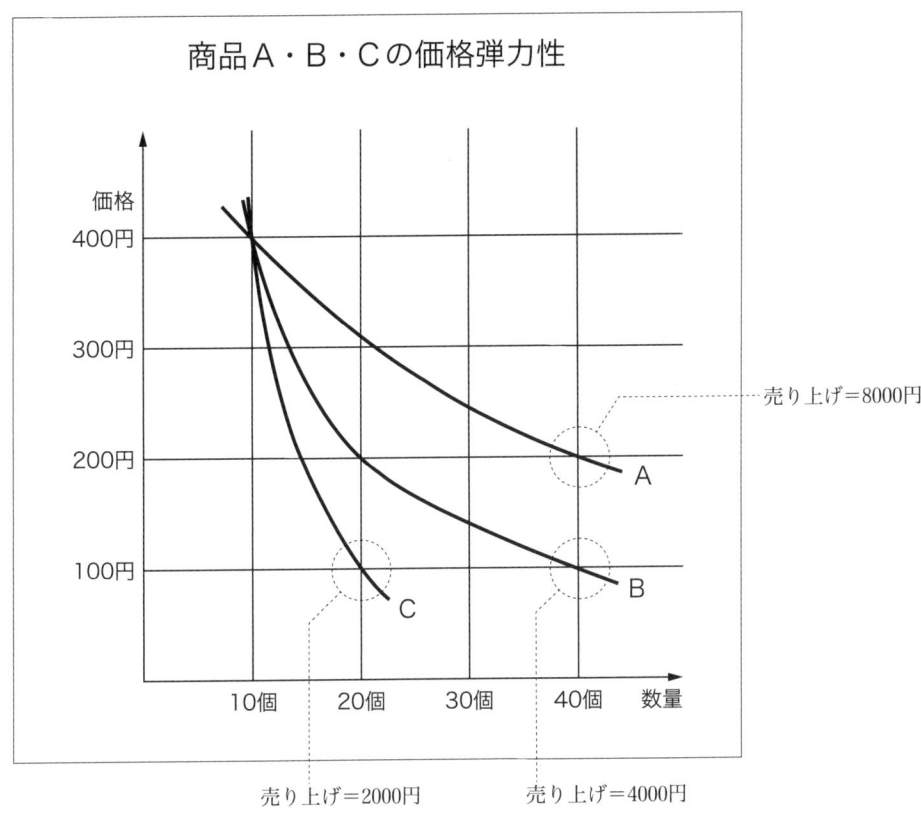

1．価格弾力性の低い商品を値上げする。
2．価格弾力性の高い商品を値上げする。
3．価格弾力性の低い商品を値下げする。
4．価格弾力性の高い商品を値下げする。

解説 12

　最後の質問で問われているのは，下線部「お客さんの満足度と店の売り上げをともにアップさせる…方法」である。
　波線部「価格の変化に対して需要の変化が最も大きくなっているのはAですね。これを価格弾力性が高いといいます」という説明から分かるように，価格の弾力性高いのはAだ。そしてグラフから，需要が大幅に増え，売り上げにあたる合計価格（価格×個数）が最も大きくなっているのは，Aの価格が200円のときだと分かる。したがって，正解は4である。

청 해

🔊 : 음성

練習：先生が，日本の食文化について説明しています。この先生は，大豆が精進料理にぴったりな理由は何だと言っていますか。

　12世紀末，中国の影響を受けた禅宗の僧たちによって，日本に肉や魚を使わない精進料理が広められました。肉や魚を使わない精進料理において多く使われたのが大豆です。大豆は栄養価が高く，野菜だけでは不足しがちなタンパク質を豊富に含んでいます。また，加工方法はさまざまで，豆腐，油揚げ，納豆などを作れるだけでなく，味噌や醤油など調味料の材料にもなります。大豆を使うことで，バラエティに富んだ料理や味を楽しめるわけです。
　限られた食材で作る精進料理は，調理方法，味付け，盛り付けなどに工夫をこらしてきたと言われていますが，大豆はそんな精進料理にぴったりな食材だと言えます。

この先生は，大豆が精進料理にぴったりな理由は何だと言っていますか。
１．栄養豊富で調理方法や味付けを多彩にできるから
２．中国から伝わった禅宗の影響を受けているから
３．特に盛り付けの工夫をするのに向いているから
４．肉や魚と同様の味や香りが期待できるから

13番：男子学生と女子学生が話しています。この男子学生は，このあとどうすることになりましたか。

男子学生：あ，ちょうどいいところで会った。
女子学生：なに？
男子学生：今日電子辞書を忘れちゃったんで，ちょっと貸してくれないかな？
女子学生：うーん，このあと❶3時間目に使うんだけど。あと，あいにく私は電子辞書じゃなくて，❷紙派よ。
男子学生：いや，それは全然いいんだけど。3時間目はどこの教室？
女子学生：1号館の401教室だけど。
男子学生：1号館か。ちょっと遠いけど，しょうがない。❸急いで君のところに取りに行って，次の教室に行かないと。
女子学生：4時間目は授業がないから，教室の前で待っててあげる。
男子学生：ありがとう。

女子学生:あ,図書館で借りるっていうのは?
男子学生:でも,辞書って持ち出し禁止じゃなかったっけ?
女子学生:そういえばそうだったね。
男子学生:じゃあ,そういうことでよろしく。

この男子学生は,このあとどうすることになりましたか。
1.今から図書館に辞書を借りに行く。
2.その場で女子学生から紙の辞書を借りる。
3.3時間目のあとに,1号館の教室に紙の辞書を借りに行く。
4.3時間目のあとに,1号館の教室に電子辞書を借りに行く。

해설 13

[×] 1.「辞書って持ち出し禁止」(13行目)とあるため,誤り。
[×] 2.「このあと3時間目に使う」(4行目)とあるため,誤り。
[○] 3.「3時間目のあと」は波線部❶,「紙の辞書」は波線部❷,「借りに行く」は波線部❸と一致する。
[×] 4.「私は電子辞書じゃなくて,紙派よ」(4〜5行目)とあるため,誤り。

14番:先生が,調査のときに用いる質問紙の作り方について話しています。この先生は,どのようなアドバイスをしていますか。

　質問紙では,選択式の質問と記述式の質問がありますが,今日は選択式の作り方についてお話しします。
　初心者は,回答者の❶気持ちや考えをうまく引き出せないことが多いので注意しましょう。そうならないようにするためには,選択肢の作り方に工夫をする必要があります。具体的には,選択肢を「とてもよい」「よい」「悪い」「とても悪い」のようにして,真ん中に「どちらとも言えない」という❷選択肢を入れないことです。このような選択肢を入れると,面倒だと感じている回答者や,迷っている回答者がすぐにそれを選んで,真面目に考えることをやめてしまうからです。

この先生は,どのようなアドバイスをしていますか。
1.選択肢とは別に記述式で回答者に考えを書いてもらう。
2.回答者が理解しやすい選択肢にする。
3.回答者が面倒だと感じないように質問紙を作る。
4.回答者の考えを引き出しにくい選択肢を入れない。

해설 14
[×] 1．該当箇所なし。
[×] 2．該当箇所なし。
[×] 3．該当箇所なし。
[○] 4．「考えを引き出しにくい」は波線部❶，「選択肢に入れない」は波線部❷と一致する。

 15番：男子学生と女子学生が，入浴について話しています。この男子学生は，今日からどのようにお風呂に入ることに決めましたか。

男子学生：最近，レポートが立て込んでいて，❶頭が疲れてるんだよね。
女子学生：疲れを取るなら，お風呂がいいわよ。
男子学生：お湯につかるってこと？
女子学生：そう。もしかしてシャワーが多いんじゃない？
男子学生：そうだね。最近は特に。
女子学生：それじゃあ，疲れは取れないわよ。
男子学生：じゃあ，今日からお湯につかろうかな。
女子学生：でも，ただ入るだけじゃダメよ。温度が重要だから。
男子学生：そうなの？例えば？
女子学生：❷神経とか頭の疲れの場合は，ぬるめのお湯に長くつかるのがいいの。寝付けないほどイライラしてるときは，寝る前にぬるま湯につかるといいよ。あと，肉体的な疲労のときは，熱めのお湯がおすすめね。疲労の元になってる乳酸が分解される速度が速くなるんだって。
男子学生：へえ。疲れの種類によってお湯の温度を変えるといいのか。早速今日から実践してみるよ。ありがとう。

この男子学生は，今日からどのようにお風呂に入ることに決めましたか。
1．シャワーだけにする。
2．熱めのお湯に長くつかる。
3．ぬるめのお湯に長くつかる。
4．寝る前に熱めのお湯に入る。

해설 15
[×] 1．該当箇所なし。
[×] 2．「熱めのお湯」は，肉体的な疲労のときに向いているお風呂の入り方である（11～12行目）。
[○] 3．波線部❶「頭が疲れてる」とあり，波線部❷「神経とか頭の疲れの場合は，ぬるめのお湯に長くつかるのがいい」とある。
[×] 4．「熱めのお湯」は，肉体的な疲労のときに向いているお風呂の入り方である（11～12行目）。

16番：先生が，カエルアンコウという魚について話しています。この先生は，カエルアンコウは，どのようにして獲物を捕まえると言っていますか。

　カエルアンコウという魚は，泳ぐのがとても苦手で，手のような胸びれで海底をはうようにして移動します。そのため，泳いで魚を捕まえることができません。

　そこで彼らは面白い獲物の捕獲方法を編み出しました。❶<u>体の一部が変化した疑似餌，つまり餌のようなものということですが，その擬似餌を利用して獲物を捕まえる</u>のです。額のところから伸びた糸のようなものと，その先についたヒラヒラしたものを振って，餌のように見せかけます。その擬似餌の様子は，まるで本物のエビや小魚が泳いでいるように見えます。そうして，❷<u>その擬似餌を食べようと近づいてきた魚を</u>，海水と一緒に丸のみしてしまうのです。

　カエルアンコウも，このときばかりは目にもとまらぬ速さで獲物をのみ込みます。

この先生は，カエルアンコウは，どのようにして獲物を捕まえると言っていますか。
1．岩場に隠れて獲物が近づいてくるのを待つ。
2．海底にいる生き物を砂や海水ごと丸のみする。
3．獲物を見つけると高速で追いかける。
4．体の一部を餌に似せて獲物をおびき寄せる。

해설　16
[×] 1．該当箇所なし。
[×] 2．該当箇所なし。
[×] 3．「追いかける」ということに関して該当箇所なし。
[○] 4．「体の一部を餌に似せて」は波線部❶，「獲物をおびき寄せる」は波線部❷と一致する。

17番：先生が，ドールシープという動物について話しています。この先生が話しているドールシープの暮らし方の説明として，正しいものはどれですか。

　ドールシープという山岳地帯に生きるヤギは，オオカミなどから身を守るために，急な崖の斜面などで暮らしています。崖の斜面には，ドールシープが移動することによってできた道がいくつも刻まれています。これをよく観察してみると，ほぼ真上にのびる道と，斜面をジグザグに進む道の二つがあることが分かりました。そして，オオカミなど敵がいるときは，真上にのびる道を急いで登り下りしますが，そうではない通常時は，ジグザグの道を移動していることも分かりました。急な崖を登れるスキルを持ち合わせていながら，<u>普段の暮らしでは，たとえ遠回りでも楽な道を用意しておく</u>という，暮らしの知恵が垣間見えます。

この先生が話しているドールシープの暮らし方の説明として，正しいものはどれですか。
1．楽ができるときは無理をしない。
2．いつも大きな群れで行動している。
3．常に周囲への警戒を怠らない。
4．敵から逃れるすべを磨いている。

해설 17

［○］1．波線部「普段の暮らしでは…楽な道」とあり，「楽ができるときは無理をしない」と一致する。
［×］2．該当箇所なし。
［×］3．該当箇所なし。
［×］4．該当箇所なし。

18番：女子学生と男子学生が，マツという植物について話しています。この女子学生の話によると，日本でマツが繁殖した要因は何ですか。

女子学生：マツって今ではよく見かけるけど，日本で繁殖し始めたのは，1500年くらい前からなんだって。
男子学生：へえ。どうやって繁殖したんだろう？
女子学生：❶マツって，もともとは，やせた土地に生える植物でしょ。
男子学生：確かに，海岸によく生えてるからね。
女子学生：マツが繁殖する前から生えていた広葉樹や，❷スギとかヒノキとかが，木材としてどんどん切り倒されていくうちに，土地がやせていったんだって。
男子学生：なるほど。それで，マツが生きていける環境が整ったわけだ。
女子学生：うん，そういうわけ。

この女子学生の話によると，日本でマツが繁殖した要因は何ですか。
1．もとから生えていた木が枯れたこと
2．森林が過剰に伐採されたこと
3．日本の土地がもともとやせていたこと
4．日本の海岸線が長いこと

해설 18

- [×] 1. 波線部❷「木材としてどんどん切り倒されていく」とあり，枯れたわけではない。
- [○] 2. 波線部❶「マツ…もともとは，やせた土地に生える」とある。そして，その土地がやせた理由は波線部❷「木材としてどんどん切り倒されていくうちに，土地がやせていった」から分かる。したがって，「森林が過剰に伐採」が正しいということになる。
- [×] 3. 波線部❷「土地がやせていった」とあるので，もともとは土地はやせていなかった。
- [×] 4. 該当箇所なし。

19番：先生が南極の氷について話をしています。この先生の話によれば，南極の氷にはどういう特徴がありますか。

　南極の地面は氷床（ひょうしょう）という厚い氷で覆われていて，氷床の厚さは平均で1800メートル以上，一番分厚いところでは4500メートル以上という報告もあります。

　雪が降って，それが積もって氷床ができるのだと思っている人もいますが，そうではありません。南極は降水量が少なく，雪はほとんど降らないのです。では，どうやって氷床ができるのでしょうか。実は，空気中の水蒸気が凍ってそれが長い間積もり続けて大きな氷床ができるのです。南極では，一年中気温が低いため，凍った水蒸気が解けて無くなるということはありません。凍った水蒸気は氷床の表面に積もり，新しいものが積もるにつれて，古いものはその重みで氷へと変化していきます。このようにしてできる氷床は地球温暖化が問題になっている現在でも大きくなっていると言われています。

この先生の話によれば，南極の氷にはどういう特徴がありますか。
1．海水が凍ってできる。
2．内陸部に雪が降ってできる。
3．水蒸気が凍ってできる。
4．温暖化で小さくなっている。

해설 19

- [×] 1. 該当箇所なし。
- [×] 2. 「雪はほとんど降らない」（4行目）とあるため，誤り。
- [○] 3. 波線部「凍った水蒸気は氷床の表面に積もり，新しいものが積もるにつれて，古いものはその重みで氷へと変化」とあり，「水蒸気が凍ってできる」と一致する。
- [×] 4. 「地球温暖化が問題になっている現在でも大きくなっている」（8～9行目）とあるため，誤り。

20番：先生が，生物の授業で，植物について説明しています。この先生の説明によると，乾燥地帯の植物が夜に気孔を開くのはなぜですか。

　　植物の葉っぱには，気孔という小さな穴があります。気孔は，一日の間に開いたり閉じたりします。気孔には，呼吸や養分を作るための気体の出入りや，水分を蒸発させるという働きがあります。一般に，植物は晴れていて気温が高い昼に気孔を開いて，気体の出入りや蒸発を行います。
　　しかし，乾燥地帯の植物の中には，夜に気孔を開くものがあります。夜に気孔を開いて二酸化炭素を吸収し，体の中にためておいて，昼になってから養分を作るために使うのです。なぜそうするかというと，乾燥地帯では，昼に気孔を開いてしまうと，植物の体の中の水分がどんどん蒸発してしまい，生きていけなくなってしまうからです。

　　この先生の説明によると，乾燥地帯の植物が夜に気孔を開くのはなぜですか。
　　1．二酸化炭素を長い時間取り込むことができるから
　　2．昼に開くと体の中の水分が余計に蒸発するから
　　3．夜のほうが，二酸化炭素が多いから
　　4．開いたり閉じたりする回数が少なくて済むから

해설 20

[×] 1．該当箇所なし。
[○] 2．波線部に「乾燥地帯では，昼に気孔を開いてしまうと，植物の体の中の水分がどんどん蒸発してしまい，生きていけなくなってしまうから」とある。
[×] 3．該当箇所なし。
[×] 4．該当箇所なし。

21番：先生が，試合中のミスについて話しています。この先生の話によると，試合中にミスをしたときの考え方として適当なものはどれですか。

　　スポーツの試合にミスはつきものですが，そのミスの原因は二つに分けることができます。内的要因と外的要因の二つです。内的要因は，自分に関することがらです。例えば，自分の実力が足りなかったとか，メンタルが弱かった，といったことです。一方，❶外的要因は，自分以外のことがらです。例えば，天候やグラウンドの状況，あるいは相手選手の状態などを意味します。
　　試合中にミスをしたとき，その原因を内的要因に向けると，ミスをしたときの技術に意識が集中してしまい，思い通りのプレーができなくなる恐れがあります。ですから，❷試合中は，ミスの原因は外的要因に求めたほうがいいのです。ただし，試合のあとに，内的要因を反省することはとても大切です。

この先生の話によると，試合中にミスをしたときの考え方として適当なものはどれですか。
1．スイングの角度を調整すれば対応できるだろう。
2．コートがぬかるんでいて足を取られただけだ。
3．もっと技術を磨けば，今のボールは返せたはずだ。
4．さっきのミスは，すぐに取り返せるはずだ。

해설 21

[×] 1．内的要因に関する話であるため，誤り。
[○] 2．波線部❷「試合中は，ミスの原因は外的要因に求めたほうがいい」とあり，その外的要因に関しては，波線部❶で「外的要因は，自分以外のことがらです。例えば，天候やグラウンドの状況，あるいは相手選手の状態」とある。「コートがぬかるんでいて」は，外的要因の例として挙げられている「グラウンドの状態」に該当する。
[×] 3．内的要因に関する話であるため，誤り。
[×] 4．該当箇所なし。

22番：先生が，ヤモリテープについて話しています。この先生は，ヤモリテープにはどのような工夫があると言っていますか。

　近年，バイオミミクリーという言葉が工学の分野でよく使われています。バイオミミクリーとは，直訳すれば「生物の模倣」，つまり，生物の姿や生態などから，人に役立つさまざまな技術を学び取ろうということです。
　その一つの例として，ヤモリテープがあります。ヤモリが壁を自由にはうことができる仕組みを調べた結果，足に❶ミクロの繊維が無数に生えていることが分かりました。その繊維が壁のわずかな隙間に入り込むことで，ガラスの壁ですら簡単に移動することが可能になるのです。そこで，❷これを応用してテープを作ったところ，どこにでもくっつき，またすぐにはがせることが確認されました。こうして，ヤモリテープは完成しました。

この先生は，ヤモリテープにはどのような工夫があると言っていますか。
1．ヤモリの足の細胞を培養したものを植えている。
2．特殊な粘液が染み込ませてある。
3．ミクロの繊維が無数に植え付けられている。
4．表面にミクロの無数の穴が空いている。

해설 22

- [×] 1．該当箇所なし。
- [×] 2．該当箇所なし。
- [○] 3．波線部❶に「ミクロの繊維が無数に生えている」とあり，波線部❷に「これ（ミクロの繊維）を応用してテープを作った」とある。
- [×] 4．該当箇所なし。

 23番：先生が日本の伝統演劇について話しています。この先生の話によると，伝統演劇の名優とはどういう人ですか。

歌舞伎のような伝統演劇には❶「型」と呼ばれる伝統的な様式があります。伝統の中で作られた，美意識の結晶のようなものです。役者は自分の好きなように演じればよいわけではなく，師匠や先生の真似をすることで，何年もかけてこの「型」を覚えていきます。そして「型」を習得したあとに少しずつ自分流のアレンジを加え，だんだんと独自性を発揮するようになります。

真似をして「型」を学ぶことから始める伝統演劇は，個性を尊重する現代の考え方とは合わないかもしれません。しかし，❷「型」は多くの役者たちが長い時間をかけて慎重に作り上げてきたもので，あらゆる時代の観客を感動させる力があります。このような揺るぎない土台の上に自分の個性を発揮できる役者こそが，名優と言えるのではないでしょうか。

この先生の話によると，伝統演劇の名優とはどういう人ですか。
1．人の真似をせず，個性を発揮する役者
2．伝統の様式を学んだ上で個性を発揮する役者
3．伝統的な様式を正確に演じる役者
4．観客の好みに合わせて演じられる役者

해설 23

- [×] 1．「師匠や先生の真似をする」（2～3行目）とあり，誤り。
- [○] 2．波線部❶「『型』と呼ばれる伝統的な様式」とあり，波線部❷で「『型』…このような揺るぎない土台の上に自分の個性を発揮できる役者こそが，名優と言える」とある。
- [×] 3．「『型』を習得したあとに少しずつ自分流のアレンジを加え，だんだんと独自性を発揮する」（3～4行目）とあり，誤り。
- [×] 4．該当箇所なし。

24番：講師が，「ほめる」ということについて話しています。この講師は，ほめるのが苦手な人にどのようなアドバイスをしていますか。

　日本人は，どうも人をほめるのが苦手な人が多いようです。ほめることをお世辞と考えて，何となく敬遠する傾向があるからです。ですが，ほめることは，言った当人にとっても，言われたほうにとっても，悪いことは一つもありません。なので，ぜひとも，ほめることを得意になってほしいと思います。

　人は，周囲から承認されたいという欲求を常に持っています。ですから，ほめられずとも，❶人から自分という存在を認めてもらえるだけで，うれしくなってしまうものなのです。ほめるのが苦手な人は，この人間の性質を利用しましょう。まずは，❷「髪を切ったんだね」とか「君は九州出身なんだ」といった簡単なことでいいので，相手の存在を認めていることを示すことから始めてみてください。

この講師は，ほめるのが苦手な人にどのようなアドバイスをしていますか。
1．第三者がほめていたということを伝える。
2．ささいなことでもいいので，とにかくほめる。
3．相手の話すことをよく聞き，それに同意する。
4．相手に関心を持っていることを口に出して示す。

해설 24

[×] 1．該当箇所なし。
[×] 2．「ほめられずとも…存在を認めてもらうだけで，うれしくなってしまう…ほめるのが苦手な人は，この人間の性質を利用しましょう」（5〜7行目）とあるので，ほめなくてもよい。
[×] 3．該当箇所なし。
[○] 4．波線部❶「人から自分という存在を認めてもらえるだけで，うれしくなってしまう…ほめるのが苦手な人は，この人間の性質を利用しましょう」とあり，波線部❷「髪を切ったんだね」「君は九州出身なんだ」などの例が挙げられている。ここから，「ほめなくとも相手への関心を示せばよい」ということが分かる。

25番：女性が，ビジネスの講師にインタビューしています。この講師は，どのようなアドバイスをしていますか。

インタビュアー：上司からの指摘が細かくて困っている，という話をよく聞くのですが，何かいい解決法はありますか？
講　　　師：そうですね。それは，受験勉強と同じで，傾向別に対策を立てることで解決できるでしょう。
インタビュアー：傾向と対策ですか。
講　　　師：はい。上司によって，譲れないポイントは違うものです。例えば，ある上司は誤字脱字に厳しい，また別の上司は敬語に厳しいといった具合にです。ですから，<u>それぞれの上司の譲れないことをきちんと把握しておけばよい</u>のです。
インタビュアー：なるほど。上司の傾向に合わせて，対策を考えるということですね。
講　　　師：はい，そういうことです。上司に「何度も同じことを注意させる」と思われたら，評価が下がってしまいますから，そうならないためにも，傾向と対策が重要です。
インタビュアー：よく分かりました。ありがとうございました。

この講師は，どのようなアドバイスをしていますか。
1．それぞれの上司が重視していることを把握する。
2．必ず最後に誤字脱字がないかチェックする。
3．すべての上司から評価されようとは思わない。
4．上司には正しい敬語を使うようにする。

해설 25
[○] 1．波線部「それぞれの上司の譲れないことをきちんと把握しておけばよい」とあるため，正しい。
[×] 2．上司によって譲れないポイントが違うということの例に過ぎず，アドバイスではない。
[×] 3．該当箇所なし。
[×] 4．上司によって譲れないポイントが違うということの例に過ぎず，アドバイスではない。

26番：先生が，家に対する考え方について説明しています。この先生は，日本人の，家に対する考え方をどのように説明していますか。

　❶日本では，家の価値は建てたばかりのときが一番高く，時間が経つにつれ下がっていきます。しかし，外国では必ずしもそうではなく，中古の家のほうが価値があるとして好まれる場合もあります。これは，外国では家の建て方や水道やエアコンの設備の工事がやや雑な場合もあって，住む人はそれを直しながら使うため，中古の家のほうが住みやすくなるからです。日本人からすると驚いてしまいますが，外国では家は住みやすいように手入れしながら使うものだという人々の意識があるので，それでよいとするのです。また壊れたりしなくても常に手を入れながら住むので，年数が経過しても価値が下がりにくいのです。

　これに対して，❷日本では，家に手を入れるのは大雨や台風などで壊れたときくらいで，あとは特に何もしないことが多いです。だから家が古くなると価値が大きく下がってしまうのでしょう。

この先生は，日本人の，家に対する考え方をどのように説明していますか。
1．新築を好み，普段から手入れをしている。
2．新築を好み，あまり手入れをしない。
3．中古を好み，普段から手入れをしている。
4．中古を好み，あまり手入れをしない。

해설　26

[×] 1．波線部❷にあるように，家の手入れはあまりしない。
[○] 2．波線部❶「日本では，家の価値は建てたばかりのときが一番高く」とあり，日本人は新築を好む。また，波線部❷「日本では，家に手を入れるのは大雨や台風などで壊れたときくらいで，あとは特に何もしないことが多い」とあり，家の手入れは普段あまりしない。
[×] 3．波線部❶にあるように，中古は好まない。
[×] 4．波線部❶にあるように，中古は好まない。

27番:先生が,教室について話しています。この先生は,寺子屋は現在の教室に比べてどう違っていたと言っていますか。

　皆さんがいるこの教室で,私が「前を向いてください」と言えば,おそらく全員が黒板のほうを見るのではないでしょうか。何をあたり前のことを,と思うかもしれませんが,教室がこのような形になったのは,日本では明治時代以降のことです。
　明治時代の前,つまり江戸時代には寺子屋というものがありました。庶民の子に,字の読み書きや計算を教えていた一種の学校です。寺子屋では,今の教室とは違って,みんな同じ方向を向いていたわけではありませんでした。なぜなら,今の学校のように,みんなが一緒に何かを勉強していたわけではないからです。寺子屋では,子どもたちが,それぞれ自分の進度に合わせて勉強をしていて,それを先生に見てもらうという形式が取られていたのです。

この先生は,寺子屋は現在の教室に比べてどう違っていたと言っていますか。
1．子どもの数が圧倒的に少なかった。
2．子どもたちがそれぞれ違うほうを向いていた。
3．教える人がいなかった。
4．同じ年齢の子どもたちが集まっていた。

해설　27

［×］1．該当箇所なし。
［○］2．波線部に「みんな同じ方向を向いていたわけではありませんでした」とあるので,正しい。
［×］3．「それを先生に見てもらう」（8行目）とあるので誤り。
［×］4．該当箇所なし。

総合科目

正答

問題	解答番号	正答
問1	1	②
	2	③
	3	④
	4	①
問2	5	①
	6	④
	7	②
	8	④
問3	9	①
問4	10	③
問5	11	④
問6	12	①
問7	13	②
問8	14	③
問9	15	②
問10	16	②
問11	17	①
問12	18	④
問13	19	④
問14	20	④
問15	21	①
問16	22	③
問17	23	③
問18	24	②
問19	25	①
問20	26	①
問21	27	④
問22	28	④
問23	29	②
問24	30	②
問25	31	③
問26	32	③
問27	33	②
問28	34	①
問29	35	④
問30	36	④
問31	37	①
問32	38	②

解説

問1(2) 2 ①ベルリンの壁は，東ドイツが自国民の西ドイツへの逃亡を阻むために建設した。②部分的核実験禁止条約（PTBT）は，アメリカ，ソ連，イギリスが1963年に調印した条約で，アメリカは批准している。③1962年，ソ連によるキューバでのミサイル基地建設が発覚すると，アメリカとソ連の緊張は一気に高まり，核戦争寸前の事態に陥った。この出来事をキューバ危機という。④冷戦終結宣言が発表されたのはマルタ会談。

問1(3) 3 ①アメリカの大統領は間接選挙で選出される。②連邦議会が可決した法案を大統領が拒否したとしても，上下両院が3分の2以上の賛成で再議決すれば，法案は成立する。③文民統制とは，非軍人である文民が軍隊の指揮権，統制権を持つことである。大統領は文民であり，軍の最高指揮権を持つ。④アメリカは厳格な三権分立制を採用しているため，大統領は議会解散権と法案提出権を持たない。

問1(4) 4 2014年，ロシアは親ロシア派の住民保護の名目でウクライナに軍事介入し，クリミア半島を自国に編入したと発表した。

問2(1) 5 ピレネー山脈は，フランスとスペインの国境に沿って東西に延びている。

問2(2) 6 地中海性気候は，最寒月の平均気温が－3℃以上18℃未満で，夏に雨が少ない気候区である。選択肢のうち，この条件を満たすものは④だけであるから，④が正解。①はラオスのビエンチャンでサバナ気候，②はニューヨークで温暖湿潤気候，③はパリで西岸海洋性気候。

問2(3) 7 Aは，1990年代後半から2010年代前半にかけて10％前後の高い成長率で推移しているので，中国が当てはまる。Bは，1998年に大きくマイナスになっているので，1997年のアジア通貨危機の発端となったタイが当てはまる。Cは，

2010年代前半にマイナス成長が続いているので，欧州債務危機の当事国の一つであったスペインが当てはまる。Dは，グラフ中ほとんどの年で0から5％の間で推移しているので，バブル経済の崩壊後景気低迷が続く日本が当てはまる。

問2(4) [8] ①「棍棒外交」を掲げたのはセオドア・ローズベルト大統領。②ピカソが「ゲルニカ」を描いたのは，1937年のドイツのスペインへの攻撃に対する抗議である。③キューバは1902年にスペインから独立したが，前年の1901年にアメリカの事実上の保護国とされており，独立は形式的なものであった。④アメリカは，フィリピン，グアム，プエルトリコをスペインから獲得した。

問3 [9] 原材料価格が上昇したとあるので，供給曲線は左に移動する。また，スマートフォンの人気が高まったとあるので，需要曲線は右に移動する。よって，新たな需要曲線と新たな供給曲線の交点はアである。

問4 [10] ①売り手は商品が手元にあるから，買い手よりも商品に関する情報を多く有する。②自然独占は，初期の設備投資にかかる費用が大きい産業に起こりやすい。電力供給事業は，初期の設備投資にかかる費用が大きい。③政府が法律を制定して外部不経済をもたらす行為を規制することは直接規制の例であり，有害物質の排出量に応じて課税することは外部不経済の内部化の例である。④公共財は，多くの人が同時に使用でき，費用を負担せずに利用する人が存在するため，企業は利潤を見込めず，市場に任せると供給が過少になる。

問5 [11] 国民負担率をもとに考える。スウェーデンの国民負担率は日本やアメリカと比べて高く，租税負担が多くを占める。このことから，④をスウェーデンと判断する。①はアメリカ，②は日本，③はハンガリーである。

問6 [12] 日本銀行は，不況のときは，国債などの有価証券を金融機関から購入する買いオペレーションをおこなう。これにより，市中に流通する通貨の量を増加させ，金融機関から企業への貸出の増加を促し，景気の回復を図る。

問7 [13] ベバリッジ報告が1942年に提出された国はイギリス。第二次世界大戦後のイギリスの社会保障制度は，全国民を対象に「ゆりかごから墓場まで」の生活を保障するもので，各国の社会保障制度のモデルとなった。

問8 [14] ①日本で非正規雇用労働者が大きく増加し始めたのは，バブル経済崩壊後の1990年代である。不況に苦しむ企業は，人件費削減のため，正社員を減らし，非正規雇用労働者を増やした。②日本では，OJT（正社員が企業内部で仕事に従事しながら職業訓練をおこなうこと）が多く採られているため，非正規雇用労働者は職業能力の養成の機会を得にくく，専門能力や技術を得にくい。また，非正規雇用労働者は単純労働に従事していることが多く，平均賃金は正規雇用労働者に比べて低い。③2020年の非正規雇用労働者は2090万人で，雇用者全体（役員を除く）に占める割合は37.2％。よって，非正規雇用労働者が全雇用者の30％を超えている。④2019年の「非正規の職員・従業員」は，女性が1475万人，男性が691万人で，女性の方が多い。女性は，正規雇用で就職しても，出産や育児の関係から離職することが多く，離職後に再就職する場合，新卒一括採用を基本とする日本の雇用慣行上，正規雇用として採用されることが難しい。また，家事・育児・介護などと両立するため，正規雇用としての再就職を望まない女性も多い。

問9 [15] この表では，生産年齢人口割合は，100－年少人口割合－老年人口割合で求めることができる。そうすると，①は53.0％，②は65.7％，③は57.5％，④は60.9％となる。問題文中に，東京都は他の3県と比べて生産年齢人口割合が最も高いとあるので，東京都に当てはまるのは②である。①は秋田県，③は山梨県，④は沖縄県である。なお，この問題の出典のデータは単位未満を四捨五入して作成されているため，上記計算の結果と出典データの数値が合わない場合がある。

問10 [16] 問題の例での全体の生産額は，50億円（7億円＋10億円＋15億円＋18億円）である。しかし，全体の生産額には，中間生産物の額（小麦粉の売上額（10億円）の中に含まれている，原材

料として使用された小麦の購入額（7億円）など）が含まれている。よって，集計上の重複を避けるために，小麦農家，製粉会社，製パン会社，小売店それぞれが生み出した付加価値を合計する必要がある。GDPは付加価値の合計であるから，この問題におけるGDPは，18億円（7億円＋3億円＋5億円＋3億円）になる。

問11 17 ①日本で旅行するには通貨を円に換える必要があるので，円の需要が増加する。よって，為替レートは円高になる。②日本からアメリカへの輸出が減少すれば，円の需要は減少する。よって，為替レートは円安になる。③アメリカの失業率の下落はアメリカ経済の拡大を期待させるため，ドルの需要が増加する。よって，為替レートは円安になる。④日本国内でのインフレーションの進行は，円の価値を引き下げる。よって，為替レートは円安になる。

問12 18 ①プラザ合意はG5によるドル高是正の合意のことである。②そのような事実はない。経済協力開発機構（OECD）の下部機関には，開発援助委員会（DAC）がある。③国際通貨基金（IMF）の説明。④国際復興開発銀行（IBRD）は，第二次世界大戦の戦災国の復興を主な目的として設立され，現在は発展途上国の経済的・社会的開発に対して長期間の融資をおこなっている。

問13 19 ①国連教育科学文化機関（UNESCO）はユネスコ憲章に基づいて1946年に設立された。②世界貿易機関（WTO）はGATTのウルグアイ・ラウンドの結果に基づいて1995年に設立された。③国際労働機関（ILO）はヴェルサイユ条約に基づいて1919年に設立された。④発展途上国の国々が主導的な役割を果たして設立された国際機構は，南北問題を解決するための討議の場である国連貿易開発会議（UNCTAD）である。

問14 20 地球儀を見ると，日本の南にオーストラリア大陸がある。問題の図においてオーストラリア大陸が描かれているのはDの方角であるから，日本の方向を示しているのはD。

問15 21 東京とニューヨークの標準時子午線は，それぞれ東経135度，西経75度であるから，東京とニューヨークの時差は14時間。1月30日午前10時の12時間55分後は，日本時間で1月30日午後10時55分であり，ニューヨークの時間にするにはここから14時間戻せばよいので，1月30日午前8時55分になる。

問16 22 1994年，NAFTA（北米自由貿易協定）が発効した。これによりメキシコの産業は大きく変化し，特に農村からアメリカに向かう移民が大きく増えた。よって，aはアメリカ。2011年，シリアで内戦が始まった。シリアの人々は多くの国に逃れ，中でも隣国のトルコは最も多くシリアの人々を受け入れた。よって，bはシリア。

問17 23 ①小麦は冷涼で乾燥した西アジアが原産地であり，そのような気候が栽培に適している。②小麦には，春に種をまいて秋に収穫する春小麦と，秋に種をまいて翌年初夏に収穫する冬小麦がある。また，北半球では3月から10月，南半球では11月から翌年2月が収穫期となる。よって，小麦は1年を通して世界のどこかで栽培されている。③小麦は国際商品としての性格が強く，米よりも輸出量が多い。米は国内消費が中心で，輸出される割合が低い。④小麦は原産地の西アジアや，ヨーロッパ，北アメリカ，オーストラリアなどで主食として用いられている。

問18 24 問題の表はエネルギー消費効率を示しているのだから，数値が小さいほど省エネルギーが進んでいることになる。選択肢中の3か国を省エネルギーが進んでいる度合いで並べると，ドイツ，韓国，中国になるので，正解は②である。

問19 25 肉類の輸出量が多いアメリカとオーストラリアが含まれる①が正解。中国やチリからは，肉類よりも魚介類の輸入の方が多い。

問20 26 ①カナダは1971年に世界で初めて多文化主義政策を導入した。その一環として，英語とフランス語がともに公用語となっている。②サウジアラビアは政教一致の国である。③アボリジニは，ブラジルではなくオーストラリアの先住民。④オーストラリアの白豪主義は白人以外の移民を

厳しく制限するものであるが，1970年代前半に撤廃された。

問21 27 ①「法の支配」はイギリスで発達した。19世紀のドイツでは，行政権の行使には法の根拠が必要であるとする法治主義が発達した。②「法の支配」の下では，不文法（慣習法など）も効力を有する。コモン・ローがその例である。③「人の支配」の説明。④「法の支配」は，統治される者だけでなく統治する者も正しい法には従わなければならないとする点に特色がある。

問22 28 aは，空欄の前に「向上させる」とあるので，「発展的」が当てはまる。bは，空欄の前に「釣り合いのとれた」とあるので，「均衡的」が当てはまる。

問23 29 ①安全で平和な社会に生きる権利（平和的生存権）は，新しい人権に含まれるとされている。②職業選択の自由のことで，自由権に含まれる。③平等権に含まれる。④団体交渉権のことで，社会権に含まれる。

問24 30 新しい人権とは，日本国憲法に明文の規定のない人権のことである。環境権は良好な環境を享受できる権利とされる。高度経済成長期に入ると，各地で公害が深刻化した。そこで，憲法の生存権や幸福追求権を根拠として環境権が主張されるようになった。①の生存権は25条，③の勤労権は27条，④の請願権は16条に規定がある。

問25 31 憲法に定められた国会の権限には，立法権，予算の議決，条約の承認，内閣総理大臣の指名，憲法改正の発議，弾劾裁判所の設置などがある。①の政令の制定，②の条約の締結，④の予算の作成は内閣の権限である。

問26 32 Aは圧力団体ではなく族議員の説明。圧力団体は，自らの団体の特殊利益を達成することを目指し，政府や議会に働きかけをおこなう団体のこと。

問27 33 ①国際司法裁判所は1945年に設立された。国際連盟の下部機関ではない。国際連盟規約に基づき，1921年に常設国際司法裁判所が設置された。②全会一致制は国際連盟の問題点の一つであった。③国際連盟は，軍事制裁をおこなうことは事実上不可能であったが，経済制裁はおこなうことができた。④ドイツは1926年，ソ連は1934年に加盟したが，後にドイツは脱退し，ソ連は除名された。

問28 34 イギリス本国は，七年戦争の終結後，財政難に陥り，植民地支配の強化を図った。そのため，植民地の人々の不満が高まった。植民地では，1765年の印紙法に対しては「代表なくして課税なし」との主張が唱えられ，また1773年の茶法に対してボストン茶会事件を引き起こすなど，反発や抵抗が拡大した。そして1774年，植民地側は第１回大陸会議を開いて本国に抗議し，事態は緊迫した。1775年には独立戦争が勃発し，植民地側が1776年に独立宣言を採択したことで，植民地の独立に向けての動きは決定的なものとなった。

問29 35 ①イタリアが統一された（イタリア王国が成立した）のは1861年で，サルデーニャ王国によりなされた。②南北戦争が勃発したのは1861年で，ウィーン会議よりも後。③そのような事実はない。④勢力均衡と正統主義がウィーン会議の基本原則であった。

問30 36 ①スエズ運河会社の株式を買収したのは，ドイツではなくイギリス。②ファショダ事件は，イギリス軍とフランス軍がスーダンのファショダで遭遇し，軍事衝突寸前になった事件。③マレー半島を領有したのは，ドイツではなくイギリス。④ドイツ皇帝ヴィルヘルム２世が積極的に推し進めた帝国主義政策を，「世界政策」という。

問31 37 ①1925年に普通選挙法が成立し，25歳以上の男性には，納税額に関係なく選挙権が認められた。②日英同盟が締結されたのは1902年。③東京（新橋）・横浜間に鉄道が開通し，郵便制度や電信網が整備されたのは1870年代。④ロンドン海軍軍縮条約に調印したのは1930年。

수 학

정답

문제	해답번호	정답
I	A	2
	BC	−4
	DE	−2
	F	4
問1	GH	12
	I	8
	JK	−1
	LM	−1
	N	2
	O	1
	P	5
	Q	3
問2	RS	25
	TU	61
	VWX	125
	Y	1
	Z	5
II	AB	−3
	C	1
	DE	−2
	F	5
	GH	−3
問1	I	4
	J	1
	K	4
	LM	19
	N	9
	O	2
	P	2
	Q	2
	RS	−6
	T	6
問2	U	3
	V	4
	W	3
	X	3
	Y	2
	Z	1

문제	해답번호	정답
III	A	4
	BC	50
	DE	20
	FG	10
	HI	40
	J	1
	K	7
	L	1
	M	7
	N	1
	O	6
	P	3
	Q	6
IV	A	9
	B	2
	C	4
	D	2
	E	4
	F	2
	GH	16
	I	3
	JK	16
	L	3
	MN	32
	O	9
	PQR	512
	S	2
	TU	81

간략해설

I 問1

(1) $y = 3(x-2)^2 - 4$ であるから，放物線 C の頂点の座標は $(2, -4)$ である。また，C を x 軸方向に -2 だけ平行移動すれば，y 軸について対称な曲線となる。

(2) 曲線 C' の方程式は $y = 3\{x-(2+a)\}^2 - 4 + a^2$ である。$x = 0$ を代入すると，$y = 4a^2 + 12a + 8$ が得られるので，C' と y 軸との交点の座標は $(0, 4a^2 + 12a + 8)$ である。C' と y 軸との交点の y 座標は，$4a^2 + 12a + 8 = 4\left(a + \dfrac{3}{2}\right)^2 - 1$ であるから，最小値は $a = -\dfrac{3}{2}$ のとき，-1 である。また，C' が条件を満たすとき，

(i) 軸 $x = 2 + a$ が正であることより，$2 + a > 0$。すなわち，$a > -2 \cdots$ ① である。

(ii) 頂点の y 座標が負であることより，$-4 + a^2 < 0$。すなわち，$-2 < a < 2 \cdots$ ② である。

(iii) $x = 0$ のとき，$y \geqq 0$ であることより，$4a^2 + 12a + 8 \geqq 0$。すなわち，$a \leqq -2, -1 \leqq a \cdots$ ③ である。

(i), (ii), (iii) より，数直線は図1のようになるので，求める a の値の範囲は $-1 \leqq a < 2$ である。

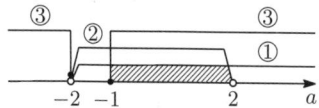

図1: a の値の範囲を示す数直線

I 問2

箱の中から 0 または 1 または 2 が書かれたカードを 1 枚取り出す確率は，それぞれ $\frac{1}{5}$ である。また，-1 が書かれたカードを 1 枚取り出す確率は $\frac{2}{5}$ である。

(1) (1回目, 2回目) = (1, 1), (−1, −1) のとき，引いたカードに書かれた数字の積が 1 となるので，求める確率は，$\frac{1}{5} \times \frac{1}{5} + \frac{2}{5} \times \frac{2}{5} = \frac{1}{5}$ である。

(2) 3 回のカードの組合せは $\{1, 1, 2\}$, $\{-1, -1, 2\}$ が考えられるので，

求める確率は，
$_3C_2 \left(\frac{1}{5}\right)^2 \left(\frac{1}{5}\right)^1 + _3C_2 \left(\frac{2}{5}\right)^2 \left(\frac{1}{5}\right)^1$
$= \frac{3}{25}$ である。

(3) 引いたカードに書かれた数字の積が 0 となるのは，「3 回のうち，少なくとも 1 回 0 が書かれたカードを取り出す」ときである。この事象の余事象は「3 回のうち，1 回も 0 が書かれたカードを取り出さない」ことである。0 以外のカードを 1 枚取り出す確率は $\frac{4}{5}$ であるから，求める確率は $1 - \left(\frac{4}{5}\right)^3 = \frac{61}{125}$ である。

(4) 3 回のカードの組合せは，次の 3 通りある。

(i) $\{0, 0, 0\}$ のとき，
$\left(\frac{1}{5}\right)^3 = \frac{1}{125}$

(ii) $\{-1, 0, 1\}$ のとき，
$3! \left(\frac{2}{5}\right)^1 \left(\frac{1}{5}\right)^2 = \frac{12}{125}$

(iii) $\{-1, -1, 2\}$ のとき，
$_3C_2 \left(\frac{2}{5}\right)^2 \left(\frac{1}{5}\right)^1 = \frac{12}{125}$

(i), (ii), (iii) より，求める確率は，
$\frac{1}{125} + \frac{12}{125} + \frac{12}{125} = \frac{1}{5}$ である。

II 問1

(1) $x^2 + 2x - 3 = (x+3)(x-1)$ であるから，$x^2 + 2x - 3 > 0$ を解くと，$x < -3, 1 < x$

(2) $B = R$ であるとき，すべての実数 x に対して，不等式 $x^2 - 2kx + 3k + 10 > 0$ が成り立つ。$f(x) = x^2 - 2kx + 3k + 10$ とおくと，$f(x) = (x-k)^2 - k^2 + 3k + 10$ であるから，$f(x) > 0$ より，$-k^2 + 3k + 10 > 0$。この不等式を解くと，$-2 < k < 5$ である。

(3) $x^2 - 7kx + 12k^2 = (x-3k)(x-4k) > 0$

(i) $k \geqq 0$ のとき，$x < 3k, 4k < x$

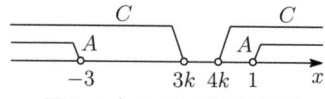

図2: $k \geqq 0$ のときの数直線

図2より，$-3 \leqq 3k, 4k \leqq 1$ であるから，$0 \leqq k \leqq \frac{1}{4}$ である。

(ii) $k < 0$ のとき，$x < 4k, 3k < x$

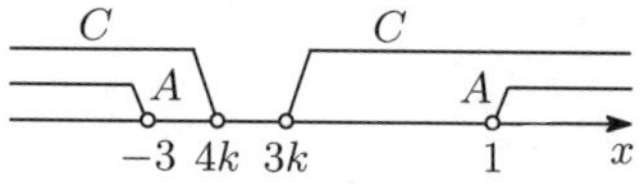

図3: $k < 0$ のときの数直線

図3より，$-3 \leq 4k$, $3k \leq 1$ であるから，$-\dfrac{3}{4} \leq k < 0$ である。

A が C の部分集合であるとき，(i), (ii) より，$-\dfrac{3}{4} \leq k \leq \dfrac{1}{4}$ である。

(4) (i) $\overline{B} \neq \phi$ は「$x^2 - 2kx + 3k + 10 \leq 0$ を満たす実数 x が存在する」ことと同値である。(2) と同様にして，$y = f(x)$ が x 軸と交わるための条件を求めると，$-k^2 + 3k + 10 \leq 0$ より，$k \leq -2$, $5 \leq k$ となる。

(ii) $A \cap \overline{B} = \phi$ は $A \subset B$ と同値であるから，$y = f(x)$ の軸 $x = k$ は $-3 < x < 1$ の範囲にあり，$-3 < k < 1$ である。また，$f(-3) \geq 0$ かつ $f(1) \geq 0$ であり，この不等式を解くと，それぞれ $k \geq -\dfrac{19}{9}$, $k \geq -11$ となる。これらの共通範囲を求めると，$-\dfrac{19}{9} \leq k < 1$ である。

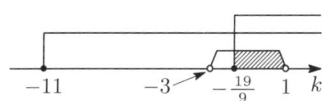

図4: $-3 < k < 1$, $k \geq -\dfrac{19}{9}$, $k \geq -11$ の共通範囲を示す数直線

(i), (ii) より，求める k の範囲は，$-\dfrac{19}{9} \leq k \leq -2$ である。

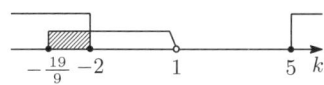

図5:「$k \leq -2$, $5 \leq k$」と「$-\dfrac{19}{9} \leq k < 1$」の共通範囲を示す数直線

II 問2

①の左辺は $2(x^2 + y^2 + z^2) - 2(xy + yz + zx)$ と変形できるので，②を①に代入して整理すると，$xy + yz + zx = -6a^2 + 6a + 3$ …④ である。②の左辺は $(x + y + z)^2 - 2(xy + yz + zx)$ と変形できるので，④を②に代入して，整理すると，$x + y + z = a + 4$ …⑤ である。ここで，$(t-x)(t-y)(t-z)$ を展開した式に③，④，⑤を代入すると，

$(t-x)(t-y)(t-z)$
$= t^3 - (a+4)t^2 + (-6a^2 + 6a + 3)t + 18a^2 - 9a$
$= t(t^2 - 4t + 3) - a\{t^2 - (-6a + 6)t - 18a + 9\}$
$= t(t-3)(t-1) - a(t-3)(t^2 + 6a - 3)$
$= (t-3)\{t^2 + (-1-a)t - 3a(2a-1)\}$
$= (t-3)(t-3a)(t+2a-1)$

が導けるので，①，②，③を満たす x, y, z の組の一つは，$(x, y, z) = (3, 3a, 1-2a)$ である。

III

(1) 10 以下の自然数のうち 1, 3, 7, 9 が 10 と互いに素であるので $E(10) = 4$ である。100 以下の自然数のうち，2 を約数にもつ数の集合を A, 5 を約数にもつ数の集合を B とすると，2 と 5 の両方を約数にもつ数の集合は $A \cap B$ である。また，集合 X の要素の個数を $n(X)$ で表すと，

$A = \{2 \times 1, 2 \times 2, \cdots\cdots, 2 \times 50\}$,
$B = \{5 \times 1, 5 \times 2, \cdots\cdots, 5 \times 20\}$,

$A \cap B = \{10 \times 1, 10 \times 2, \cdots\cdots, 10 \times 10\}$ であるから，$n(A) = 50$，$n(B) = 20$，$n(A \cap B) = 10$ である。したがって，$E(100) = 100 - (50 + 20 - 10) = 40$ である。

(2) $2^m \cdot 5^n$ 以下の自然数のうち，2 を約数にもつ数の集合を C，5 を約数にもつ数の集合を D とすると，2 と 5 の両方を約数にもつ数の集合は $C \cap D$ である。

$C = \{2 \times 1, 2 \times 2, \cdots\cdots, 2 \times (2^{m-1} \cdot 5^n)\}$
$D = \{5 \times 1, 5 \times 2, \cdots\cdots, 5 \times (2^m \cdot 5^{n-1})\}$
$C \cap D = \{10 \times 1, 10 \times 2, \cdots\cdots, 10 \times (2^{m-1} \cdot 5^{n-1})\}$ であるから，$n(C) = 2^{m-1} \cdot 5^n$ である。$2^m \cdot 5^n$ 以下の自然数の集合を U とすると，U の要素のうち，2 と互いに素である数の個数は $n(\overline{C}) = n(U) - n(C) = 2^m \cdot 5^n - 2^{m-1} \cdot 5^n = 2^{m-1} \cdot 5^n$ である。また，2 と互いに素である自然数のうち，5 を約数にもつ数の個数は $n(D \cap (\overline{C \cap D})) = n(D) - n(C \cap D) = 2^m \cdot 5^{n-1} - 2^{m-1} \cdot 5^{n-1} = 2^{m-1} \cdot 5^{n-1}$ である。したがって，$E(2^m \cdot 5^n) = n(\overline{C \cup D}) = n(\overline{C}) - n(D \cap (\overline{C \cap D})) = 2^{m-1} \cdot 5^n - 2^{m-1} \cdot 5^{n-1} = 2^{m+1} \cdot 5^{n-1}$ である。

IV

(1) 三角形 ABC において余弦定理より，
$BC^2 = AB^2 + AC^2 - 2AB \cdot AC \cos \angle BAC$
$= 6^2 + 9^2 - 2 \cdot 6 \cdot 9 \cdot \dfrac{1}{3} = 81$ であり，

$BC > 0$ であるから，$BC = 9$ である。また，$\sin^2 \angle BAC = 1 - \cos^2 \angle BAC = \dfrac{8}{9}$ であり，$\sin \angle BAC > 0$ であるから，$\sin \angle BAC = \dfrac{2\sqrt{2}}{3}$ である。三角形 ABC の面積 S は，次の 2 通りの方法で表すことができる。
$S = \dfrac{1}{2} AB \cdot AC \cdot \sin \angle BAC \cdots ①$
$S = \dfrac{1}{2} \cdot BC \cdot AH \cdots ②$
①，② より，$\dfrac{1}{2} \cdot 6 \cdot 9 \cdot \dfrac{2\sqrt{2}}{3} = \dfrac{1}{2} \cdot 9 \cdot AH$
よって，$AH = 4\sqrt{2}$ である。さらに，直角三角形 ABH において，三平方の定理より，$BH^2 = AB^2 - AH^2 = 6^2 - (4\sqrt{2})^2 = 4$
$BH > 0$ より，$BH = 2$ である。

(2) 円の直径は $AH = 4\sqrt{2}$ であるから，三角形 ADE において，正弦定理より，$\dfrac{DE}{\sin \angle BAC} = 4\sqrt{2}$ である。したがって，$DE = 4\sqrt{2} \cdot \dfrac{2\sqrt{2}}{3} = \dfrac{16}{3}$ である。また，方べきの定理より，$BD \cdot BA = BH^2$ である。したがって，$BD \cdot 6 = 2^2$ から，$BD = \dfrac{2}{3}$ である。これより，$AD = AB - BD = 6 - \dfrac{2}{3} = \dfrac{16}{3}$ である。同様に，方べきの定理より，$CE \cdot CA = CH^2$ である。したがって，$CE \cdot 9 = 7^2$ から，$CE = \dfrac{49}{9}$ である。これより，$AE = AC - CE = 9 - \dfrac{49}{9} = \dfrac{32}{9}$ である。よって，$\triangle ADE = \dfrac{1}{2} AD \cdot AE \cdot \sin \angle BAC = \dfrac{1}{2} \cdot \dfrac{16}{3} \cdot \dfrac{32}{9} \cdot \dfrac{2\sqrt{2}}{3} = \dfrac{512\sqrt{2}}{81}$ である。